Vom Entdecken der inneren Welt

Ingrid Riedel

Vom Entdecken der inneren Welt

Horizonte der Tiefenpsychologie heute

Patmos Verlag

VERLAGSGRUPPE PATMOS

PATMOS
ESCHBACH
GRÜNEWALD
THORBECKE
SCHWABEN
VER SACRUM

Die Verlagsgruppe
mit Sinn für das Leben

MIX
Papier aus verantwortungsvollen Quellen
FSC® C014496

Klimaneutral
Druckprodukt
ClimatePartner.com/14549-2003-1001

Für die Verlagsgruppe Patmos ist Nachhaltigkeit ein wichtiger Maßstab ihres Handelns. Wir achten daher auf den Einsatz umweltschonender Ressourcen und Materialien.

Bibliografische Information der Deutschen Nationalbibliothek
Die Deutsche Nationalbibliothek verzeichnet diese Publikation in der Deutschen Nationalbibliografie; detaillierte bibliografische Daten sind im Internet über http://dnb.d-nb.de abrufbar.

Verlagsgruppe Patmos in der Schwabenverlag AG, Ostfildern
www.patmos.de

Umschlaggestaltung: Finken & Bumiller, Stuttgart
Umschlagabbildung: Draw_Wing_Zen/shutterstock.com
Gestaltung, Satz und Repro: Schwabenverlag AG, Ostfildern
Druck: GGP Media GmbH, Pößneck
Hergestellt in Deutschland
ISBN 978-3-8436-1372-9

Inhalt

Einführung

Je schneller das äußere Lebenstempo ist und je mehr uns die Bewältigung der äußeren Welt abverlangt, desto wichtiger kann uns der Impuls zu einer Entdeckung und Erkundung der inneren Welt werden – geht es da doch auch um unsere ganz persönliche Innenwelt, um die einer jeden und eines jeden Einzelnen von uns. Je mehr wir die innere Welt kennen und verstehen lernen, desto mehr können wir uns gegenüber der Außenwelt auch abgrenzen, können wir zu uns selbst und zu einem selbstbestimmten Handeln finden.

In diesem Buch wird zu einem Erkundungsgang in die innere Welt eingeladen, auf Wegen, die besonders im Rahmen der Tiefenpsychologie gefunden, freigelegt und gangbar gemacht worden sind.

Zur »Tiefenpsychologie« gehören heute all die psychologischen Richtungen, die von einer Tiefendimension der menschlichen Psyche ausgehen, die das Tagesbewusstsein transzendiert, einer Dimension, die in den Träumen der Nacht, aber nicht nur in ihnen, erfahrbar wird, einem Bereich, den man das »Unbewusste« nennt. Einem Bewusstsein, das sich dieser Dimension der Psyche öffnet, kann sich die »innere Welt« immer mehr erschließen.

So steht zu Beginn dieses Buches eine Sammlung von Träumen, die mitvollziehen lassen, wie sich in den Traumszenen, die während der Coronapandemie geträumt wurden, die Gefährdungen und die entsprechenden Ängste bei recht unterschiedlichen Menschen widerspiegeln, also in deren Innenwelt sichtbar werden. Von der Wahrnehmung tiefgreifender Bedrohung bis zur Entdeckung unerwarteter innerer Ressourcen reicht die Botschaft dieser Träume bis an unser Bewusstsein, woraus sich auch Handlungsimpulse für die Außenwelt ergeben können.

So intensiv das psychische Erleben im Nachttraum und in dem eng mit ihm verwandten Tagtraum vonseiten der Tiefenpsychologie auch beforscht wurden, so wenig wahrgenommen wurde bis vor kurzem noch das physische Erleben, die körperliche Basisempfindung, auf der doch alle Wahrnehmung eines Innen und eines Außen für den Menschen beruht. Die Körperempfindung ist die ursprünglichste innere Welt, die uns durch die Sinne vermittelt wird: durch Sehen und Hören, durch Riechen und Schmecken, vor allem aber durch Berühren und Ertasten. Auch während des Träumens sind wir bei allen Wahrnehmungen mit unseren Sinnesorganen verbunden. Wir begegnen da uns selbst und dem anderen Menschen, wir berühren uns auch hier – oder vermeiden dies mühsam während der Coronakrise –, wir hören etwas, riechen und schmecken etwas, machen dies alles zu unserer Innenerfahrung der Welt.

Diesem elementaren Zusammenhang zwischen »Sinnen und Sinn« ist das zweite Kapitel gewidmet – dem also, wie sich gerade aus unseren Sinneserfahrungen mit der äußeren Welt die innere Welt des Sinnes aufbaut – und darauf folgt die Reflexion darüber, wie erst recht die Gefühle, in denen die Empfindungen bewusst werden, eine lebendige, »gefühlte« Basis unserer inneren Welt ausmachen. Im dritten Kapitel beziehe ich mich deshalb stark auf die Bedeutung der Gefühle für die innere Welt der Person, wie sie von C. G. Jung und innerhalb dieser Richtung der Tiefenpsychologie z. B. von Verena Kast beschrieben wurden. In den letzten Jahren jedoch kommen überraschende Erkenntnisse hinzu: vonseiten der streng empirisch ausgerichteten Emotionsforschung, der affektiven Neurowissenschaft. Der Tiefenpsychologie kann ein beginnender Dialog mit der affektiven Neurowissenschaft nur guttun, werden doch ihre eigenen Grundeinsichten in die Emotionalität des Menschen als Basis seiner Persönlichkeit von dorther unterlegt und bestätigt.

Wie aber wirken innere und äußere Wirklichkeit eigentlich zusammen, so dass die in der inneren Welt gewonnenen Impulse auch in die Außenwelt hinübergetragen werden können? Schon immer wurde die Gleichzeitigkeit von Ereignissen der inneren und der äußeren Wirklichkeit mit besonderer Betroffenheit wahrgenommen, z. B. das zeitliche Zusammentreffen eines unerwarteten Todesfalls mit einem zeitgleichen Traum, in dem der betreffende

Mensch vorkommt. Man spricht da von »Synchronizität«. Den Fragen, die sich auftun bei einem solches Zusammentreffen psychischer und physischer Wirklichkeit, vor allem zwischen einander nahen Bezugspersonen, wird im vierten Kapitel, dem über »Synchronizität«, noch näher nachgegangen, auch mit einem Blick auf Vorstellungen der Quantenphysik über ein mögliches Zusammenwirken solcher Art, wie sie schon C. G. Jung bei seinen Gesprächen mit dem Physiker Wolfgang Pauli beschäftigt haben.

Der weite, auch weltanschauliche Horizont, der sich im Zusammenspiel zwischen innerer und äußerer Welt auftut, führt auch zu grundlegenden Fragen nach einer neuen Religionspsychologie, zu denen sich C. G. Jung von seiner inneren Stimme herausgefordert fühlt, was er in seiner autobiographischen »Chronik«, dem »Roten Buch«, dokumentiert, in dem er auch seine inneren Bilder malend festhält. Davon ausgehend entwickeln sich die Grundzüge einer neuen Religionspsychologie, einer Psychologie der inneren Erfahrung, die zu den Grundlagen einer inneren Welt gehört.

Zusammenfassend stellt die Entdeckung der inneren Welt auch die Frage nach einer bewussten Verantwortung für die Außenwelt, für die gemeinsame gesellschaftliche und politische Welt. Es stellt sich die Frage nach einer Ethik, die aus dem Kontakt mit der inneren Welt erwächst und sich dieses Ursprungs würdig erweist. So schließt sich an das Thema einer neuen Religionspsychologie auch die Frage nach einer neuen Ethik unter dem Horizont der Tiefenpsychologie an.[1]

Abschließend möchte ich meinen eigenen Standort im offenen Raum der Psychologie C. G. Jungs umreißen, der natürlich einen weiteren Themenkreis umfasst, als ich ihn hier darstellen konnte, wobei mein persönlicher Zugang erkennbar und unterscheidbar wird, so dass eine jede und ein jeder Einzelne von denen, die mit der Erkundung der inneren Welt beginnen möchten, einen eigenen Weg finden können, der zu spannenden Entdeckungen führen wird.

Auch für mich sind einige der Zugänge neu, die ich in diesem Buch aufzeige und miteinander zu verbinden suche. Sie erschlossen sich mir in den letzten Jahren durch wissenschaftlichen und persönlichen Austausch mit Kolleginnen und Kollegen, auch durch Einladungen zu neuen Vortragsthemen auf Tagungen und die anschließenden Diskussionen aus unterschiedlichen Perspektiven.

So erweiterten sich auch für mich die Horizonte der Tiefenpsychologie bei der gemeinsamen Erkundung der inneren Welt des Menschen: für heute und morgen.

Träume zum Zeitgeschehen

Spiegelungen im Unbewussten

Die Botschaften der Träume

Träume sind für uns alle ein Zugang zur inneren Welt. An Träumen erfahren wir unmittelbar, dass es eine innere Welt gibt.[2]

Wenn Träume erzählt werden, was keineswegs nur innerhalb einer Psychotherapie geschieht, dann erfahren wir über das hinaus, was sie für jeden Einzelnen bedeuten, dass sie auch eine Botschaft für viele enthalten können, ja für alle unsere Zeitgenossen, die ja auch unsere Schicksalsgenossen sind: Wir erfahren dies z. B. auch an Träumen zum jeweiligen Zeitgeschehen, das uns umtreibt, das uns erschüttert – wie z. B. seit Beginn des Jahre 2020 die Coronapandemie, die wir bis heute nur bedingt verstehen, weder in ihren Ursachen noch in ihren Auswirkungen. Darum ist es so schwer, mit dieser Krise richtig umzugehen. Hier klingen in den Träumen unserer Zeitgenossen Motive, Bilder aus dem Unbewussten an, auch aus einem »kollektiven Unbewussten«, mit dem Jung rechnete – klingen an in Motiven und Symbolen, die uns dabei helfen können, die tieferen Ursachen und Zusammenhänge zu verstehen, zu begreifen, was sie mit uns anstellen, und sie dadurch einer Klärung und Bewältigung zugänglich zu machen. So z. B. im Traum eines 62-jährigen Psychotherapeuten:

> Er wird von einer unüberhörbaren Traumstimme aufgefordert, zu einer jener diffusen Menschenmengen zu sprechen, die gegen diverse Reglementierungen zum Schutz vor Corona protestieren. Sie sind vor ihm auf einem großen Platz versammelt und rumoren lautstark.

Der Träumer war auf eine solche Aufforderung nicht im Geringsten gefasst gewesen, er fühlt sich völlig überfordert und es verschlägt ihm zunächst die Sprache. Doch die Traumstimme gibt nicht nach, sie fordert ihn unnachgiebig, unausweichlich heraus, er solle zu jener Menschenmenge sprechen.

Als er sich etwas gefasst hat, kommt ihm ein unerwarteter Einfall: etwas ganz Unspektakuläres, etwas ganz Unideologisches müsse es wohl sein, und so kommt er auf die Idee, die Menge zunächst einmal zu einer Art von »sportlicher Entspannung« einzuladen. Die Leute sind überrascht, fast etwas amüsiert und lassen sich gerade deshalb, einer nach der anderen, darauf ein.

Er leitet sie an zu einer Atemübung, so dass ein jeder, eine jede auf diesem Platz zunächst einen eigenen Standort sucht – hier stehe ich –, dabei die eigenen Füße wieder spürt, die eigenen Arme wieder ausbreitet, um Abstand, um Platz zur freien Bewegung zu haben, und die Arme schließlich wieder hebt, um tief Atem zu holen, einzuatmen und ebenso tief wieder auszuatmen, mit dem ganzen Körper, bis die Füße wieder zu spüren sind, mit ihnen der Boden, auf dem ein jeder, eine jede von ihnen nun wieder fester steht.

Eine solche Anleitung geben zu sollen und auch wirklich zu geben, träumt der Kollege; dies habe er der diffusen Menge auf dem Platz vor ihm zu vermitteln versucht: eine Übung, um wieder Atem zu schöpfen, wieder Luft zu holen, wieder zur Ruhe zu kommen, zu sich zu kommen. Wieder auf den eigenen Füßen zu stehen, und damit zum besonnenen Nachdenken fähig zu werden, nicht nur zum Nachlaufen hinter anderen her. Und dies gelang auch in diesem Traum: Aus der diffusen Menge wurden wieder Einzelne, ob sie nun dem Geschehen um Covid-19 zuerst mehr in Panik oder mehr in trotzigem Leichtsinn oder auch unter dem Einfluss einer Ideologie begegnet waren.

Wie hat nun die Pandemie, z. B. in Bern, das zeitweise recht hohe Infektionsraten aufwies, psychisch auf die Einzelnen gewirkt und sich ausgewirkt? Aus der Traumserie einer Bernerin möchte ich einige Beispiele bringen. Mit Ende 60 gehört sie schon zur Risikogruppe der Älteren, beruflich war sie Lehrerin. Diese Träume stammen noch aus der Anfangszeit der Pandemie, in der die Beunruhigung durch das Unbekannte besonders hoch war.

> In ihrem ersten Traum zu dieser Thematik – noch zu Beginn der Pandemie im Frühjahr 2020 – befindet sie sich ganz plötzlich alleine in einer eisigen Einsamkeit. Es ist eine Landschaft wie in Island. Die plötzliche Angst, während dieser Krise, in der man sich voreinander schützen muss, gänzlich zu vereinsamen, steht wohl hinter diesem Traum.

Im zweiten Traum betritt dann tatsächlich der Tod als Person ihr Schlafzimmer. Sie beschreibt es so:

> »Ich weiß sogleich, der große Hagere ist der Tod. Er lächelt aber mitleidig, sogar verständnisvoll und sagt etwas wie: ›Du hast es ja nicht leicht‹, aber dann fügt er ganz deutlich hinzu: ›Ich lasse dich aber noch eine Weile.‹ Stattdessen geht er zu dem alten weißgesichtigen Mann, der aus dem Bett gerutscht ist. Ich vermute, er wird ihn mitnehmen.«

In diesem Traum tritt der Tod auf, also die Todesangst, die in jener ersten Phase der Pandemie bei vielen noch unmittelbarer da war als später, weil man auf eine solche und möglicherweise wirklich tödliche Gefahr überhaupt noch nicht gefasst war und noch keinerlei Schutzimpfungen kannte. Hier ist aber doch zugleich eine tröstende Ahnung da, dass der Gevatter Tod sie selbst dieses Mal noch nicht meint, noch nicht mitnehmen wird, wohl aber einen anderen Alten, der hier nahe bei ihr im Zimmer lebt. In Wirklichkeit lebt sie allein.

Der nächste Traum zeigt einen Befreiungsversuch dieser Frau, die doch auch über innere Ressourcen, über Bilder aus dem kollektiven Unbewussten verfügt, die jetzt, in der Angst, wach und hilfreich werden:

> »Ich steige auf einer hohen Leiter, die bis über die Wolken reicht, aus dem Nebel heraus.« Und so vermag sie aktiv die Todesangst zu bewältigen, herauszusteigen aus dem Nebel, der das Virus enthalten kann, empor in die klare Luft.

Dazu erinnert sie sich nach dem Traum an das Bild in der Bibel, in dem Jakob von der Jakobsleiter träumt, auf der die Engel auf- und niedersteigen, und in dem der Träumer selbst zuletzt einen schützenden Segen empfängt.

Der Traum der Frau ist ein tröstlicher Traum, auch ein aktiver Traum, der mit einem Bild aus der religiösen Überlieferung, das sie in sich trägt, Schutz und Trost, aber auch den Anstoß, selber aus dem Nebel herauszusteigen, vermittelt.

Im nächsten Traum dieser Frau geht es nun um das Hin und Her mit der Maskenpflicht – einerseits die Einsicht in deren Notwendigkeit, andererseits der Trotz dagegen und auch die Sehnsucht bis hin zur Sucht vieler, unbedingt wieder zu feiern.

> Das bringt der Traum dieser Frau von einer Stadt voller ausgelassener Menschen, die maskiert sind und den Weg versperren, zur Anschauung, zu Bewusstsein. Es ist wie in einer überdrehten Fastnacht. Die Menschen mit dem Mundschutz erinnern sie eben auch an Maskerade.

Ambivalenz gegenüber der Maskenpflicht kommt hier zum Ausdruck. Sie empfindet dies als Schutz und als Verkleidung zugleich. Es ist schwieriger, den wirklichen Ausdruck eines Menschen zu erkennen, wenn er eine Maske trägt.

Nach den Berichten über die steigenden Infektionszahlen im Tessin im Frühjahr 2020 träumt diese Frau, die gerne dort Urlaub machte:

> »Ich klettere eine Mauer hinauf und sehe: Da steht ein hohes weißes Kreuz; und dies in einem Garten voller Sonnenblumen, deren Blütenköpfe sich aber stark nach unten neigen.«

Sie will genau hinschauen, will nicht wegschauen und ersteigt deshalb die Leiter, die auf die Stadtmauer hinaufführt, und hier fällt ihr Blick auf das hohe weiße Kreuz, das natürlich auch an den Tod und an den Friedhof erinnert. Aber sie sieht da auch die reichen Blumen des Sommers, die jetzt jedoch alle ihre Köpfe neigen, also womöglich schon am Verwelken sind. Erst dachte sie sogar, wie sie hinzufügt, dies könnte künstlicher Blumenschmuck sein, nur zum schöneren Anblick aufgestellt, aber dann erkennt sie doch, dass es lebende Blumen sind.

Sie ist tief betroffen über diesen Anblick und über diese Vorgänge in der wunderschönen Tessiner Landschaft.

Diese Blumen jedoch können nicht durch vorwegnehmende Resignation gerettet werden, sondern sie bräuchten eine sie umsorgende Zuwendung, sie müssten gegossen werden – auch durch die innere Zuwendung dieser Frau zu ihnen, zu dem, was diese Blumen in ihrer inneren Welt wären: lebendig Wachsendes. Das erkennt man gut beim Bedenken des Traumes.

Unter einem Baum sieht diese Frau im nächsten Traum – es ist inzwischen Herbst geworden – eine Unmenge von abgefallenen reifen Pflaumen und Zwetschgen liegen. Leute kommen da vorbei und bedienen sich an dem Obst, während sie selber sich zuvor vor möglicher Ansteckung schützt:

»Ich aber hole erst meine Handschuhe, um mich beim Berühren der Früchte, die schon von anderen berührt worden sind, nicht mit dem Coronavirus anzustecken. Wie ich endlich mit meinen Handschuhen zurückkomme und zugreifen kann, sind die Leute verschwunden – und in den Gittern liegen nur noch wenige blasse und teilweise zerquetschte Pflaumen. Ich bin enttäuscht und gleichzeitig ärgere ich mich über die Maßlosigkeit der Leute, die hemmungslos zugreifen, wo es etwas zu holen gibt, ärgere mich aber auch über meine Schüchternheit und vielleicht Überängstlichkeit, die mir jetzt deutlich wird.«

Sie spürt in diesem Traum vielleicht auch, dass sie sich selbst fast zu stark zurücknimmt und dass sie auch mutiger werden könnte. Denn auch dieser Herbst hat trotz Corona Früchte gebracht, für die diese Pflaumen ja nur symbolisch stehen, die aufgelesen, aufgenommen werden wollen. Sie beginnt sich zu fragen, was vielleicht auch in diesem Jahr in ihrem Leben, unter ihrem Lebensbaum gewachsen und reif geworden sein könnte, und was sie, aus lauter Übervorsicht, nur anderen überlassen und sich selber hatte wegnehmen lassen.

> Im nächsten Traum sieht sie sich selber in einer Kirche, in deren Mitte eine Sängerin steht, in weißem Gewand, die zum Singen ansetzen will, aber es sind gar keine Zuhörer da, es ist keinerlei Publikum vorhanden, doch die Träumerin kann es kaum glauben und schaut sich noch einmal genau um:
>
> »In einer Seitennische sehe ich plötzlich drei oder vier schwarze Kinder stehen, in schwarzen Kleidern, als trauerten sie. Sie blicken zu dem kleinen hinteren Fenster hinaus. Ich selber bin in diesem Traum auch nur kaum sichtbare Zuschauerin hinter einer Säule.«

Angesichts dieses Traumes spürt sie, wie stark sie bei dem allen nur Zuschauerin bleibt, so sehr es sie auch bedrückt. Vielleicht sollte sie, so überlegt sie nach diesem Traum, sich rühren, sich zeigen oder gar mitsingen. Vielleicht wird sie sogar noch auf den Gedanken kommen, dass sie, »subjektstufig« verstanden (d. h. bestimmte Traumelemente verweisen auf eigene Seelenanteile), ja auch selbst in dieser einsamen Sängerin symbolisiert ist, ebenso wie in diesen trauernden Kindern. Die Musik fehlt in ihrer Lebenswirklichkeit zu dieser Zeit bitter, das Singen, auch als Ausdrucksmöglichkeit für Gefühle, vor allem das gemeinsame Singen und dies gerade auch in Kirchenkonzerten oder gar im Gottesdienst.

> Im folgenden Traum wird sie, zusammen mit einer anderen Frau, in einer menschenleeren Stadt von einer dunklen Gestalt ver-

folgt, deren Schritte etwas Roboterhaftes, ein monotones Klopfgeräusch, an sich haben. Gerade deshalb wirkt diese Gestalt, schon auf Distanz, unheimlich, bedrohlich. Die Träumerin berichtet: »Wir beide fliehen voller Panik vor diesen Klopfgeräuschen in die entgegengesetzte Richtung, doch auch hier bleiben sie hörbar.«

Es ist, als ob einen diese Angst vor Corona, vor einer möglichen Covid-19-Infektion geradezu automatisch überallhin verfolgte. Angesichts dieses Traumes spürte die Träumerin überdeutlich, dass sie sich von dieser Angst im Alltag allzu stark am selbstbestimmten Handeln hindern lässt.

Sie ist aber mit diesem Erleben – das sie hier auch mit einer Begleiterin teilt – und mit diesem Verhalten ein Beispiel für viele unserer Zeitgenossen, jedenfalls beweisen dies die Umfragen unter den Menschen, beweisen dies die Statistiken der Beratungsstellen und der Kliniken, vor allem auch im Hinblick auf solche, die schon vorher anfällig für Ängste und Angstvorstellungen waren. Die Panikbereitschaft ist gestiegen.

Bedeutsam für uns alle können die Träume dieser Frau schon dadurch sein, dass sie uns recht charakteristisch aufzeigen, was die Coronapandemie von ihrer nur teils bewussten Seite her mit vielen unserer Zeitgenossen macht, welche kollektive Stimmung sich da ausbreitet, wie latente Ängste geweckt werden.

Die Reaktionen aus dem Unbewussten auf die Coronapandemie, wie sie sich in den Träumen dieser Frau aus Bern zeigen, dürfen als typisch für viele unter uns gelten. Und ich denke, wir verstehen weitgehend ganz spontan, was diese Träume ansprechen und aufdecken – in ihrer symbolischen Sprache für die psychische Welt, in konkreten Beispielen, die sich leicht auf mehrere Ebenen übertragen lassen.

Jedenfalls verstehen wir es auf der bewussten Ebene und können wahrnehmen, wie vom Unbewussten her, in dem auch kulturelle Erinnerungen gespeichert sind, heilungsfördernde Impulse in diese Träume hineingesteuert werden, z. B. da, wo die Träumerin beginnt, auf der Jakobsleiter über den Nebel hinaus in die Nähe der klareren Luft des reineren Himmels zu steigen. Da wird sie aktiv und vertraut auch auf tiefere Zusammenhänge.

Der letzte Traum dieser Frau aus Bern, den ich berichten möchte – es gäbe noch weitere von ihr –, zeigt mit seinem Schluss, dass auch die Angst, sich angesteckt zu haben, zunächst einmal ein Modus der Angstphantasie ist, die unter uns umgeht. Die Träumerin beschreibt:

»Ich will in einem Supermarkt einen Blumentopf kaufen. Bleibe zuerst im Vorraum vor einer Barriere stehen. Die eine Verkäuferin wendet sich mir zu, bin ich doch im Moment die einzige Kundin. Das verwirrt mich und ich weiß im Moment nicht mehr, was ich eigentlich kaufen wollte. Und schon dreht sie sich von mir weg.

Als mein Blick die Gartenabteilung streift, fällt es mir wieder ein, dass ich einen Blumentopf kaufen wollte, um endlich etwas Grünes neu einpflanzen zu können.

Doch jetzt hat sich bereits eine lange Schlange von anstehenden Leuten gebildet und die beiden Verkäuferinnen beachten mich, die ich zur Seite getreten bin, überhaupt nicht mehr. Als ich mich wieder dazwischenzwänge und durch den engen Zwischenraum bei der Kasse gehen muss, habe ich wieder plötzlich aufschießende Angst, mich doch noch mit dem Virus anzustecken.

Als ich aber draußen auf der Straße bin – ich bin noch immer in meinem Traum –, da fällt mir, erwachend, unvermutet ein, dass das jetzt nur ein Traum ist, war – dass ich also gar nicht in dem Laden war und mich ganz gewiss nicht habe anstecken können. Wirklich erleichtert in diesem Moment gehe ich weiter, erwache ganz und erkenne nun selbst, dass ich wohl doch eine allzu starke Angst vor Ansteckung aufgebaut habe und mich dadurch zu stark von selbstbestimmtem Handeln habe abhalten lassen. Und ich hätte doch wirklich gern einen neuen Blumentopf, und würde wirklich gerne etwas neues Grünes einpflanzen.« Sie möchte also wirklich gern eine Hoffnung auf das Leben neu einsetzen.

Dies ist ein Traum, voll von Impulsen. Auch der gleitende Übergang von einem Nachttraum in einen Tagtraum ist bemerkenswert. Ich komme darauf noch zurück.

Die Traumserie öffnet den Blick auf das, was die Coronapandemie emotional mit uns macht, sie hat gleichsam, auch sozialpsychologisch gesehen, diagnostischen Charakter und enthält rückfragende Impulse, zeigt aber doch vor allem die Angst und die mögliche Blockierung des Lebens durch das Virus.

Nun wird die Angst hier jedenfalls zugelassen und zugegeben, und damit auch angehbar gemacht, während es unter uns seit den Anfangsmonaten der Pandemie auch die hartnäckigen Coronaleugner gab – es gibt sie bis heute –, die das Ganze nur für eine Variante der Grippe und dementsprechend die Schutzmaßnahmen davor für eine Panikmache des Staates halten, um endlich viele der demokatischen Freiheiten einschränken zu können. Der Traum eines dieser Coronaleugner zeigte ihm jedoch, wie sehr er sich gerade durch seine Verleugnung der Tatsachen zum Gefangenen dieser Viren macht, deren Legionen, unter Tarnung ihn umlauernd, er im Traum abwehren muss. Im Unbewusstem erscheinen und bedrängen sie ihn eben doch – hat er doch schon viel zu viel von ihnen gehört. Wer sie leugnet, kann schon gleich gar nichts gegen sie tun und gewinnt auch keine eigene Einstellung zu ihnen, keine rechte Handlungsmöglichkeit gegen sie.

Nun gibt es aber auch den Traumtypus, der ganz im Gegenteil mithilfe der »transzendenten«, der symbolbildenden Funktion jener Angst auch klärende, ordnende, eben auch therapeutische Aspekte aus dem überpersönlichen, dem kollektiven Unbewussten heraus gegenüberstellt.

Ein Traum dieser Art, von einer Therapeutin geträumt, selbst schon im späteren Erwachsenenalter, ist der folgende. Sie berichtet:

»Ich bin schon sehr unter Zeitdruck, muss ich doch rasch zu einem Krisenstab kommen, wegen einiger akuter Entscheidungen in der Coronapandemie. Der Krisenstab trifft sich in einem Lokal, rechts neben dem großen alten Kirchengebäude in unserer Stadt.

> Ich bin aber selbst eben auf der Straße zur Linken der Kirche, soll aber ja zu deren rechter Seite hinüber, wo der Krisenstab tagt, und denke, dass ich dazu etwa noch fünfzehn Minuten brauchen werde, um das große Gebäude zu umrunden und zu dem Treffpunkt des Krisenstabs zu kommen. Da fällt mir plötzlich ein, dass ich das Kirchengebäude, statt es umständlich zu umrunden, auch durchqueren könnte und so etwa schon in fünf Minuten drüben beim Krisenstab sein würde. Und schon betrete ich den Seiteneingang zur Linken. In dem Kirchenraum umfängt mich jedoch völlige Dunkelheit. Es ist ein sehr hoher Raum, ich ringe um Orientierung, suche den Gang zwischen den Bänken, ich brauche Zeit, bis ich die Mittelachse des Gebäudes finde, ausschließlich tastend, an den Kerzen auf den Seitenaltären entlang, und endlich zum Hauptausgang finde, wo Tageslicht durch die Ritzen fällt. Hier erst erkenne ich eine Gestalt, vielleicht den Küster, der unbemerkt, offenbar still geleitend, mit mir durch das Dunkel gegangen ist. Er begrüßt mich respektvoll und freundlich am Hauptausgang, öffnet mir die Türe ins Freie und sagt: ›Jetzt haben Sie die Orientierung gefunden, und so kann ich Ihnen die Schlüssel für das ganze Gebäude übergeben.‹ Und er übergibt mir zu meiner Verwunderung einen Riesenbund von Schlüsseln in die Hand – es sind auch sehr alte, große Eisenschlüssel dabei. Ich stehe am Hauptausgang, der zugleich der Eingang sein kann, wo andere Menschen mich nun freundlich grüßen. Ich denke erst jetzt wieder an den Krisenstab, und befühle erst einmal den Schlüsselbund.«

Was ist geschehen in diesem Traum? Was sagt die Träumerin selbst dazu? Ich frage sie. »Ich habe in diesem großen dunklen Raum Orientierung gefunden«, so sagt sie, »die Mittelachse also, den Hauptausgang, der zugleich auch der Haupteingang ist.« Eine schnelle Durchquerung des Gebäudes, nur damit sie noch schneller zum Krisenstab käme, habe sich für sie auf einmal als unmöglich erwiesen. »Ich bin stattdessen in tiefe Dunkelheit geraten. Könnte die Dunkelheit, könnte dieser eigentlich heilige Raum auch ein

Bild für das Unbewusste sein, vielleicht sogar für das kollektive, auf das ich mich einlassen muss, um in der Krise dieser Pandemie Orientierung zu finden?« So fragt sich diese Kollegin, die den tiefenpsychologischen Zugang zu Träumen durchaus kennt, angesichts ihres Traumes. Und sie überlegt weiter, was dieser dunkle Raum eigentlich für sie sein könnte: ein Raum der Besinnung nämlich, kehrt sie doch manchmal, auch nach dem Einkaufen, in einen Kirchenraum ein, um wieder zu sich zu kommen und Orientierung für das Anstehende zu finden. Das gibt ihr mehr, als übereilt zu dem Coronakrisenstab zurückzukehren, und hilft ihr mehr dabei, zur Zeit der Coronapandemie auch dorthin neue Orientierung zu bringen.

Dies waren Beispiele dafür, wie ganz normale Menschen – auch außerhalb jeder Therapie – während dieser Zeit geträumt haben. Diese Träume waren Zugänge zu unserer aller inneren Welt, zu der neben unseren gestiegenen tieferen Ängsten auch unsere tieferen Hoffnungen gehören. Miteinander verglichen geben sie charakteristische Stimmungen wieder, aber auch eine neue Grundeinstellung, die nicht ohne Demut vor dem Unbewussten angezeigt und erwartet werden kann. Letztlich gehört dazu eine Haltung mit festem Stand, mit gutem Abstand zum nächsten Menschen, mit der Gelegenheit zum Atemschöpfen und zuletzt geht es darum, auch unter Zeitdruck und auch in Alarmbereitschaft den Raum der Besinnung wieder aufzusuchen – aber nicht zur Abkürzung, sondern zur tieferen Orientierung in der inneren Welt.

Es ist eindrucksvoll, in den Träumen auch hilfreiche Impulse zum Umgang mit der Krise, hilfreich für sich selbst und für die anderen, finden zu können – aus dem tiefen psychischen Raum heraus, aus dem die Träume kommen und den wir das »Unbewusste« nennen, ja sogar das »kollektive Unbewusste«. Denn hier sind Erfahrungen des Lebens und des Überlebens von vielen Generationen gespeichert. Unter bedrängenden Situationen steigen diese Erfahrungen in den Träumen des Einzelnen auf, um beim Beachten und Reflektieren der Träume schließlich bewusst werden zu können. Träume zeigen auf, wie tief sich uns Ereignisse einzuprägen vermögen, auch wenn wir es oft noch gar nicht wahrhaben wollen. Träume können aber auch aus einer größeren Tiefe heraus, als unser Tagesbewusstsein sie erreicht, mögliche Rettungsaspekte andeuten. Aus Jung'scher Sicht sprechen Träume nicht nur individuelle Probleme, Themen der eigenen Lebensgeschichte an, sondern können in besonderen Fällen auch Probleme, die viele, die alle betreffen, und Botschaften an das Kollektiv der Menschen enthalten.

Zum Umgang mit den Träumen

Für viele von uns beginnt die Entdeckung der inneren Welt mit der Wahrnehmung der Träume, die sich ohne unser bewusstes Zutun und ohne Beteiligung des Tagesbewusstseins im Schlaf ereignen. Während des Träumens selbst jedoch erleben wir sie als lebendige Wirklichkeit. Erst beim Erwachen erkennen wir sie als geträumt, als Traum.

Das Wahrnehmen und Ernstnehmen der Träume als Ausdruck einer sonst verborgenen Seite unserer Person, als Ausdruck des »Unbewussten«, wie man es nun nennt, gehört zu den Pioniertaten der entstehenden Psychoanalyse, schon seit Sigmund Freud, und wird auch zu einem Kernstück und Forschungsschwerpunkt in der Analytischen Psychologie nach C. G. Jung. Das Verständnis der Träume sowie deren Deutung in Theorie und Praxis der jeweiligen therapeutischen Methode ist jedoch unterschiedlich, so dass es darüber bekanntlich zu einer Trennung der Gründerväter kam. Abgekürzt gesagt ging es bei Freud vor allem um die Aufdeckung des Verdrängten, besonders aus dem sexuellen Triebbereich, das sich in den Träumen verberge, während Jung darüber hinaus vor allem nach den verborgenen Entwicklungspotentialen in den Träumen fragt, die sich aus dem persönlichen Unbewussten des Träumers, der Träumerin, aber auch aus dem überpersönlichen, kollektiven Unbewussten, aus der Lebenserfahrung der ganzen Menschheit, speisen, auch aus den Märchen, den Mythen und den religiösen Traditionen, deren Themen und archetypische Symbole plötzlich im Traum eines heutigen Menschen aufblitzen können. So wird Traumdeutung in der Jung'schen Tiefenpsychologie zu einer echten Entdeckungsreise in die innere Welt des Menschen. Als »archetypisch« bezeichnet Jung Kräfte aus dem Unbewussten, die »regulierend, modifizierend und motivierend in die Gestaltung der Bewußtseinsinhalte eingreifen«[3]. So sind »Archetypen in der praktischen Erfahrung [...] *Bilder und gleichzeitig Emotionen*«[4], die sich überall dort zeigen, wo Phantasie sich betätigt – wie eben auch in den nächtlichen Träumen – und die uns erlauben, Gefühle in einer bestimmten Strukturdynamik aufzunehmen.

Die beschriebenen »Träume zum Zeitgeschehen«, die von unterschiedlichen Menschen geträumt wurden und zunächst gar nicht aus therapeutischen Zusammenhängen stammen, steuern noch eine andere Dimension an: Wie aus dem Zusammenklang vieler Einzelstimmen die tiefere Stimmungslage einer ganzen Generation erkennbar wird, lässt sich an ihnen ablesen. Von den Träumen her lässt sich das Zeitgeschehen auch psychologisch beleuchten, was zu einem sinnvollen und klärenden Umgang damit beitragen kann.

In der Auseinandersetzung mit der Coronapandemie zeigt sich für den Einzelnen der Grad und die emotionale Färbung seiner grundsätzlichen Angstbereitschaft, ebenso seine Fähigkeit, mit aufkommender Angst bis hin zur Todesangst umzugehen. Die Ansteckungsangst, mitsamt dem Signal, sich voreinander schützen zu müssen, kann in eine Angst vor radikaler Vereinsamung umschlagen, vor allem wohl bei alleine Lebenden der älteren Generation. Diese um sich greifende Emotion der Angst vor Vereinsamung kann sowohl zu deren Verleugnung wie auch zur Projektion der Verantwortung dafür auf vermeintlich Schuldige führen, Schuldige im Gesundheitswesen oder in der Politik, deren Maßnahmen zum Schutz der Mehrheit alle als verkehrt angelegt erscheinen. Die Ängste können bis zu Verschwörungstheorien, in welchen die Verantwortlichen in dunkle Machenschaften verwickelt seien, aufgebauscht werden, wodurch jedoch neue Wellen von Angst ausgelöst werden, auch durch gewaltbereite Demonstrationen, die letztlich zu einer Spaltung der Gesellschaft führen, besonders auch in der jeweiligen Überzeugung von einem sinnvollen Umgang mit der Angst.

Dieses Bild einer kollektiven Gefährdung durch bewusste und unbewusste Ängste zeigte sich in der kleinen Sammlung von Träumen ganz verschiedener Menschen, die ich – als inneren Spiegel aus der ersten Zeit der Coronapandemie, in der es noch gar keine Impfstoffe gab – vorgestellt habe. Die Skala der Emotionen und auch der Gegenemotionen, die in dieser Zeit aufkommen, erweist sich als die Grundlage der Träume.

Angst ruft in der Psyche nach einer Gegenemotion. Zu allererst nach dem Mut, sich dieser Ängste bewusst zu werden und ihnen etwas entgegenzusetzen. Was aber und wie?

Im ersten der beschriebenen Träume verspürt der Träumer, der erfahrene Psychotherapeut, der aber gewohnt ist, nur mit Einzelnen zu arbeiten, die dringende Aufforderung vonseiten seiner inneren Traumstimme, auch der verstörten Menge vor ihm etwas Orientierendes zu sagen. Was ist es nun – nach großer Ratlosigkeit zunächst –, was er der Aufgeregtheit dieser Menschen entgegensetzen kann? Es ist einfach der Impuls, ganz unideologisch, wieder Atem zu schöpfen – ein Rückbezug auf den Körper, der seine Ruhe braucht und auch hat, wenn man sich auf ihn konzentriert. Emotional ist dies ein Zurückfinden zu sich selbst, zur inneren Balance, zum Vertrauen auf die innere Kraft, es ist ein Impuls der Hoffnung.

Auch in den Träumen der Bernerin stecken neben dem Ausdruck der Angst immer wieder auch Gegenimpulse, andere Emotionen. Die Blumen im Tessin erweisen sich als echte Blumen, sind doch keine Attrappen, wie sie zuerst meint, und den neuen Blumentopf kauft sie trotz aller Selbstbehinderungen durch ihre Ansteckungsängste schließlich doch noch. Sie rechnet eben doch damit, dass in ihrem Leben wieder etwas aufblühen kann. Am deutlichsten ist der Hoffnungsimpuls spürbar, als sie nicht nur den Mut, sondern auch die Kraft hat, auf einer Art von »Himmelsleiter«, wie einer »Jakobsleiter«, aus dem ganzen Coronamief in eine reine Luft herauszusteigen. Hier hilft ein Motiv aus der auch unbewusst in ihr lebendig gebliebenen Vertrauenstradition der Bibel.

Bei dem Traum der Therapeutin von dem hohen dunklen Raum könnte man einen inneren Dialog der Träumerin anregen, vielleicht im Gespräch mit dem Küster oder auch mit den wartenden Kollegen vom Krisenstab, in dem sie noch konkreter entwickelt und ausspricht, was ihr in dem dunklen Raum Orientierung gegeben habe. Denn natürlich ist dieser geträumte Raum auch ein Raum in ihr selbst.

Wie hier unter dem Druck der Coronakrise konnte ich zu jeder der größeren kollektiven Herausforderungen der letzten Jahrzehnte wichtige Signale aus dem Unbewussten wahrnehmen: Bilder der aufkommenden spezifischen Ängste bis hin zur Panik, geeignet zu einer entsprechenden Diagnose. Aber letztlich, wenn ich dranblieb am Traumbeobachten und am Weiterimaginieren der Träume – was ich im Folgenden weiter anregen möchte –, fanden sich darin immer auch Impulse zur Klärung der Situation und zu einem möglichen therapeutischen Zugang.

Exkurs: Imagination und Tagtraum

Eine bemerkenswerte neue Erkenntnis zum grundlegenden Verständnis von Träumen, Tagträumen und Imagination kommt – in den letzten Jahren – vonseiten der affektiven Neurowissenschaft, aus deren streng empirischer Forschung zur Emotionalität des Menschen. Sie ist es wert, im Rahmen der Tiefenpsychologie noch grundsätzlicher wahrgenommen zu werden, als dies bereits geschieht, wie z. B. in der bemerkenswerten Studie von Verena Kast »Träumend imaginieren. Einblicke in die Traumwerkstatt«[5]. In den neurowissenschaftlichen Forschungen ist deutlich geworden, dass Nachtträume und Tagträume viel verwandter miteinander sind als man bisher annahm, so dass Motive des Nachttraums auch die Tagträume des folgenden Tages bestimmen können, aber auch Motive des Nachttraums im Gedankenwandern des Tages weiterwirken. Diese Einsicht hat auch Konsequenzen für den praktischen Umgang mit Träumen, auch in der Therapie, wie Verena Kast erläutert: »Früher versuchte man viel eher, die Träume bis in alle Details hinein zu deuten. Heute werden eher die Stimmungen des Traumes wahrgenommen und Assoziationen angeschaut. Man arbeitet viel stärker imaginativ. Man spielt also quasi mit den Bildern des Traumes: Womit verbinden sich diese, welche Vorstellungen habe ich? Dazu kommen auch das Malen und andere kreative Methoden. Wenn ich einen Traum male, dann nehme ich die Emotionen wahr, die damit zusammenhängen. Wenn ich ihnen eine Gestalt gebe, bin ich ihnen nicht mehr einfach so ausgeliefert, kann sie verwandeln.«[6]

Es ist bekanntlich nicht jedermanns Sache, sich seiner nächtlichen Träume zu erinnern. So kenne ich durchaus phantasievolle Menschen, die sich dennoch ihrer Träume nicht zu erinnern vermögen. Doch kennen sie den Tagtraum. Auch diese Menschen können sich ihrem Unbewussten öffnen und es erkunden, wenn sie ihren Tagträumen Beachtung schenken. Während längerer Spaziergänge, Wanderungen in der Natur, aber auch während eintöniger praktischer Arbeit im Haus, im Garten oder auch im Büro wandern die Gedanken in uns wie von selbst, wir stellen uns Erwünschtes, aber auch Befürchtetes vor, malen es uns aus. Oder wir lassen innerlich ganze Dialoge ablaufen, z. B. mit Menschen, mit denen wir derzeit im Konflikt sind, samt deren möglicher Reaktionen. Manchmal hören wir innerlich schon den ganzen Dialog, nehmen ihn in unserer Vorstellung vorweg, samt Gestik und Mimik der Leute, mit denen wir uns da auseinandersetzen wollen, und erleben das auf diese Weise durchgespielte Gespräch oft sogar in mehreren möglichen Varianten. Solche inneren Dialoge konnten wirklich schon dazu beitragen, reale Konflikte zu klären. Auf jeden Fall erkennen wir an diesen inneren Dialogen, was uns derzeit am meisten beschäftigt.

In der Psychotherapie Jung'scher Richtung sprechen wir bei solchem Vorstellungsvermögen, bei solchen »Tagträumen«, von der Fähigkeit zur »Imagination«. Imagination aber nimmt in der Psychotherapie nach C. G. Jung von Anfang an einen zentralen Stellenwert ein. Insofern lässt sie sich mit den neuen Ergebnissen der affektiven Neurowissenschaft gut verbinden und sieht sich sogar durch sie bestätigt. Dass auch die Beachtung und Beobachtung von Tagträumen – wie die schon vertrautere von Nachtträumen – zu den Zentren unseres Interesses und unserer psychischen Verfassung hinführen wird, liegt eigentlich auf der Hand. Auch dass man sie auf sehr ähnliche Weise wird erschließen können, mit der Methode, mit der man auch nächtliche Träume dem Verständnis eröffnet.

Fast wichtiger noch als das Tagträumen ist in der therapeutischen Praxis auf Jung'scher Basis die Methode der »Aktiven Imagination«[7] geworden, die von einem bewussten Impuls, manchmal sogar von einem bewussten symbolischen Motiv zum Imaginieren ausgeht, sich dann aber den auftauchenden Figuren und auch Vorgängen wie in einer inneren Szenerie tagträumend überlässt und sie gleichsam durchspielt. Die Aktive Imagination kann natürlich auch von Figuren und Symbolen eines Nachttraums ausgehen und diesen, wie rückwirkend, noch tiefer erschließen. Gerade hierdurch werden konstellierte Energien aus dem Unbewussten freigesetzt, so dass sie sich in Szenen und Bildern symbolisieren, sich dabei wandeln und schließlich auch zur bewussten Auseinandersetzung mit ihnen einladen und beitragen können. Zur Methode der Traumdeutung in der tiefenpsychologischen Richtung C. G. Jungs überhaupt sind und bleiben dessen eigene Forschungen grundlegend und wegweisend.[8]

Von den Sinnen zum Sinn

Körpererfahrung als innere Welt

Der Zusammenhang und das Zusammenspiel von Innenwelt und Aussenwelt bleibt ein Thema, wenn wir die Träume betrachten, es rückt uns aber noch viel unmittelbarer auf den Leib, wenn wir nach dem Zusammenhang der psychologischen Wahrnehmung mit der physiologischen, mit der Wahrnehmung der Wirklichkeit über unsere fünf Sinne, fragen, was wir im Folgenden versuchen werden.

»Am Anfang des Bewusstseins steht das existentielle Gefühl, einen Körper zu haben. Nur er spürt, wo er anfängt und wo er aufhört, kann sich also als psychische Einheit, als zur Umwelt abgegrenzter Organismus erleben«[9], so Nicole Althaus. Physisches Leben auf der Erde setzt bei allen Lebewesen ein Kontaktvermögen mit der Außenwirklichkeit der anderen und damit eine Wahrnehmung von der Innenwirklichkeit des je eigenen Körpers voraus.

Das beginnt schon bei der Amöbe, die an einen Glassplitter stößt und reagiert, obgleich sie gar kein Nervensystem hat, doch hat sie Sensoren an ihrer Grenzfläche, die registrieren, dass es hier ein Innen und ein Außen gibt. Die Wahrnehmung, überhaupt ein Innen gegenüber einem Außen zu haben, verdanken wir also der sensorischen Wahrnehmung.

Das bedeutet eben nicht einen Vorrang des Bewusstseins und des mit ihm verbundenen Denkens bei der Wahrnehmung der Wirklichkeit und bei der Erkenntnis, ein eigenes Wesen zu sein, bedeutet also kein »cogito ergo sum«, sondern vielmehr ein: »Ich spüre, also bin ich.« Hierauf verweist Martin Grunwald, der Leiter des einzigen und einzigartigen Forschungszentrums für Haptik, das der Universität Leipzig angeschlossen ist, und dessen Studie »Homo hapticus. Warum wir ohne Tastsinn nicht leben können«[10] als »Das Wissenschaftsbuch des Jahres 2017« ausgezeichnet wurde.

So gewiss Träume dasjenige Gebiet der Tiefenpsychologie darstellen, auf dem die Erkundung der inneren Welt bisher die reichsten Erkenntnisse erbracht hat, so gewiss ist das andere, eigentlich noch grundlegendere Gebiet der inneren Welt für die Forschung lange im Hintergrund geblieben: das Feld der Empfindungen, die sich den fünf Sinnen verdanken – wenn wir überhaupt bei dieser Zählung verbleiben wollen, die schon auf Aristoteles zurückgeht: dem Hören, dem Sehen, dem Riechen, dem Schmecken und dem Tasten, der schon genannten haptischen Funktion.

Als »Empfindungsfunktion« bezeichnet C. G. Jung unsere Fähigkeit, über die Sinne die Außenwelt wahrzunehmen und sie damit zu unserer inneren Welt zu transformieren, sie als unsere innere Welt »wahr sein« zu lassen.

Die zentrale Rolle der fünf Sinne bei der Entdeckung der inneren Welt, der wir uns jetzt zuwenden wollen, beruht auf ihrer Koppelung an die körperlichen Empfindungsorgane, und dies in all ihrer physiologischen Differenziertheit: des Gehörs für das Vernehmen, auch aller sprachlichen Vermittlung,[11] der Augen als optisches Wahrnehmungsorgan, vielleicht das differenzierteste Sinnesorgan des Menschen,[12] dazu der Geruchssinn, der von der Nase ausgeht,[13] sowie der Geschmackssinn der Zunge und des Gaumens,[14] und schließlich der Tastsinn der Haut,[15] ein Sensorium an der ganzen Körpergrenze nach außen und nach innen. Diese Erkundungs- und Wahrnehmungsorgane für die äußere Wirklichkeit sind es, die diese in unser Inneres hereinholen und sie damit uns zu eigen, zu unserer inneren Welt machen. Sie alle sind an unseren Körper gebunden, mit unserem Körper verwachsen, der als ganzer das hoch differenzierte Organ ist, mit dem wir die Welt wahrnehmen, mit dem wir sie für unsere Erfahrung also wahr sein lassen.

Auch wenn andere Lebewesen – oder sogar andere Zugänge der Wissenschaft – andere Aspekte der Wirklichkeit wahrnehmen können: Was ich mit meinen fünf Sinnen von ihr wahrnehme, das bildet meine innere Welt.

Die Sinne und die Sinnfrage

Die Sinnfrage stellen wir nicht dann, wenn wir mit unseren Sinnen, mit unserer körperlichen Erfahrung gerade ganz im Einvernehmen sind. Nicht dann, wenn es uns gerade hervorragend schmeckt, und nicht, wenn wir gerade lustvoll durch hohe Wellen tauchen oder uns innig umarmen.

Die Sinnfrage ist auch eine Frage des Ungenügens. Ich stelle sie dann, wenn ich sagen möchte: In dieser Verfassung möchte ich nicht länger leben. Wenn die Sinnfrage sich stellt, darf sie nicht übergangen werden. Wenn sie sich stellt, ist sie lebenswichtig. Sie bedeutet: Du musst dein Leben ändern, beginnend bei der körperlichen Verfassung, bis es wieder Sinn macht zu leben, besser gesagt: bis es wieder Sinn *hat.* Ob es einen vorgegebenen Sinn des Lebens gibt oder ob es den Sinn hat, den ich ihm gebe, das ist eine Frage für Philosophen und Theologen: Immerhin hat Viktor E. Frankl[16] mit seiner Logotherapie, die auch zu den tiefenpsychologischen Richtungen der Psychotherapie gehört, die Sinnfrage in die Mitte seiner Psychologie und Psychotherapie gestellt. Auch C. G. Jung nennt die Neurose »ein Leiden der Seele, die ihren Sinn nicht gefunden hat«[17].

Aber auch, wenn er vorgegeben wäre und wenn ich ihn selbst gefunden hätte, den Lebenssinn: Wie leicht wäre mein Erleben solchen Sinns in dem Moment irritierbar, in dem ich mich körperlich nicht mehr wohlfühle, in dem z. B. mein Gleichgewichtssinn gestört ist, in dem ich mich schwindlig fühle. Oder wenn mein Augenlicht bedroht ist, mein Gehör; wenn mein Geruchs- und Geschmackssinn schwindet und mir einfach nichts mehr schmeckt. Auch wenn ich mich körperlich bewegungsunfähig fühle und meine Glieder bei jeder Bewegung schmerzen, dann stellt sich die Frage: Wie lange noch so leben? Warum so leben?

Auch die Erfahrungsarmut durch einen den Sinnen entfremdeten Lebensstil, einen Arbeitsstil in einer der konkreten Sinneserfahrung entzogenen, abstrakt gewordenen Berufswelt, die sich nicht nur in der technischen Welt, sondern auch in unseren Schulen, Krankenhäusern, Arztpraxen breitmacht, kann die Sinnfrage aufbrechen lassen, weil ein Gefühl von innerer und äußerer Leere überhandnimmt. So schreibt Manfred Osten: »Im Schatten des hochmütigen Verstandes kommen offenbar wichtige komplementäre Erkenntnisorgane zu kurz [...] wie z. B. die Entwicklung musischer und sozialer Kompetenz, ganz zu schweigen von emotionaler Intelligenz und der Vernunft der Sinne. Hinzu kommt, dass die Enteignung der Sinne begleitet wird von einer beschleunigten Zunahme abstrakten und erfahrungslosen Wissens«[18], dem dann oft auch die Handhabung des notwendigen technischen Wissens gebricht und entgleitet. Eines der furchtbarsten Beispiele solcher abstrakter Technik, deren Handhabung menschliche Kompetenz überschreitet, zeigte sich damals am Beispiel des Reaktorunglücks von Tschernobyl.

Im Fragen nach der Erfahrung von Sinn – das althochdeutsche Wort *sinnan* bedeutet übrigens »fahren«, »erfahren« – zeigt sich natürlich auch, dass wir Menschen hinter dem, was wir aktuell und mit unseren Sinnen erleben, allemal noch etwas anderes suchen: das, was über die Sinneserfahrung allein hinausgeht, nämlich ob sie Sinn macht, was sie für uns bedeutet, ob sie auch über uns hinaus Sinn hat. Sinn machen und Sinn haben ist dabei nicht dasselbe.

Zwischen der Erfahrung durch die Sinne und dem Erleben von Sinn scheint jedenfalls ein direkter Zusammenhang zu bestehen: Wir sehen z. B. das Meer und das Spiel der Lichter auf ihm, etwas Immaterielles, das uns aber berührt, als gehe es da um mehr: Licht und Wasser, Himmel und Meer berühren sich da, immaterielle Lichtstrahlung bricht sich am Wasser und erzeugt ein Glitzern, ein Schimmern, es geht ein Licht an, das wie ein Gleichnis für Größeres ist. Wofür?

Diese Frage erhebt sich aus einer Erfahrung, einer Wahrnehmung unseres Gesichtssinnes. Dabei geht uns »ein Licht auf«. Auch in die Sprache werden übrigens Sinneserfahrungen immer wieder eingebracht, wenn uns z. B. etwas »berührt«, etwas »packt«, etwas »nicht mehr loslässt«.

Oder nehmen wir den nächtlichen Himmel, unter dessen Sternenmeer wir uns wahrnehmen: Unsere Augen erfahren Lichtstrahlen, die aus unendlichen Zeiträumen zu uns gelangen, und wir erahnen eine Zugehörigkeit zu einem unendlich größeren Ganzen, als wir selbst es sind, in unserer Existenz in diesem Körper. Ich nehme den Kosmos wahr, also bin ich – und bin dadurch vielleicht dazu berufen, diesen Kosmos zu bezeugen, zu würdigen, in seiner Schönheit und in seinem Sinn. Erst durch Wahrgenommenwerden und durch Wahrnehmen entsteht Wirklichkeit – so könnte es einer der frühen Sensualisten gesagt haben, so aber entspricht es auch einem Lebensgefühl und einem Sinnargument unserer Zeit. Vielleicht sind wir menschliche Wesen doch die Einzigen, die solche kosmische Strahlung wahrnehmen, die durch das Sternenlicht zu uns kommt – so sind wir vielleicht diejenigen, in denen sich der Kosmos reflektiert.

Früherfahrung: Die Geborgenheit durch die Sinne

Der früheste Weg von den Sinnen zum Sinn scheint mir der von der Mutter zum Säugling,[19] von Mutter, Vater und Geschwistern zum Kleinkind zu sein, das sich in seinem Körperselbst erfährt und sich allmählich als eigene Person entdeckt – durch das Berührtwerden durch seine ersten Bezugspersonen und durch das eigene Berühren und Betasten dieser nahen Menschen. So erfährt es sich allmählich durch das Getragenwerden, Geschaukelt- und Gestreicheltwerden als eigene Person – also durch Erfahrungen des Tastsinns. Darüber hinaus werden erste grundlegende Erfahrungen von Bindung und Zugehörigkeit gemacht. Beim Streicheln z. B. werden Bindungshormone ausgeschüttet.[20] Außerdem werden, wie man heute erforscht hat, die neuronalen Verknüpfungen im Gehirn überhaupt erst durch Berührung und durch Betätigung des Tastsinns und die damit verbundenen Erfahrungen aufgebaut. Ob dies schon eine erste Sinnerfahrung genannt werden kann, darüber lässt sich streiten, aber eigentlich nur dann, wenn Sinnerfahrung erst das heißen dürfte, was durch bewusste oder gar psychologische und philosophische Reflexion definiert ist.

Auf der elementaren Ebene, so meine ich, ist Sinnerfahrung nichts anderes als fraglose Zugehörigkeit zu Bezugspersonen, die uns wohltuend berühren und sich auch von uns zärtlich berühren lassen, ein Kontaktgeschehen, ein Geben und Nehmen, bei dem Geborgenheit aufkommt.

Zu den Erfahrungen des Tastsinns kommen von Anfang an solche des Schmeckens und Riechens hinzu. Zum Genährtwerden an der Brust der Mutter, das ein ursprüngliches Bedürfnis eines jeden kleinen Menschenwesens stillt, weshalb wir vom »Stillen« sprechen, kommt neben dem wohltuenden Stillen des Hungers auch das Schmecken der Nahrung, der Milch, der Geruch und Geschmack zu der Berührung der Mutter überhaupt hinzu. Auch über den Duft eines Menschen entsteht und wächst Bindung. Tiere bauen ihre Bindungen zu Artgenossen und zu Menschen vor allem über den Duft auf. So gibt es auch junge Mütter, die nie ein Parfüm benutzen, damit sie für ihr kleines Kind immer unverwechselbar riechen.

Im Mythos von Demeter und Persephone in seiner Mutter-und-Tochter-Archetypik, wie Homer ihn erzählt, wird immer wieder von Demeters »duftender Brust«[21] gesprochen, was mich beim ersten Lesen etwas verwunderte, was mir jetzt aber ungemein stimmig ausgedrückt erscheint. Geschmacks- und Geruchssinn, die über die Nase direkt mit den emotionalen Zentren des Gehirns verbunden sind, steuern also unsere Wahrnehmung dessen, was wir gerne mögen, was uns schmeckt, was uns sympathisch ist und damit auch das Wissen um die Zugehörigkeit zur Mutter, zum Vater und zu anderen nahen Bezugspersonen. Auch die Gerüche, der Duft der Muttermilch, später allen Essens, das wir gerne mögen und das uns das Wasser im Mund zusammenlaufen lässt, ebenso der Geruch der Wohnung, in die man gehört, all dies vermittelt die Wahrnehmung von fraglosem Wohlbefinden, von Zugehörigkeit und Zuhausesein, von Sinnerfahrung auf der elementaren Ebene.

Dabei habe ich jetzt die in diesem Zusammenhang viel öfters besprochenen Sinneswahrnehmungen des Sehens und Hörens noch gar nicht erwähnt. Was bedeutet es doch für ein Kind, gesehen zu werden, vor allem im rechten Sinn wahrgenommen zu werden. Dazu gehört auch, ihm zu sagen, wie nett es doch aussieht mit diesen Haaren, mit diesem Kleid, vor allem aber auch, wie geschickt es sich doch bewegt und wie interessant es doch spielt!

Häufig benennen Erwachsene, z. B. zu Beginn einer Therapie, als das gravierendste Manko ihrer Kindheit, das sie bis jetzt bestimme, nicht gesehen worden zu sein, nicht wahrgenommen z. B. von einer oft unter Medikamenten oder gar Drogeneinfluss stehenden Mutter, die mit glasigem Blick an dem Kind vorbei oder durch es hindurchschaute, als wäre es gar nicht da. Andererseits wurde seit Kohut der »Glanz im Auge der Mutter«[22], das Strahlen der Mutter, wenn sie ihr Kind erblickt, als Schlüsselerleben für das Kind bezeichnet, in dem es sich gesehen, erkannt, anerkannt und geliebt weiß. Dieses Schlüsselerleben ist die fraglose Sinnerfahrung des kleinen Kindes: dass es eine Lebensberechtigung hat, dass es gut ist, da zu sein – für die Mutter und für sich selbst.

Wo dieses Erleben einem Kinde weitgehend fehlte, wo es zumindest stark entbehrt wurde, sprechen wir heute von einer frühen Störung[23], die ihm dadurch widerfahren ist, von einer Störung nämlich der Spiegelung durch die Mutter, die eine Störung im Aufbau eines gesunden Selbstwertgefühls und eines gesunden Kontaktverhaltens nach sich zieht. Solch einem Kind fehlt es an Zutrauen zum Gegenüber und zu sich selbst. Es ist verunsichert in seiner Grunderfahrung, dass das Leben es gut mit ihm meint, dass es für seine Bezugspersonen etwas bedeutet und wert ist; es ist damit auch verunsichert im Blick auf den eigenen Wert und hat es schwer, sich selbst zu mögen. Ein solches Kind wird früh die Sinnfrage stellen, die, wie gesagt, aus dem Mangel, aus dem Ungenügen kommt, die ein Kind kaum stellen wird, solange es sich von den Eltern bejaht und in seinem Umfeld geborgen fühlt. Andererseits gilt, auch wenn die frühe Bejahung nicht erfolgt wäre, dass eine jede Liebesbegegnung sie neu zu begründen vermag: »Wenn Du mich anblickst, werd' ich schön«[24] – so dichtet Gabriela Mistral in ihrem Gedicht »Scham« über die Möglichkeit einer solchen Begegnung zwischen erwachsenen Menschen.

Ich möchte hier nun die Frage aufwerfen, unter welchen Umständen sich die Sinnfrage überhaupt stellt. Stellt sie sich nicht immer erst dann, wenn in unserem Leben, in unseren Beziehungen und im Umgang mit uns selbst etwas zutiefst fragwürdig geworden ist? Wenn wir eben aus der – durch die Sinne vermittelten – Geborgenheit, Zufriedenheit, aus Zugehörigkeit zu anderen Menschen und aus dem Einklang mit uns selbst herausgefallen sind?

Wie anders kann doch ein Kind aus der guten Kontakterfahrung mit Eltern und Geschwistern heraus auch sonst, wenn es in eine neue Situation, eine neue Gruppe oder Klasse kommt, in diese neuen Beziehungen hineinwachsen. Denn es erwartet eigentlich schon, dass alle sich freuen, es kennenzulernen, dass es jetzt auch mit von der Partie ist. Meist wird es ein solches Kind schaffen, aus seiner Selbstbewusstheit, seinem Selbstvertrauen heraus auch in die neue Gruppe aufgenommen zu werden und dort Bestätigung zu finden. Und selbst wenn es einmal nicht so gut aufgenommen werden würde, wird es keineswegs gleich sein ganzes Selbstvertrauen verlieren, sondern gewiss erst einmal versuchen, die Situation noch genauer zu verstehen, um sie zu seinen Gunsten zu verändern. So wird erneut Sinn im Sinne von Zugehörigkeit erlebt werden können.

Wie viel weniger gut ist ein früh gestörtes Kind für eine solche kritische Situation ausgerüstet! Auf alle Fälle aber braucht ein früh gestörtes Kind neue Erfahrungen, Gegenerfahrungen, dass es eben doch gesehen wird, wie es ihm z. B. in einer Therapiegruppe möglich wird, aber gewiss nicht nur da.

Und wie ist es nun mit dem Hören, dem Gehörtwerden, der Erfahrung des 5. Sinnes also?[25] Schon im Mutterleib, ehe wir die Mutter sehen können, sollen wir als werdendes Kind die Stimme der Mutter gehört haben und mit ihr vertraut geworden sein, wie neuere Beobachtungen nahelegen, auch wenn wir natürlich zugleich andere Geräusche der Welt vernehmen, die uns schon im Mutterleib wohltun oder auch stören. Die Mutter wiederum hört ihr Kind zuerst mit seinem ersten Schrei – auch wenn sie seine Bewegungen längst kennt –, sofern sie seine Herztöne nicht schon vorher mit einem Spezialgerät vernehmen konnte. Schreiend tut es auch künftig seine Bedürfnisse kund und hört andererseits Mutters oder Vaters beruhigendes Murmeln, Summen und Singen, was das Schreien zu stillen vermag. Hinzu kommt oft das Stillen an der Brust mit seinem Duft und Geschmack, das Trinken aus der Flasche oder das Nuckeln an einem Finger der Mutter oder des Vaters: All dies sind Sinneserfahrungen, die stillen, bis das Kind sich wieder zufrieden fühlt und den Notschrei nicht mehr erhebt – vor allem, wenn es auf den Arm genommen wird und damit eng mit Vater oder Mutter verbunden ist, deren Wärme, Duft und Liebe wieder spürt. Dann wird das Gegenteil von Verlassenheit erfahren. Es ist alles wieder gut.

Verlassenheit dagegen lässt aufschreien, lässt dauerhaft vernachlässigte Kinder chronisch schreien oder aber auch resigniert verstummen. Verlassenheit lässt auch Erwachsene aufschreien und die Sinnfrage hinausschreien zu ihren Bezugspersonen, ihren Mitmenschen, auch der Gesellschaft und der Politik gegenüber, ja, auch gegenüber Gott. Besser ist dies allemal, als resigniert zu verstummen.

Wenn wir uns verlassen, nicht verstanden, nicht gehört fühlen, dann stellen wir die Sinnfrage im Blick auf das, was wir vergeblich zu Gehör bringen wollten, und wenn wir uns grundsätzlich nicht gehört fühlen, dann stellen wir die Sinnfrage allmählich überhaupt und im Blick auf unser ganzes Leben.

Kinder, die sich nicht gehört gefühlt haben, z. B. auch nicht in ihrer frühen Lautsprache vor dem eigentlichen Sprechen, bei der Gestik und Mimik dazugehören, weisen eben das Störungsbild und die Merkmale einer »frühen Störung« auf. Sie fühlen sich fast immer grundsätzlich unverstanden und haben wegen mangelnder Spiegelung und mangelnder Korrespondenz mit ihren frühen Bezugspersonen meist auch nicht genügend gelernt, sich selbst adäquat auszudrücken, so dass damit die Chance, gehört zu werden, noch geringer wird. In der Begegnung mit ihnen, den »Frühgestörten«, kommt es vor allem darauf an, sehr gut zuzuhören, auch zwischen den Zeilen, zwischen den Sätzen zu lesen, die Nuancen herauszufinden. Für die als Kinder früh Gestörten selbst ist es besonders wichtig, sich allmählich doch noch ausdrücken zu lernen, immer wieder zu versuchen, sich selbst »rüberzubringen«, entgegen der leicht aufkommenden Resignation, man werde ja doch nicht verstanden. Oft können diese Menschen sich auch nicht mehr verständlich machen.

Ich denke da an eine akademisch gebildete Frau, die sich während der Therapie bei mir beim Aufkommen von Themen, in denen sie aufgrund von Vorerfahrungen fürchtete, nicht verstanden zu werden, jeweils in verbissenes Schweigen versank und jede weitere Erklärung verweigerte. Wie die Mutter eines Kleinkindes vor dem Spracherwerb sollte ich sozusagen auf nonverbalem Wege herausfinden, was sie meinte, was sie sagen wollte, was sie erlebt hatte, auch, was sie verschwieg. Dieses Schweigen hatte einen ausgesprochenen Aufforderungscharakter und wirkte wie eine passive Aggression. Eine solche Aggression ist natürlich nicht durch Gegenaggression aufzulösen, auch nicht durch Mitschweigen, sondern nur durch den Versuch, ihr selbst ihr Verhalten verständlich zu machen, es auf die Erfahrung jenes ursprünglich Nicht-Gehörtwerdens zurückzuführen, das eine Resignation im Blick auf die eigene Fähigkeit, sich auszudrücken, ausgelöst hatte.

Die therapeutische Relevanz der Sinnesempfindung

Bei Pervertierung der Sinneserfahrung durch Traumatisierung, wie es sexuelle Übergriffe, Vergewaltigung, Gewaltanwendung überhaupt oder gar Folter sein können, ist die Lebensqualität auf das Stärkste beeinträchtigt, das emotionale Erleben meist blockiert – und so die Erfahrung von Sinn im Blick auf das eigene Leben, aber auch auf das Leben überhaupt, kaum mehr möglich.

Wie vielfach von Gewaltopfern berichtet, gehört es zu den menschlichen Möglichkeiten, solche im Grunde unerträglichen Übergriffe überhaupt erst einmal dadurch zu überstehen, dass man im Moment von Gewaltanwendung und eines unerträglichen Maßes an Schmerzen und Scham gleichsam aus seinem Körper auszuwandern sucht und so die Körperempfindungen und die damit empfundenen Emotionen und Gefühle abzuspalten und so weit wie möglich zu dissoziieren vermag. Nur abgetrennt von seinen Empfindungen kann man in solchen Situationen überleben, doch überlebt man nur als halber Mensch. Dass solche Dissoziationen aber zuerst einmal als lebensrettend zu verstehen sind, erbrachte die Traumaforschung[26] des letzten Jahrzehnts.

Das Leiden an einer solchen Abtrennung von den eigenen Gefühlen mag einen Menschen dann – jedoch oft erst Jahre später – in die Therapie führen, der die Aufgabe gestellt ist, die abgespaltenen Gefühle aufzuspüren und wieder an die ganze Person anzuschließen, was meist als schwieriger Prozess erlebt wird, da dies kaum möglich ist, ohne die traumatisierenden Erlebnisse und die damit verbundenen Schmerzen noch einmal zu berühren.

Vor allem aber gilt es in diesem Fall, bei der Erweckung der Sinneswahrnehmungen anzusetzen, damit der Betreffende überhaupt erst wieder lernt, sich zu spüren und so allmählich wieder zu sich zu kommen: Es geht z. B. darum, wieder tasten zu lernen, und sei es zuerst beim Bearbeiten eines Steins, beim Formen eines Klumpens Ton, später vielleicht beim Streicheln einer Katze oder beim zarten Berühren des eigenen Gesichts mit den eigenen Händen. Alfred Drees[27] hat schon vor Jahren einmal darauf hingewiesen, dass man Folteropfern den allmählichen Zugang zu ihren Sinnen erst wieder erschließen müsse, beispielsweise durch das Erleben von Farben, von Musik, von kräftigen Geschmacks- und Dufterlebnissen.

Auch die Disposition dazu, später einmal eine Psychose oder Schizophrenie zu entwickeln, die bei einem Kind durch Probleme mit der Wahrnehmung des Körperschemas gegeben sein kann, könnte beim Erwachsenen präventiv durch Arbeit mit der Körperwahrnehmung, bei der Entwicklung eines Körperbildes, aufgefangen werden.

Wie sehr das Erwecken der Sinne, z. B. des Geruchssinns, mit dem elementaren Wiedererwecken von Lebensgeistern zusammenhängt, zeigt sich beim Umgang mit Demenz- und Alzheimerpatienten im Pflegeheim:[28] Hochbetagte bettlägerige Menschen, die seit Monaten zu keiner sprachlichen Äußerung mehr zu bewegen waren, begannen urplötzlich, Laute von sich zu geben, ja sogar zu sprechen, als direkt an ihren Betten eine Kochplatte aufgestellt und in einer Pfanne Zwiebeln und Knoblauch erhitzt wurde. Der Geruch erreichte und erweckte sie unmittelbar in ihrem emotionalen Zentrum, und Laute der Freude, Worte der Erinnerung an früheres Kochen und Speisen, an selbst gekochte Gerichte wurden wach, und es wurde sich sogar mit den Nachbarn darüber ausgetauscht.

So wie der Geruchssinn bei Demenzkranken die emotionalen Zentren des Gehirns noch einmal anzusprechen vermag, gelingt es auch über das Gehör und den Gleichgewichtssinn mit seinem Sinn für Gewiegt- und Geschaukeltwerden, die Gehirnregionen anzusprechen, die etwa für Schlafstörungen zuständig sind: C. G. Jung berichtet von einem Fall aus seiner frühen Praxis,[29] von einer jungen Frau mit schweren Schlafstörungen, die ihm von deren Hausarzt überwiesen worden war, der selbst ihrer Störung ratlos gegenüberstand. Alle gängigen Medikamente und Behandlungsmethoden waren fehlgeschlagen. Jung, der ihr Angespanntsein erspürt, erinnert sich auf einmal an ein Wiegenlied, das seine Mutter seiner kleinen Schwester oft vorgesungen hatte. Von einem Boot war darin die Rede, das auf den Wellen schaukelte. Er spürt wieder das Wiegen und Schaukeln des Bootes, das auch seiner Patientin zur Entspannung guttun würde, und hört innerlich die alte Melodie. So beginnt er, sie zu summen und schließlich als Lied zu singen. Mitten in der therapeutischen Behandlung beginnt er zu singen, und seine Patientin hört ihm bezaubert zu und fühlt sich eingewiegt, bis ihr die Augen zufallen. Auch abends vor dem Einschlafen fällt ihr das einwiegende Lied wieder ein, dazu ihr singender Therapeut – und über die Geborgenheit, die diese Situation ausstrahlte, fallen ihr auch die Augen zu. Sie wird in kurzer Zeit von ihren Schlafstörungen befreit und kann mit dieser Imagination des singenden Jung und mit dem Wiegenlied seiner Mutter auch zu Hause in ihrem Bett wieder einschlafen. Durch die Imagination des Singens, des Eingewiegtwerdens im sicheren Boot auf den Wellen, wurde auch Jungs Patientin »eingewiegt«. Auch die eigene Mutter, das eigene Eingesungenwerden und Eingewiegtwerden als Kind, fielen der Patientin wieder ein, und diese Erinnerung führte sie zu einem guten Einschlafenkönnen zurück.

Jung also sang ein Wiegenlied, um Schlafstörungen zu heilen, und war dabei einfach unkonventionell und natürlich. Wir können nicht alle während der Therapie singen, auch wenn wir wissen – hierauf beruht die spezielle therapeutische Fachrichtung der Musiktherapie[30] –, dass Singen und Musizieren ein starkes therapeutisches Instrument sein können. Gerade mit Musik sind sinnenhaft gefühlte Erinnerungen anzusprechen. So machte es mir selbst große Freude und rückte mir bestimmte Züge meiner Lebensgeschichte in ein besonderes Licht, als ich in einer Rundfunksendung eingeladen wurde, jeweils meine Lieblingsmusik zu bestimmten Zeiten und Phasen meines Lebens zu benennen, die dann in der Sendung auch gespielt wurde, während man mich fragte, was diese Musiken in mir ausgelöst und damals für mich bedeutet hätten. Da kam alles emotional und sinnlich Wichtige jener Zeiten zum Vorschein. Ähnliches könnten wir auch in den Patienten erwecken, indem wir sie in einer Anamnese auch nach ihren Lieblingsmusiken fragen, an denen sie ihre Lebensgeschichte aufrollen können.

Wenn Verena Kast empfiehlt, der Anamnese der Krankheit und Leidensgeschichte jeweils auch eine Anamnese der Freuden, die in einem Leben vorkamen, aufzunehmen, eine Biographie unserer Ressourcen gleichsam, dann tauchen in einer solchen »Freudenbiographie«[31] Erinnerungen an viele sinnenhafte Erlebnisse auf: für mich z. B. der Geschmack weißer Pfirsiche, deren Saft mir als Kind beim Reinbeißen oft übers ganze Gesicht, ja bis in die Ohren lief – eine Erinnerung reiner Lust. Auch der Garten der Kindheit steigt damit sofort wieder auf.

An das Rauschen und den würzigen Geruch und Geschmack des Meeres brauche ich viele meiner Patienten nur zu erinnern, da steigen schon Imaginationen auf, auch über wundersame Funde am Ufer, ein Stückchen Bernstein. Oder ein Geruch erinnert an eine geliebte alte Puppe oder auch an ein geheimnisvolles Kästchen, verschließbar, in dem man lange bewahrte Geheimnisse nun auffindet. So stiegen bei Marcel Proust in seinem monumentalen Roman »Auf der Suche nach der verlorenen Zeit«[32] über den Geruch und Geschmack einer »Madeleine«, eines Küchleins, die ganzen Erinnerungen an die verlorene Zeit auf, die das siebenteilige Werk füllen.

Unsere Freuden von der Kindheit an – sind sie nicht vielfach verbunden mit den Erlebnissen der Sinne? Da ist das Wandern, das Radeln, das Reisen überhaupt, das Erleben großer wunderbarer Landschaften, die die Seele berühren und weiten, wie es die Sahara ist, die afrikanische Steppe ... Eine Giraffe zu sehen und zu erleben, ihre Bewegungen, die Höhe ihres Halses, ihres Kopfes, das gehöre zu den stärksten Erlebnissen ihres Lebens, berichtete mir eine Afrika-Reisende.

Dabei habe ich die kulturellen und spirituellen Erlebnisse noch gar nicht erwähnt, die zuerst immer auch mit den Sinnen wahrgenommen werden, seien es die Gesänge der buddhistischen Mönche, die in Korea über die Wälder herüberwehen, oder die Gebetsrufe des Muezzins über den Dächern eines kleinen Ortes in Tunesien. Ich erinnere mich noch gut an die Färbung des frühen Morgenhimmels, als dieser Ruf erscholl und ich das Fenster öffnete, dabei kam auch noch der unverwechselbare Duft eines frisch gebackenen Fladenbrotes zum Fenster hereingeweht. Oder wenn ich an das mitternächtliche Glockengeläute an einem kalten Neujahrstag denke, das mich fast vom gefrorenen Boden hob und mich tief bewegte, verbunden mit klarer Schneeluft und einem Glas Sekt im Freien, das bis in die Nase hinaufsprühte; die vertrauten Menschen dazu, mit denen wir gemeinsam anstießen, mit klammen Händen, aber voll Wärme in den Augen und im Gefühl. Dies alles sind Erinnerungen aus

»Freudenbiographien«, von Patienten, Freunden, von Freundinnen, auch von mir selbst.

Freudenerfahrungen sind oft eng mit Sinneserfahrungen verbunden, aber als solche sind sie auch nahe bei Sinn-Erfahrungen. Das ist bei dem Anklingen religiöser Ergriffenheit durch Gesänge und Glockengeläut nicht überraschend. Doch zweifellos kann auch schon der Anblick einer weiten Landschaft den Blick selber »weiten«, kann dies Glücksgefühle auslösen: So war es die offene norddeutsche Ebene, die eine fast 80-Jährige bei ihrer herbstlichen Reise dorthin mit einem neuen Sinngefühl erfüllte: Zusammen mit einem zarten Herbstdunst, der an das nicht ferne Meer erinnerte, war es ihr ein besonders stimmiges Bild für das Lebensgefühl in ihren späten Jahren. In ihrer Übereinstimmung mit diesem größeren Ganzen erlebte sie es als stimmig. Übereinstimmend hatte sie in dieser Zeit auch den Traum von einem vornehm-schlichten grauen König, der den bisher regierenden roten nun abgelöst habe.

In den Psychotherapien, nicht nur der Jung'schen Schule, ist es sehr wesentlich, an die Emotionen heranzukommen, die letztlich – auch gemäß der affektiven Neurophysiologie – das darstellen, was den Menschen in seinem Personkern erreicht und ausmacht, was sein Ich überhaupt zu kontinuierlichem Erleben und einer personalen Einheit zusammenschließt. Die Emotionen aber erreicht man am sichersten über das sinnenhafte Erleben, über die Wahrnehmung der Empfindungen, die hirnphysiologisch mit den Zentren emotionalen Erlebens verbunden sind – wie in jeder Begegnung zwischen Menschen –, über die wechselseitige sinnenhafte Wahrnehmung von Gestik und Mimik zwischen Patient/in und Therapeut/in, über Tonfall und Klangfarbe der Stimme, noch ganz unabhängig davon, was zwischen den beiden inhaltlich gesprochen, was mitgeteilt oder auch wie therapeutisch interveniert wird. Wie Therapeut/in und Patient/in dasitzen, mit offenen oder mit verschränkten Armen, einander zu- oder abgewandt, ist ein wichtiger Test ihrer Beziehung in diesem Moment. Eine wichtige Wahrnehmung durch die Sinne, die beide aneinander immer wieder vornehmen, ist die, ob und wie das inhaltlich Gesprochene mit Gestik, Mimik und Stimmklang übereinstimmt. Nur dann kann es Stimmigkeit vermitteln, Übereinstimmung und letztlich Sinn.

Über dieses sinnenhafte Wahrnehmen des therapeutischen Gegenübers hinaus ist die Einbeziehung der Sinneserfahrung gerade auch in all dem wichtig, was innerhalb der Therapie einander erzählt und mitgeteilt wird, sei es nun ein konflikthaftes oder auch befreiendes Erlebnis aus dem Alltag, eine wichtige Erinnerung, eine komplexhafte Episode aus der Kindheit, eine Imagination, ein Traum. Denn nur so kommt man an die damit verbundene Emotion heran, die das Ereignis mit dem verkörperten Personkern der betreffenden Person verbindet. Denken wir zunächst an eine »Komplex-Episode«[33]: Wenn jemand nur erzählt, er sei als Kind oft übersehen worden, so ist das zunächst nichts weiter als eine bloße Information, die als solche noch wenig auslöst. Sobald der betreffende Mann mir aber erzählt, wie seine Mutter erst einmal eine Flasche Rotwein aufmachte und sich eine Zigarette nach der anderen ansteckte, wenn sie nach der Arbeit wieder zu Hause war, und wie er selbst, der kleine Sohn damals, der etwas fragte oder brauchte, mit glasigen Augen übersehen wurde und dabei oft noch ausgeschimpft wurde, dass er nämlich stören würde – da waren alle seine Gefühle im Blick auf das Übersehenwerden wieder wach. Und ich als Zuhörerin war mit hineingenommen, roch den Zigarettenrauch, sah die glasigen Augen der Mutter – und aus dem Aufkommen eigener Emotion heraus verstand ich, wie er sich gefühlt haben musste und wie er sich immer wieder, auch jetzt in unserer therapeutischen Beziehung, erfuhr, wie komplexhaft und überempfindlich er alle Situationen erleben musste, in denen er sich in ähnlicher Weise übersehen fühlte – erlebte er sich dabei doch zugleich als überflüssig, als nur störend, verlor er all seine Existenzberechtigung und seinen Sinn.

Ich nahm mir vor, ihn besonders aufmerksam wahrzunehmen, zumal er eine starke Mutterübertragung auf mich hatte und entsprechend drängend und auch angstvoll wegen möglicher neuer Enttäuschung agierte, indem er das Gesehenwerden von mir immer wieder einforderte. Als ich ihn aber einmal wirklich nicht verstand, weil er seine eigentlichen Wünsche aus Angst vor Enttäuschung nicht auszudrücken wusste, da war er so übermäßig enttäuscht, dass er keine meiner Nachfragen und Bemühungen, ihn zu verstehen, mehr annehmen und aufnehmen konnte, sondern nur mit glasigen Augen über mich hinwegblickte. Er ging auf einmal unbewusst mit mir ebenso um, wie seine Mutter mit ihm umgegangen war – schob mich damit in die andere Rolle seiner Komplexepisode, machte mich zu dem Kind, das nicht gesehen und damit überflüssig gemacht wurde. Ich spürte in dieser Rolle seine Emotion von damals, roch die Zigaretten, sah in den seinen die glasigen, ausdruckslosen Augen seiner Mutter, die durch ihn hindurchsahen, als wäre er gar nicht da. Auf einmal kam mir die Idee, ihm zu sagen: »Wissen Sie, im Moment verstehe ich auf einmal ganz, wie es damals für Sie gewesen sein muss, als man durch Sie hindurchsah, Sie übersah, alles muss Ihnen sinnlos vorgekommen sein.« Da blitzte das Leben wieder auf in den Augen meines Patienten: »Ja, so war es.« Er fühlte sich verstanden. Von da an konnte auch die therapeutische Beziehung und Arbeit wieder weitergehen, gewann an Fluss und an Sinn. So hatte die sinnenhaft gefüllte und ausgemalte Komplexepisode sowohl Emotion als auch Empathie zwischen uns freigesetzt und damit eine emotionale Bearbeitung des Komplexes ermöglicht. Eben dies pflegt heilsam zu sein.

Nicht anders ist es auch, wenn ein Traum erzählt wird. Es gibt Menschen, oft schizoiden Typs, die meinen, ihren Traum knapp, wie in einer Fakten-Zusammenfassung, einer Summary, erzählen zu sollen. Das lautet dann etwa so: »Ich habe geträumt, ein Fuchs säße auf der Kühlerhaube meines Autos.«

Eine überraschende Vorstellung, mit der man beginnen kann, therapeutisch zu arbeiten, doch ist es zunächst mehr oder weniger nur eine Information. Damit war aber noch nicht erzählt, was die Träumerin damals – der Traum liegt schon lange zurück – wirklich geträumt hatte. Auf mein Nachfragen hin kann sie es aber sehr lebendig und sinnenfroh ausmalen: Wie sie das sinnliche Rotbraun liebe, das elektrisierende Fell der Füchse, das man früher als Pelzmantel trug – so noch ihre Mutter. Es habe auch etwas Erotisches und Erotisierendes. Ein bisschen ein Teufelstier sei so ein Fuchs ja auch, wenn er in die Hühnerställe einbreche und sich hole, was er brauche. Aber auch ein Auto habe für sie sinnliche Qualitäten, sagt sie eifrig, es müsse ihr gefallen nach Form und Farbe, natürlich auch nach Leistung, sonst kaufe sie es nicht. Ein Auto vom Typ des »Commodore« sei das Auto gewesen, das ihr damals entsprach. Es war die Zeit, in der sie berufspolitisch in einer leitenden Stellung tätig war, und »Commodore«, das heiße ja auch Kommandant. Und genau so habe sie sich auch gefühlt: als Kommandantin. In diesem Auto war sie Kommandantin, fahrkundig, zielbewusst, leistungsstark. Blau hatte dieser Wagen sein müssen, so sagt sie ganz emotional, Grün z. B. hätte für ihr Gefühl zu diesem Wagen nicht gepasst. Kühl, rational, wollte sie sein, auch ästhetisch, gewiss, aber vor allem funktionstüchtig. So war ihr überwiegendes Selbstbild – auch dies sinnenhaft, anschaulich wahrnehmbar im Traum von dem blauen Commodore, den sie wirklich besessen hatte.

Und nun kommt die Überraschung, die dieser Traum ihr bereitet: Auf dem kühlen Blau ihres eleganten Commodore, auf der Kühlerhaube, liegt auf einmal ein roter Fuchs mit seinem weichen, seidigen, elektrisierenden Fell, ein Tier, ein lebendiges Stück Natur, ein kluges, schlaues und auch erotisches Wesen – und fährt einfach mit. Sie sieht das Bild jetzt sehr genau vor sich. Etwas Lebendiges will mitfahren auf diesem kühl-ästhetisch technischen Gerät, das zu ihrem damaligen Lebensstil und Selbstbild passt, etwas Warmes, Animalisch-Erotisches will mitkommen, auch etwas Freches, das sich seinen Platz nimmt und sich damit holt, was es braucht. Dieser Fuchs fährt im Traum mit, während der ganzen Fahrt.

Über diesen sinnenhaft geträumten und nun auch sinnenhaft erzählten Traum mit seinem Kontext wird der Träumerin bewusst, was sie sich bis dahin noch gar nicht recht eingestanden hatte: dass eine überraschende, warme Emotion in ihr aufgetaucht war, ein erotisches Gefühl, das künftig mitfahren wollte. In der Begegnung mit einem Kollegen war dieses Gefühl aufgebrochen, das sie vor sich selbst zunächst noch nicht recht zugegeben hatte. Der Traum sagt ihr jedoch: Dieses Gefühl wird künftig mitfahren, wird sie ergänzen und bereichern, auch mit den Qualitäten des Fuchses. Die berufliche Existenz alleine genügte nicht mehr. Die bloße Information, sie habe von einem Fuchs auf der Kühlerhaube ihres Autos geträumt, hätte diese Einsicht, die ihr Leben verwandelte, nicht bewirkt, wenn nicht die emotionale Schilderung des Traumes auch die dazugehörige Gefühlsskala geweckt hätte.

So ist die Vorstellung auf die Öffnung aller Sinneskanäle angewiesen. Die innere Vorstellung, die Imagination, vermag so vieles in unserem Leben und in der Therapie zu verändern, wenn sie nur lebendig und farbig genug ist. Menschen, die meinen, nicht recht imaginieren oder sich innerlich etwas vorstellen zu können, könnte man bitten, bei nächster Gelegenheit einmal auf einen belebten Wochenmarkt zu gehen insbesondere auf einen orientalischen, und dort einmal mit allen Sinnen wahrzunehmen, was man riechen und dabei unterscheiden kann, z. B. die Qualität einer Melone; was man befühlen kann, z. B. die Fülle eines Bündels von Bananen; was man da sieht an Farben – der Früchte, der Blumen, aber auch die Menschen in ihren bunten Kleidern; was man hört, z. B. das Anpreisen von Waren, Gelächter, das Gurren von Tauben, Hundegebell, das Quietschen von Fahrradbremsen. Schließlich mag man auch beim Imaginieren alle Sinne wach dabeihaben, wie z. B. eine Frau in ihren Fünfzigern, die das folgende »innere Bild« imaginierte und anschließend malte: Links im Bild sah sie eine Schale mit köstlichen reifen Früchten stehen, eine Honigmelone darunter, die ihr entgegenduftete. Rechts dagegen einen schwarzen Rost, der nach Verbranntem roch, nach Verkohltem. Auffälligerweise glich er mehr einer altmodischen Kinderbettstatt, einem Metallrost – und es roch nicht nur nach Verbranntem, sondern es stand auch noch eine hell lodernde Flamme darüber.

Zwei dramatische Gegensätze waren also in ihrer Imagination und dann auf dem Bild aufgetaucht: etwas Brennendes und schon Verbranntes auf der rechten, der bewussten Seite, und auf der linken die Schale mit den reifen Früchten. Ein Rost, der an ein Kinderbett erinnert, der für diese ungefähr 50-jährige Frau offenbar auch an Kindliches und an ihre Kinderzeit erinnert, das jetzt brennt und schon verbrannt ist und in irgendeinem Sinne opfernd verwandelt werden muss, im Blick auf die Früchte reichen Lebens, die auf der anderen Seite ihres Bildes schon bereitstehen. Links ist die symbolische Seite des Unbewussten, das jetzt aber sichtbar geworden ist mit ganz neuen Möglichkeiten fruchtbaren Lebens.

Viel Sinnliches und Körperliches taucht in all den Therapieformen auf, die wie die Jung'sche Psychotherapie mit symbolischem Material, auch aus dem Unbewussten, arbeiten. Unmittelbar am Körper und am Erleben der Sinne setzen die Therapieformen an, die über Atem, Bewegung, bis hin zum Tanz die Sinneserfahrung selbst zur Lösung und Lockerung zur Bewusstwerdung des Körpererlebens machen. So steht die Einführung in die Feldenkrais-Therapie unter dem Motto »Bewusstheit durch Bewegung«[34]. Einige der Begründer von Körpertherapien waren selbst körperlich beeinträchtigte Menschen, die über Bewusstwerdung der Körperfunktionen und weitgehend auch deren seelischer Bedeutung für sich selbst Heilung fanden und daraus Methoden entwickelten, die auch anderen Menschen über das körperlich-sinnliche Erleben Heilung bringen konnten. Es ist auffällig, dass viele der Therapeuten, die in den Körpertherapien mit der direkten Sinneserfahrung arbeiten, immer wieder berichten, dass es den Menschen auch ein Bedürfnis sei, über das sinnenhaft Erlebte mit der Frage nach dessen Bedeutung zu sprechen, nach einer Bedeutung für sich selbst als ganzen Menschen, und dies über das rein körperlich Erlebte hinaus. In der Supervision von Körpertherapeuten und auch in der Zusammenarbeit mit ihnen habe ich vor allem die Erfahrung gemacht, dass man in Therapieformen, die direkt an der sinnenhaften Körpererfahrung ansetzen, dennoch zusätzlich ein symbolisches Verständnis des Erlebten zu brauchen scheint, sodass Empfindungen als Gefühle erkennbar und benennbar werden, die dem betroffenen Menschen auch eine Bedeutung und damit eine neue Sinndimension erschließen – auch wenn natürlich schon sehr viel gewonnen ist, wenn zunächst die sensorischen Organe und Funktionen wieder intakt sind.

Zu einer Therapie nach dem Konzept C. G. Jungs können auch die Wahrnehmung, die Bewusstwerdung und Differenzierung der bisher weniger ausgebildeten Orientierungsfunktion eines Menschen gehören, so etwa für einen überwiegend intuitiv veranlagten Menschen – wie auch viele Therapeuten es sind – die sogenannte »Empfindungsfunktion«[35]. Bei einem intuitiven Menschen wäre diese Funktion meist weniger ausgeprägt und ausgebildet, läge im Schatten, und es gälte ausdrücklich, gerade sie auf dem Wege zur Ganzheit auszubilden. Klaus-Uwe Adam beschreibt die Empfindungsfunktion als diejenige Orientierungsfunktion in der Welt, die physische Reize zu vermitteln und zu empfangen vermag: »Sämtliche Sinnesqualitäten gehören in den Geltungsbereich der Empfindungsfunktion, die am stärksten auf den Körper bezogen und von ihm abhängig ist. [...] Im extravertierten Erlebnismodus ist sie ganz auf die den Sinnesreiz setzenden Objekte bezogen, also weltzugewandt und an der materiellen Wirklichkeit interessiert. Sie vermittelt praktischen und ästhetischen Realitätssinn, z. B. oft auch die Fähigkeit zu schnellem, geschickten Umgang mit konkreten Gegenständen.«[36]

Im Rahmen des Jung'schen Konzeptes von den vier Orientierungsfunktionen des Menschen wäre die Empfindungsfunktion, also die vierte neben Denken, Fühlen und Intuieren, die gegenüber der hochgeschätzten Intuition und auch der Fühlfunktion, die für Jung selbst die Hauptfunktionen waren, manchmal etwas in den Schatten tritt.[37] Auch bei Klaus-Uwe Adam heißt es, die Empfindungsfunktion berge die »Gefahr des Konkretismus«[38] in sich. Dem möchte ich erwidern: Wenn man nur erst einmal genügend Sinn für das Konkrete hätte, z. B. bei den Einzelheiten einer Lebensgeschichte, bei den Symptomen eines Störungsbildes und auch in dem konkreten Vorausentwurf eines Therapieplans, wie weit wäre man da doch schon in das Problem eingedrungen! Freilich, man wirft den »Konkretisten«, die man unter den Empfindungstypen findet, vor, sie könnten nicht so gut symbolisieren und hätten bei ihrer Realitätsbezogenheit oft zu wenig Sinn für das Unbewusste. Das Symbolisieren jedoch ließe sich üben, sobald der Klient, die Klientin danach fragen.

Die symbolische Farbe[39] übrigens, die Jung der Empfindungsfunktion zuteilt, ist Grün, Rot ist für die Fühlfunktion, Gelb für die Denkfunktion und Blau für die Intuition. Vor allem aber ist Grün die Farbe der Vegetation, die Farbe des stetigen sanften Wachstums, die Farbe der Hoffnung, der Weisheit, auch, vor allem aber überhaupt die Farbe des psychischen Kontakts, der Vermittlung und der Versöhnung. Hildegard von Bingen mit ihrer Theologie der Schöpfung, ihrer Theologie der fünf Sinne, bezeichnet bekanntlich das Grün als die edelste der Farben, besingt es: »O edelstes Grün, das wurzelt in der Sonne und leuchtet in klarer Heiterkeit.« Das Lied schließt mit dem Satz: »Umarmt von der Herzkraft himmlischer Geheimnisse rötest du wie das Morgenlicht, du Grün bist umschlossen von Liebe.«[40]

Der Geschmack am Leben hängt – und dies wäre ein neues, ein ungleich größeres Kapitel wert – nicht zuletzt an der sehend und schauend und hörend wahrgenommenen, auf allen Sinnen beruhenden Kultur, an der Malerei, der bildenden Kunst, der Bewegungsfähigkeit des Menschen im Rhythmus des Tanzes, hängt auch an den Szenen und Gesten der Menschen im Theater, im Film, darüber hinaus an allen Ausdrucksformen des gesprochenen und geschriebenen Wortes, in Lesung und Vortrag, im Lehren und im Lernen und nicht zuletzt im therapeutischen Gespräch. Unerschöpflich aber und tief bewegend spüren wir die Melodie und den Rhythmus des Lebens in allen Ausdrucksformen der Musik, vom gemeinsamen Singen angefangen, über die gegenwärtige Kultur der Songs, von Einzelnen oder von Gruppen vorgetragen, bis hin zu der hohen Kultur des Orchester-Konzerts und der Oper. Hier werden die Bedeutungs- und Sinnerfahrungen menschlichen Lebens unmittelbar über die Sinne vermittelt. Hier wird Anteil gegeben an der Kultur der Menschheit. Wir erfahren unsere Zugehörigkeit, erfahren uns in ihrer Mitte, erfahren, dass wir keine Eintagsfliegen sind, sondern Teil eines großen, Jahrtausende übergreifenden kulturellen Prozesses. Hier werden – wie auch in der philosophischen Tradition des Sensualismus[41] – die Sinneserfahrungen und Wahrnehmungen als Basis und Weg zu jedweder Sinndeutung des Ganzen entwickelt.

Nach Hobbes entspringt alle Erkenntnis den Empfindungen, bei Locke alle Erkenntnis den »Sensationen«, also äußeren sinnenhaften Eindrücken, und deren Reflexion. Nichts sei in unserem Intellekt, was nicht auf äußere und innere Sinneseindrücke zurückzuführen wäre. Der Geist habe aber durch empirisch gewonnene Vorstellungen mannigfache Verknüpfungsmöglichkeiten. Sinne und Empfindungen aber seien die unerschöpfliche Vorratskammer, aus welcher der Verstand mit all seinen Vorstellungen schöpft.

Eine Grundforderung des Sensualismus und Empirismus verlangt, alle Konzeptionen als unzulänglich abzulehnen, die nicht auf der empirischen Basis der Sinnempfindung beruhten. Dagegen lässt sich einiges einwenden, doch zunächst einmal sind diese Positionen des Sensualismus erneut bedenkenswert.

Auch die Erfahrungen der Religion mit einem Urvertrauen des Menschen sind nicht ohne die Vermittlung der fünf Sinne, vor allem nicht ohne des Sinnes für Berührung vorstellbar. Ich erinnere nur an die anfangs beschriebenen Erfahrungen eines jeden Kindes mit Gesehen-, Gehört-, Genährt- und Getragenwerden durch die Eltern. Hieraus erwächst Urvertrauen zum menschlichen Gegenüber und darüber hinaus noch zum Symbol eines transzendenten Gegenübers. Hieraus erwächst Lebens- und Liebesfähigkeit, erwächst dem reifen Menschen in der Sexualität das höchste Fest der Sinne, sodass Ingeborg Bachmann in ihrem Gedicht »An die Sonne« den großen, ganz von der Sinneserfahrung getragenen Satz sagen kann: »Nichts Schöneres unter der Sonne / als unter der Sonne zu sein.«[42]

Gefühle machen das Leben lebendig

Zum Dialog mit der affektiven Neurowissenschaft

Der tiefenpsychologische Zugang zu den Emotionen

Wann und wodurch werden eigentlich die durch die Sinne vermittelten Empfindungen für uns zu Gefühlen? Ist es nicht immer dann, wenn und sobald wir sie in ihrer emotionalen Qualität erkennen und benennen können? Etwa dann, wenn wir die Empfindung von Spannung im Körper als »Angst« erkennen und bezeichnen, das Feuchtwerden der Augen als ein »Traurigsein« oder einen »Abschiedsschmerz«, das Umfangenwerden von den Armen eines Menschen, der uns etwas bedeutet, als eine tiefe Freude, ja als ein Geborgensein. Insofern erweisen sich unsere sinnenhaften Empfindungen als Basis all unserer Gefühle. Die Gefühlswahrnehmung des Menschen basiert und operiert also ganz auf den Empfindungen, die auf der körperlichen Grundlage entstehen. Dies ist Anlass genug, sich ihnen mit aller gebotenen Aufmerksamkeit zuzuwenden. So sollte und könnte auch die Gefühlsfunktion des Menschen immer mit der Wahrnehmung seiner Empfindungsfunktion verbunden bleiben: »Es gibt [...] Emotionssysteme, die alle Wesen haben: Interesse, Neugier, Spielen, Freude, Fürsorge, Angst, Ärger, Panik und Lust. [...] Und da wir unsere Biologie in hohem Maß mit den Tieren teilen, sind wir auch ein wenig Vogel. Deshalb können wir in unseren Vorstellungen auch fliegen.«[43] Als Gefühl wäre dies dann eines von großer Leichtigkeit.

C.G. Jung schrieb bereits 1916: »Die wesentliche Grundlage unserer Persönlichkeit ist die Affektivität. Denken und Handeln sind sozusagen bloß Symptome der Affektivität.«[44] Auf dieser Aussage gründet seine Theorie der gefühlsbetonten Komplexe[45] – Grundlage all seiner therapeutischen Arbeit. Innerhalb der tiefenpsychologischen Forschungsarbeit im Umkreis der Psychologie C.G. Jungs wurde die Affektivität bzw. die Emotionalität des Menschen von kaum jemandem so konsequent aufgenommen und in die Mitte der eigenen Arbeit gestellt wie von Verena Kast, hatte sie doch mit der Studie über »Trauern. Phasen und Chancen des psychischen Prozesses«[46] begonnen, deren Erstausgabe 1982 zahlreiche Nachauflagen folgten – eine bahnbrechende Arbeit, mit der eine psychologische Erforschung der Trauer neu begründet wurde wie auch die psychische Begleitung Trauernder, die damals noch in den Anfängen steckte. In dieser Studie wird die Emotion der Trauer grundlegend beschrieben, zudem der phasenhafte Verlauf eines jeden Trauerprozesses, samt seinem Ziel, eine Lösung aus dem »Beziehungsselbst« mit dem geliebten verstorbenen Menschen zu ermöglichen und zurück zum persönlichen Selbst zu finden. Den fruchtbaren Ausdruck »Beziehungsselbst«[47] und die ihm entsprechende Vorstellung hat Kast erstmals geprägt. Der Trauerprozess wird hier als ein kreativer Prozess verstanden, den unsere Psyche zu erbringen vermag, wenn sie ihren Emotionen folgt, die sich vor allem auch in den Träumen niederschlagen. Dieser Prozess kann für den Trauernden in das Wiedergewinnen eines »neuen Selbstbezugs«[48] einmünden, wenn er sich aus dem zuvor mit dem verstorbenen Anderen eng verflochtenen »Beziehungsselbst« zu lösen und wieder zu einem Einzelnen zu werden vermag.

Der Studie über das Trauern, die eine neue Trauerforschung in Gang setzte, folgte rasch eine weitere, nun über diejenigen Emotionen, die der Trauer gegenüberstehen und ihr etwas entgegenzusetzen vermögen, nämlich »Freude, Inspiration, Hoffnung«[49] – eine inspirierende Erkundungsarbeit auch dies, über die »gehobenen Emotionen«[50], wie man sie in der Psychologie bezeichnet, wobei Kast auf die merkwürdige Tatsache stieß, dass die »gehobenen Emotionen«, damals in ihrer Bedeutung unterschätzt, von der psychologischen Forschung als eher nur spontan und nicht von Dauer eingeschätzt wurden. Von Kast hingegen werden sie in ihrem hohen Lebenswert, gerade auch im Rahmen einer Therapie, erschlossen und gewürdigt.

Unter therapeutischer Perspektive entwickelt sie die Idee einer »Freudenbiographie«[51], die zu Beginn einer jeden Psychotherapie erhoben werden sollte, ergänzend zu der üblichen Anamnese der Leiden und Schmerzen, die der jeweilige Klient von Jugend an erfahren hat, die ihn prägten. So wahr unsere Leiden, so wahr sind auch unsere Freuden, sind die kleineren und größeren Anlässe und Erfahrungen zur Freude, die ein Leben jeweils durchziehen. Dazu kann z.B. der Geruch und Geschmack von Basilikum gehören, das man beim Kochen immer schon gerne verwendet hat. Den schmerzlichen Emotionen die freudigen gegenüberzustellen, kann zudem beide in ihrer Gegensätzlichkeit intensivieren, wie in einer kontrapunktischen Komposition von Johann Sebastian Bach.

Neu für die Psychologie der Emotionen ist auch Kasts Beschreibung und Würdigung der »Vorfreude«[52], die einem keiner mehr nehmen könne, auch wenn nach ihr nicht – wie bei der Erwartung – alles einträfe, was wir erhofften. Wenn es dagegen doch einträfe, so würde einem niemand die Vorfreude ersetzen können, die doch oft Monate vor dem freudig erwarteten Ereignis die Stimmung zu heben vermochte.

Früh hatte Kast, gemeinsam mit Franz Riklin, weiterführende Forschungen zu Jungs Assoziationsexperiment betrieben – als der empirischen Basis, auf der schon Jung selbst die autonomen »gefühlsbetonten Komplexe« entdeckt und methodische Vorschläge zu deren Erhebung gemacht hat. Es handelt sich bei dem Assoziationsexperiment um ein psychisches Experiment, in dem den Probandinnen und Probanden fünfzig oder auch hundert Stichworte vorgelegt werden, auf die sie mit einer spontanen Wortassoziation antworten sollen. Was heißt es dann, wenn einem Probanden auf ein so einfaches Reizwort wie z.B. »Haus« sekundenlang einfach gar nichts einfallen will, auch wenn er sonst schnell reagiert? Dann ist man eben auf einen »gefühlsbtonten Komplex« gestoßen, auf einen Komplex mit dem Thema »Haus«, mit dem »Zu-Hause-Sein«, das bei diesem Menschen also alles andere als selbstverständlich wäre – und damit ist man schon im Zentrum seines Problems. Das Experiment eröffnet den Zusammenhang zwischen den etwaigen klinischen Symptomen und der Lebensgeschichte. Hier braucht ein Mensch Geborgenheit, der bis dahin unbehaust war – ein wichtiges Signal auch an die mit ihm einzugehende therapeutische Beziehung.

Seit Verena Kasts eingehender Arbeit über »Das Assoziationsexperiment in der therapeutischen Praxis«[53] ist dieses zu einem therapeutischen Instrument geworden, mit dem die Ausbildungskandidatinnen und -kandidaten, z. B. am C. G. Jung-Institut Zürich, umzugehen lernen. Zu den weiterführenden Forschungen über die empirische Basis der Analytischen Psychologie C. G. Jungs gehören besonders auch die über die »gefühlsbetonten Komplexe«, Fixierungen, bei deren Beschreibung neue Akzente gesetzt werden. Komplexe entstehen, z. B. nach Kast, aus dem – meist schon frühen – Zusammenstoß eines Menschen mit einer Beziehungsperson, woraus sich – bei wiederholt gleichartigen Zusammenstößen – eine Prägung, eine Fixierung ergibt, ein stetes generalisiertes Verhaltens- und Erwartungsmuster, das sich schließlich auch in der therapeutischen Beziehung zeigt. Es kann nur dadurch aufgelöst werden, dass der zugrunde liegende Komplex in seinen ursprünglichen Polen, einem abhängigen, dem Kind-Pol, und einem überlegen mächtigen, dem Erwachsenen-Pol, wieder bewusst gemacht wird. Dann kann die Projektion dieses Komplexes, z. B. auf die therapeutische Beziehung, verstanden und die entsprechende Kollusion zwischen Klient und Therapeut aufgelöst und geklärt werden. Kast spricht in diesem Zusammenhang auch von »Komplexepisoden« und beschreibt sie als »generalisierte Beziehungserfahrungen, die wir uns möglichst sinnenhaft mit allen Kanälen der Wahrnehmung vorstellen und dem Analytiker, der Analytikerin erzählen.«[54] Diese Zusammenhänge, die seinerzeit in der psychologischen Forschung, auch der Jung'schen, noch wenig bekannt waren, erweisen sich seitdem als von großer therapeutischer Relevanz.

Wo die Komplextheorie ausgeblendet wird, wird oft auch gleich die Konflikttheorie und der aktuelle Konflikt mit ausgeblendet. Manchmal sucht man daran vorbei Zuflucht bei den Archetypen[55], die dann aber seltsam abstrakt bleiben können. Dabei ist z. B. in dem genannten »Haus«-Komplex, einem emotionalen Unbehaustsein also, die Sehnsucht nach emotionaler Geborgenheit, also auch nach dem Archetyp der »Großen Mutter« offensichtlich, ein Lebensthema also, das es herauszuarbeiten und neu zu gestalten gilt. Dabei ist natürlich wieder der emotionale Kern im Komplex besonders zu beachten, der dem Archetyp die Energie zuführt, die ihm eine heilsame Wirkung erst ermöglicht. So strahlt der Archetyp der »Großen Mutter« bergende Mütterlichkeit aus, die solche Unbehaustheit aufnehmen und ausheilen kann.

Kast weiß sich in dieser dynamischen Definition der Archetypen[56] mit Jung einig. Sie möchte die Archetypen als Strukturprinzipien der Psyche, die im Unbewussten wurzeln, aber mit einem dynamischen Potential gesehen wissen, die inhaltlich gerade nicht festgeschrieben werden sollen.

Man muss die leidige Spaltung Jung'scher Psychologie nicht teilen, die manche vornehmen, nämlich in solche, die den empirisch klinischen Zugang zur Psychologie für unerlässlich halten, und solche, welche vor jeder Empirie auf die Faszination und Heilkraft archetypischer Symbole setzen. Verena Kast schätzt und gebraucht beide Flügel gemeinsam und gewinnt gerade dadurch geistige und therapeutische Hubkraft und Flugkraft. Nach Freude, Inspiration und Hoffnung ist es ihr unerlässlich, sich auch den eher unangenehmen und daher oft tabuierten Emotionen zuzuwenden wie dem Neid und der Eifersucht, aber auch der Langeweile – und damit dann auch den emotionalen Grundlagen für das Gegenteil, nämlich dem Interesse.[57] Neid und Eifersucht können – bei psychologischer Interpretation – auch als Hinweis und Ansporn zu dem verstanden werden, was jeweils durch uns selbst gelebt und verwirklicht werden möchte, was wir vielleicht vorerst aber nur an einem anderen wahrnehmen, den wir beneiden, weil wir die entsprechende Fähigkeit nur auf ihn projizieren. Neid kommt ja nicht allem gegenüber auf, was andere besser können, sondern eigentlich nur da, wo es etwas gibt, was wir selber eigentlich auch könnten, wenn wir es nur wagten. Weit entfernt von moralischer Disqualifikation solcher unangenehmen Gefühle, fragt Kast in ihren Studien auch zu diesen Emotionen immer nach dem in ihnen enthaltenen Lebenswert und dessen Bedeutung für den Selbstwert.[58] Selbst im Fanatismus finde sie, wenn auch pervertiert, noch die Begeisterungsfähigkeit für ein Lebensziel, das einen ganz zu erfüllen vermöchte.[59] Wenn man diese Begeisterung zuließe, könnte man das fanatische Extrem fallen lassen und bekäme vielleicht auch den Neid selber los. Man muss sich auf ein Gefühl einlassen, damit sich etwas verändern kann. Um es zuzulassen, müsste man aber vor allem um den eigenen Schatten wissen, ihn emotional zulassen und erkunden.

Auch sozialpsychologisch relevant ist Kasts Studie »Der Schatten in uns«[60], in der dazu angeleitet wird, schattenhafte Emotionen wie den Neid auch in sich selbst aufzuspüren und mit ihm umgehen zu lernen, ehe man ihn nach außen, auf jemand anderen oder auf eine Gruppe anderer, projizieren muss. In der vor wenigen Jahren erschienenen Veröffentlichung »Wider Angst und Hass. Das Fremde als Herausforderung zur Entwicklung«[61] setzt Kast mit einer scharfsinnigen Analyse des Hasses ein, der bei aller Abwendung vom Gehassten zugleich »gebunden an das Gehasste, verklammert mit dem Gehassten«[62] bleibe. So kann man sogar in der Emotion Hass noch den Ansatz zu einer persönlichen und kulturellen Identitätsversicherung erkennen. Doch kennt sie sinnvollere Wege hierzu, die sie in diesem Buch aufzeigt. Zugleich gelangt sie hier zu handlungsleitenden Vorschlägen sowohl für einen selbst als einzelnes Individuum wie auch für gesellschaftliche Gruppen.[63]

Auch eine von Kasts letzten Veröffentlichungen über »Nostalgie und Aufbruch. Von der Lust, die Welt zu gestalten«[64] bleibt dem neuen gesellschaftsbezogenen Duktus treu, auch in der Betrachtung der Emotionen, und lädt ein, ja fordert auf – entgegen dem öffentlichen Trend zur Nostalgie – zum Handeln, zum Mitgestalten der Zukunft, unter Einbeziehung aller Energien der positiven Emotionen.

Anregungen aus der affektiven Neurowissenschaft

Die affektive Neurowissenschaft hat während der letzten Jahrzehnte intensive Forschungen zu der Emotionalität des Menschen betrieben und Erkenntnisse zutage gefördert, die auch für die Forschung der Tiefenpsychologie und für die psychotherapeutische Praxis relevant sind. Als eine der Ersten ist wieder Verena Kast in den Dialog mit der affektiven Neurowissenschaft eingestiegen, z. B. in ihrem Beitrag über »Komplexe und ihre Kompensation. Anregungen aus der affektiven Neurowissenschaft«[65], hat damit auch mich von der Relevanz dieses Dialogs für die Psychotherapie überzeugt und dazu angeregt, die Emotionalität des Menschen unter einer erweiterten Perspektive zu verstehen und den therapeutischen Umgang mit ihr neu zu reflektieren.

Was aber hat es mit den emotionalen Basissystemen auf sich, die die affektive Neurowissenschaft beschreibt? Auch hier ist von Jungs basaler Einsicht auszugehen, dass die wesentliche Grundlage unserer Persönlichkeit die Affektivität sei: »Denken und Handeln sind sozusagen bloße Symptome der *Affektivität*«[66], so Jung schon um 1906. Etwa hundert Jahre später schreiben Jaak Panksepp und Lucy Biven als führende Vertreter der affektiven Neurowissenschaft direkt Vergleichbares: »Es ist klar, dass sich die Psychotherapie inmitten einer Revolution in Bezug auf die Emotionen befindet. Die ursprünglichen affektiven Aspekte des Geistes werden nicht mehr marginalisiert, sondern vielmehr als die eigentlichen Triebkräfte der Psyche erkannt.«[67]

Es ist hoch an der Zeit, die Ideen C. G. Jungs mit denen der wichtigsten Vertreter der affektiven Neurowissenschaft, neben Jaak Panksepp und Lucy Biven auch Antonio Damasio und Frans de Waal,[68] in Beziehung zu setzen, stellt sich doch heraus, dass die neuen Erkenntnisse der Neurowissenschaft auch die Grundüberzeugung C. G. Jungs von der Affektivität als Basis der Persönlichkeit stützen und erneut zeigen, wie grundlegend diese waren und sind – von Jungs Zeit an bis in die heutige Neuentdeckung hinein: Sie sind grundlegend für die Arbeit mit den gefühlsbetonten Komplexen und damit auch für den emotionalen Hintergrund sowohl der Träume als auch der Imaginationen. Gerade auch für die Arbeit mit Komplexepisoden ist diese Erkenntnis Panksepps und Bivens relevant: »Emotionale Störungen sind ausnahmslos verbunden mit einem oder mehreren der ›emotionalen Bezugssysteme‹.«[69]

Jaak Panksepp entdeckte in seiner Forschung, die von den Gemeinsamkeiten des Menschen mit den Säugetieren ausgeht, sieben zentrale Bezugssysteme: eines des Suchens, eines der Lust, ein anderes der Angst, ein viertes des Verlusts und der Trauer. Besonders wichtig aber, gerade für den Menschen, sind das System des Sorgens, des Sich-Kümmerns umeinander und schließlich das des Spielens, des schöpferischen Miteinanders im Ausprobieren.

Panksepp schreibt die Bezeichnungen für diese sieben emotionalen Systeme immer in Großbuchstaben, um zu verdeutlichen, dass er sich hier nicht auf einzelne Emotionen im alltäglichen Leben bezieht, sondern auf ganze emotionale Netzwerke – eben Systeme, und zwar um:

SEEKING (Suchen, samt Belohnung, Enthusiasmus beim Finden).
LUST (vor allem mit sexueller Konnotation).
RAGE (Ärger, bis hin zur Wut).
FEAR (Angst, Furcht).
PANIC/GRIEF (Panik, Verlusterfahrung, Trauer).
CARE (Fürsorge, auch im mütterlichen Sinne, Sich-Kümmern).
PLAY (soziales Spiel, etwas ausprobieren).[70]

Dabei versteht Panksepp Gehirn und Geist als untrennbare Einheit, als »BRAINMIND«, zusammengeschrieben in einem Wort, um die Untrennbarkeit zu betonen: als das Geist-Gehirn, den Gehirn-Geist.

Neben diesen sieben biologischen Grundlagen der Affektivität, die in den subkortikalen Hirnregionen lokalisiert sind und den primären Prozess umfassen, laufen nach Panksepp alle Lern- und Gedächtnisarbeit als unbewusste sekundäre Prozesse in den höheren limbischen Strukturen des Gehirns ab. Erst in den obersten Bereichen des Gehirns, dem Neokortex, finden sich dann die höheren mentalen Prozesse, die es ermöglichen, Erkenntnisse und Gedanken zu entwickeln und zu reflektieren. Therapeutische Arbeit kann nach Panksepps Modell nur als ein bewusster, also tertiärer Prozess[71] geschehen, wobei der unbewusste sekundäre Prozess dabei natürlich entscheidend mitschwingt und letztlich alles auf dem primären beruht.

Diese ursprünglich angelegten Affektbereitschaften verbinden sich »mit den Erfahrungen individuellen Lebens«[72]. So schöpfen wir also aus den Überlebenserfahrungen unserer Gattung – einschließlich denen der Säugetiere. Sie sind in unserem »Unbewussten« gespeichert, wo die primären Prozesse bis heute ablaufen. Hierauf aber beruht unsere ererbte Fähigkeit, uns auch in kritischen Situationen im Sinne des Lebens und des Überlebens zu verhalten.

Nun ist vorauszusetzen, dass Therapeutinnen und Therapeuten in ihrer Aufgabe, den Patienten in kritischen Situationen beizustehen, vor allem mit dem »CARE-System« als dem System des Füreinander-Sorgens in Verbindung treten und auf ihm beruhend arbeiten, ist es doch als die Basis der therapeutischen Beziehung elementar. Ins Spiel kommen bei der therapeutischen Arbeit aber auch das »SUCH-System«, das »SEEKING-System«, sowie das »PLAY-System« als das System des Ausprobierens von Möglichkeiten. So gibt Panksepp einen neuen Anstoß für das Gelingen therapeutischer Gespräche, indem er eindringlich argumentiert, dass es kontraproduktiv sei, lebensgeschichtliche Episoden und die damit verbundenen Affekte immer neu zu erzählen, immer »wiederzukäuen«, samt aller damit verbundenen Depression, da die negativen Affekte eben auch die psychische Störung dahinter abbilden und das wiederholte Erzählen, auch im therapeutischen Kontext, das Affektsystem aus dem Gleichgewicht bringe.[73] Es wäre hilfreicher, gerade solche Menschen, die schon aus dem Gleichgewicht sind, in einen neuen emotionalen Zustand zu versetzen, speziell dadurch, dass man das »SEEKING-System« sowie das »PLAY-System« aktiviert, da diese die Basis für die sogenannten positiven Emotionen sind, etwa Neugier, Interesse, Freude, Inspiration – für die »gehobenen Emotionen«[74] also, zu denen Kast um Jahrzehnte vor Panksepp auf Basis der Tiefenpsychologie geforscht und gegen die damalige Unterschätzung dieser »gehobenen Emotionen« im Haushalt der Psyche argumentiert hat.

Heute werden eben diese Emotionen durch die affektive Neurowissenschaft in ihrer fundamentalen Bedeutung für das psychische Gleichgewicht, gerade nach emotionalen Erschütterungen, neu entdeckt und damit für die Gesundung der Psyche als unabdingbar erkannt.

Panksepps Idee, jeweils eine gegensinnige, eine komplementäre Emotion zu derjenigen, die den Komplex bestimmt, zu erwecken, ist insofern nahe beim Denken C. G. Jungs und dem der tiefenpsychologischen Forschung auf dieser Basis. Panksepp wiederum bestätigt die therapeutische Idee einer Kompensation von Komplexen, indem er auf die Möglichkeiten des »SEEKING-Systems« und des spielerisch innovativen »PLAY-Systems« hinweist, die dem Patienten erschlossen werden könnten. Damit würde man sich von den komplexbestimmenden Emotionen weg- und zu den ihnen entgegengesetzten Emotionen hinbewegen, vor allem durch die Aktivierung des »SEEKING-Systems«, das an allen emotionalen Erregungen beteiligt ist und die Suche nach Ressourcen einleitet, die man braucht, um auch wieder Belohnung erfahren zu können, letztlich aber, um zu überleben. Auch Verena Kast schreibt: »Wie oft gelingt es in einer Situation tiefer Trauer oder des Festgefahrenseins, dass eine Bemerkung des Analytikers ein Schmunzeln bewirkt, manchmal sogar ein Lachen. Neue Ideen werden dabei auf einmal wieder möglich. Verschiedene Emotionen sind wieder zugänglich. Nicht nur die eine der Trauer oder des Ärgers über das Festgefahrensein. Und das heißt, dass Imagination, Kreativität, Freude wieder möglich sind und damit wieder Phantasien von guten Erfahrungen.«[75] Die Emotionen Neugier, Interesse und Freude basieren nach Panksepp auf dem »SEEKING-System«. Aus seiner Sicht verhilft dieses primärprozesshafte emotionale System dazu, auf einer höheren Ebene entsprechende Gefühle, aber auch Gedanken und Strukturen zu gewinnen und zu etablieren. Damit bestätigt die affektive Neurowissenschaft frühere Entdeckungen innerhalb der Tiefenspsychologie, wie eben auch die von Kast.

Panksepp kommt ihr – mit ihren frühen Erforschungen von Freude, Inspiration und Hoffnung – geradezu entgegen, indem er für eine Wendung in der Psychotherapie plädiert, die grundsätzlich hin zu mehr positiven Emotionen führt. Dazu trägt besonders bei, das »PLAY-System« zu aktivieren, als Gegensatz zu RAGE, FEAR und PANIC/GRIEF, also Ärger/Wut, Angst/Furcht und Panik/Verlusterfahrung/Trauer, die ebenfalls solche primärprozesshaften emotionalen Systeme darstellen. Analytiker und Analysand spielen innerhalb des PLAY-Systems gedanklich und emotional mit Ideen und Inhalten. Dabei ist es nicht so, dass der Analytiker bestimmt, was gespielt wird – insofern ist er abstinent. Nicht abstinent ist er aber in dem Sinne, dass er hilft, einen Spielraum zu eröffnen – auch für kreative Methoden wie Körperarbeit, Malen und Gestalten, darstellendes Spiel, Musik usw. Panksepp ist auch der Ansicht, dass Sinnfindung und Identitätserfahrung bewirkt werden können, wenn sich das SEEKING-System mit höheren Hirnfunktionen verbinden lässt, so eine Überzeugung, die Verena Kast in Anlehnung an C. G. Jung schon vor Panksepp gemacht und vermittelt hat.[76]

Auch in den Träumen sei das emotionale PLAY-System als Basis am Werk und versucht Lösungen für komplexe Probleme zu finden. Panksepp und Biven sehen Träume als »ein Fenster in unser aller emotionale Vorstellungen«[77] und entdecken vor allem im REM-Schlaf die Aktivierung von ursprünglichen Affekten. Mit Jung sieht Kast einen engen Zusammenhang zwischen unseren Komplexen, Imaginationen, Träumen und unserer emotionalen Gesamtverfassung. Die gefühlsbetonten Inhalte der Psyche, die Komplexe, sah Jung schon seit 1916, so Kast, als »Ausgangspunkt für Fantasien, für Symbolbildungen«[78]. Kast betont aber auch dies: »Darüber sollten wir nicht vergessen, dass wir neben dem ›SEEKING-System‹, dem ›PLAY-System‹ und dem ›CARE-System‹ in der therapeutischen Arbeit immer wieder auch mit dem ›RAGE-System‹, dem ›ANXIETY-System‹, dem ›GRIEF-System‹

und dem ›PANIC-System‹ zu tun haben«[79], also auch mit den übrigen Basissystemen und den in ihnen enthaltenen Emotionen, die sie ausführlich behandelt und mit den therapeutischen Zugängen zu ihnen dargestellt hat, um eine fruchtbare seelische Balance zu ermöglichen. So steht für sie z. B. die Emotion Ärger für die Notwendigkeit und Fähigkeit sich abzugrenzen, Identität zu gewinnen und Beziehungen auszubalancieren. Alle Emotionen haben ihren Sinn in den Herausforderungen des Überlebens.[80]

Panksepp bleibt seiner Grundthese von der Wichtigkeit der positiven Emotionen in der Therapie treu, auch im Blick auf die Arbeit mit Träumen, da die positiven sich auch in solchen Träumen fänden, die auf den ersten Blick von negativen Emotionen bestimmt seien. Es ist interessant, auch in paradoxen Traumhandlungen nach verborgenen positiven Ideen zu suchen. Ein Beispiel dafür kann der Traum eines 36-jährigen Mannes sein, der an einer Angstproblematik leidet:

> »Eine Laus ist in meinem Schlafzimmer. Ich liege im Bett, ich sehe die Laus. Sie wird größer und größer, sie braucht immer mehr Raum in meinem Zimmer. Ich habe immer größere Angst. Da kommt mein kleiner Sohn ins Zimmer und ruft begeistert: ›Was für ein schöner Ballon!‹ Er beginnt, mit ihm zu spielen. Ich bin sehr besorgt, die Laus könnte meinen Sohn angreifen.« Sein emotionaler Kommentar nach dem Traum: »Ich wache in einer großen Angst auf. Da war kein Raum mehr zum Atmen. Die Laus nimmt den ganzen verfügbaren Raum ein – und sie bedroht jetzt sogar noch meinen Sohn!«[81]

Nun stellt sich im Umgang mit diesem Traum und mit diesem Patienten die Frage: Folge ich – auch beim Besprechen – nur den Spuren der Angst in diesem Traum oder folge ich dem kleinen Sohn, der von der übergroßen Laus begeistert ist, der mit ihr spielt wie mit einem Ballon, statt sich davor zu fürchten, der die Laus also sogar umdeutet? Fast ist es dann so, als ob wir mit dem Buben als einer helfenden inneren Figur des Träumers auch diesen selbst anregen, mit dem Ballon zu spielen. Dadurch wird die Emotion noch stark verändert und auch die mögliche Körpererfahrung dabei einbezogen.

Damit sind wir beim PLAY-System, dem Ausprobier- und Spiel-System, das Panksepp für solche Fälle immer wieder vorschlägt und wie er es grundsätzlich beschreibt: Depressive Menschen haben nach Panksepp ein unterentwickeltes PLAY-System. Daher ist es bei Depression Aufgabe der Therapie, das PLAY-System auch mit dem SEEKING-System, das nach befreienden Möglichkeiten sucht, wieder zu aktivieren, getragen natürlich vom CARE-System als Basis einer sorgenden, sorgsam tragenden therapeutischen Beziehung. Therapie heißt für Panksepp nicht nur, überhaupt in Kontakt mit den Emotionen des Klienten zu kommen, sondern vor allem auch, dass wir wieder Kontakt zu den positiven Emotionen aufnehmen, um, wie Panksepp und Biven sagen, »störende Erinnerungen neu zu gestalten – den psychischen Schmerz innerhalb der Besänftigung durch positive Affekte von SEEKING und PLAY wieder zu beruhigen«[82], denn – so sehen sie die Wirkung – »wenn man die Affekte verändert, wird die Kognition folgen, besonders mit guten Ideen.«[83]

Das Denken zu verändern, funktioniert bei Panksepp nur dann, wenn auch die Emotion beteiligt ist. Wie aber Emotion erwecken und erfahren lassen, gerade auch in der Psychotherapie? Hier wäre das PLAY-System einzubringen, soweit das möglich ist, auch in Formen der Gruppentherapie: durch Körperbewegung, Tanz, Musik, vor allem aber durch Imagination und besonders durch solche, die positive Emotionen auslösen können, so z. B. schon dadurch, dass man sich die körperliche Erfahrung und Situation des Lachens vorstellt. Wenn man das tut, kommt man fast unwillkürlich selber ins Lächeln und dann ins Lachen hinein.

Das »SEEKING-System« ist aber auch da im Spiel, wo wir phantastische und kreative Imaginationen wagen, vor allem auch in der Vorstellung und im Gebrauch unserer prosozialen Emotionen – der Empathie, der Freude, der Liebe – und in der Vorstellung vom Hilfreich-Sein, wobei dann das »CARE-« und das »PLAY-System« mit ins Spiel kommen. Dies ist für Panksepp wie auch schon für Kast zu einer Möglichkeit geworden, unsere Emotionen in einem wesentlich tieferen Sinne zu regulieren, als wir es normalerweise durch bloßes Mentalisieren tun: Tiefer wird die Regulierung, indem wir die weiteren angestammten emotionalen Systeme – die archetypischen Systeme gleichsam – miteinbeziehen, wodurch ein besseres Gleichgewicht entstehen kann. Gleichgewicht aber ist für Panksepp die Grundlage des Wohlbefindens. Der Idee des Gleichgewichts entspricht die Idee von einer Regulierbarkeit der Emotionen. Bei Panksepp heißt das, dass wir die Energie all der Emotionen, die von unseren Vorfahren ererbt sind, einbeziehen.[84] Aus Jung'scher Sicht hieße dies, die archetypischen Energien in Form von Emotionen, die im Körper wurzeln, einzubeziehen, um mit den alltäglichen Emotionen, aber auch mit dem Leben im weitesten Sinne zurechtzukommen.

Positive Emotionen können auch durch das imaginative Vergegenwärtigen von guten Erfahrungen geweckt werden. Darauf legt auch Kast immer besonderen Wert, z. B. wenn sie anregt, die Erfahrungen einzubringen, die wir vielleicht als das Kind gemacht haben, das einmal voll Freude war, etwa bei einem Bewegungsspiel – Erfahrungen, in die man sich imaginativ auch körperlich wieder hineinversetzen kann. Solche Vorstellungsübungen schlägt sie auch für ältere Menschen vor. Diese Idee, die auch in Gruppen durchführbar ist, gehört durchaus zu einer Psychologie der Emotionen. Bei der Imagination aktivieren wir die universalen Basis-Emotionen, das Spielen mit Bildern, das Wahrnehmen der damit verbundenen Gefühle. Und im Blick auf Imaginationen, auf Malen und Gestalten können wir uns an Jungs Aussage erinnern: »In dem Maße, wie es mir gelang, die Emotionen in Bilder zu übersetzen, trat innere Beruhigung ein.«[85]

Dass in der affektiven Störung zugleich die Energie liegt, die der leidende Mensch für eine emotionale Selbstregulierung braucht, ist die theoretische Grundlage für die verschiedenen schöpferisch-imaginativen Techniken, die auch in der Psychotherapie nach C. G. Jung immer schon geübt wurden – etwa Aktive Imagination, aber auch Malen aus dem Unbewussten, Sandspiel, darstellendes Spiel, die nun aber von Panksepp aus neurowissenschaftlicher Sicht Bestätigung erfahren haben, und die angeboten werden, um Komplexe bewusster zu machen und eine Veränderung zu bewirken, schöpferisch zu werden, zu spielen. Auch meine eigene Entdeckungsarbeit im Rahmen der Tiefenpsychologie C. G. Jungs hat einen Schwerpunkt in der Aktivierung des SEEKING- und PLAY-Systems gefunden: in der Weiterentwicklung der Mal- und Gestaltungstherapie.[86]

Die Bedeutung des SEEKING- und des PLAY-Systems gilt auch für den Umgang mit Träumen. Wir suchen ja heute nicht mehr einfach nur nach einer »Deutung« des Traums, sondern wir können zu den Themen und Szenen des Traums auch Einfälle sammeln und ausphantasieren, sie imaginieren und amplifizieren und uns dabei die Gefühle vergegenwärtigen, die mit ihnen verbunden sind, sie mit Erinnerungen und aktuellen Problemen in Verbindung bringen. Wir können Träume als Ausgangsbasis für Imaginationen nehmen, sie malen oder im Sandspiel gestalten. Dass das nächtliche Träumen viel näher beim Tagträumen und beim Imaginieren liegt und mit ihm verwandter ist als bisher angenommen, wird ebenfalls durch neuere Forschungen der Neurowissenschaft belegt. Mit Panksepp, darauf möchte ich hinweisen, könnten wir auch in der Traumarbeit noch mehr tun, um bewusst den Kontakt zu den jeweils entgegenwirkenden universalen emotionalen Basis-Systemen aufzunehmen.

Die Sicht der affektiven Neurowissenschaft, vor allem in der Arbeit von Jaak Panksepp, verstehen wir innerhalb der Tiefenpsychologie nach C. G. Jung als eine wertvolle Ergänzung unserer eigenen Arbeit mit den Emotionen. Die psychologische Ergründung und Erkundung der Emotionen in ihrem Lebenswert für jeden Einzelnen lässt sich ausweiten zu einer Erkundung des Lebenswertes der Emotionen für die jeweilige gesellschaftliche Situation, wie auch Verena Kast betont: »Mir ist wichtig, dass die Freude die Emotion ist, die die Angst aushebelt. In der Freude erwarten wir nichts Böses – manchmal sind wir da vielleicht wirklich zu naiv –, aber die Freude ist das Gegenmittel gegen die grassierenden Verschwörungsbefürchtungen, gegen die Paranoia.«[87]

Nicht zuletzt sollten wir bedenken, dass es natürlich zwei Formen der Emotionsregulierung gibt: Neben der hier betrachteten, die, von der biologischen Basis ausgehend, die Gefühle der einzelnen Menschen wahrnimmt und zur Orientierung im Leben nutzt, gibt es natürlich noch die andere, die vom sozio-kulturellen Wirkfeld ausgeht, in dem die Gefühle der Menschen in Erzählung und Film, in Bild und Musik zum Ausdruck kommen und im Hören und Betrachten erneut ins Schwingen kommen: »Das kulturelle Erbe ist eine nicht endende Quelle, auch um positive Gefühle zu aktivieren [...], wenn wir damit in Resonanz treten können.«[88] Diesen Weg kennen wir in der Jung'schen Tiefenpsychologie recht gut, in unserer Arbeit mit Symbolen, Bildern und mit Themen aus der gegenwärtigen wie auch aus der überlieferten Kultur des Menschen. Es geht darum, diese kulturbezogenen Quellen und therapeutischen Einsatzmöglichkeiten um das Wissen und den Einsatz der emotionalen Basissysteme zu ergänzen.

»Zuunterst« ist Psyche überhaupt »Welt« (C. G. Jung)

Das Konzept der Synchronizität

Gerade wenn ich mit meinen Gefühlen wie auch mit meinen zugrunde liegenden Empfindungen gut verbunden bin, kann mich die mögliche Gleichzeitigkeit äußerer und innerer Ereignisse fast erschrecken, manchmal wie ein Schock treffen: Wenn ich z. B. erfahre, dass ein mir bekannter Architekt in Japan zu eben dem Zeitpunkt verstorben ist, zu dem ich in meiner Wohnung in Konstanz die zarte Tuschzeichnung von ihm, die er mir einmal geschenkt hat, zusammen mit seiner Tochter wieder einmal betrachte. Zur gleichen Stunde geschah dies, wie ich am nächsten Tag erfahre. Der Schock kommt auch da noch an, bei mir und auch bei seiner Tochter. Vom Nachdenken über solche und ähnliche Erfahrungen gehe ich im folgenden Kapitel aus. Gibt es nicht doch ein geheimnisvolles Zusammenspiel von Außenwelt und Innenwelt in solchen schicksalhaften Momenten, in denen unser Gefühl ganz wach ist, so frage ich mich.

Auch rettend, lebenrettend kann solch ein Zusammenspiel sein. So erfahre ich soeben von einem Betroffenen, der auf einer der thailändischen Inseln Urlaub gemacht hatte, die am 26. Dezember 2004 bei dem verheerenden Seebeben im Indischen Ozean von einem Tsunami heimgesucht wurden – ein Ereignis, das bis dahin völlig unbekannt und unvorstellbar war. Auch wusste kaum jemand, was ein Tsunami überhaupt ist. Nun wollte es der »Zufall«, dass dieser Mann als Ferienlektüre den utopischen Roman »Der Schwarm«[89] von Frank Schätzing mitgenommen hatte, in dem ein Tsunami mit all seinen Vorankündigungen und Erscheinungsweisen präzise beschrieben wird, ebenso die einzige Möglichkeit, sich beim Eintreffen des Tsunamis durch blitzschnelle Reaktion zu retten. In dem Moment, als er dies liest, blickt er vom Buch auf und sieht, wie sich das Meer plötzlich zurückzieht – ein untrügliches

Zeichen für das Nahen eines Tsumamis. Blitzschnell reagiert der Lesende, bedrängt seine Frau, seine Kinder und alle Umstehenden, sofort auf die nächststehenden Palmen zu klettern, um sich zu retten – und schon ist die überhohe Flut da. Muss es hier nicht zumindest ein subtiles Kommunikationssystem zwischen Innenwelt und Außenwelt gegeben haben?

Seit C. G. Jungs intensivem Interesse an diesem Thema, das sich vor allem in seinen Gesprächen und dem langjährigen Briefwechsel (1932–1958) mit dem Physiker Wolfgang Pauli[90], einem Forscher im Bereich der Quantenphysik, niederschlug, beschäftigt die Frage nach der Verbindung von Innenwelt und Außenwelt die Tiefenpsychologie, in der sich zugleich die grundsätzlichere Frage nach dem Zusammenspiel von physischer und psychischer Wirklichkeit auftut. Wie stark die Geschehnisse in der Außenwelt die innere Welt des Menschen beeinflussen, ist offensichtlich, doch ob Ereignisse in der inneren Welt auch solche in der äußeren zu konstellieren vermögen – und dies zeitgleich –, diese Frage bleibt des Nachdenkens wert, auch über das Wahrnehmen solcher unglaublichen Zufälle hinaus.

Synchronizität und Sinnerfahrung

Mit seinem Konzept des Synchronizitätsprinzips hat Jung eine Verstehensbasis gegeben, von der aus die bisher voneinander getrennten Bereiche von Psyche einerseits und Materie andererseits in ihrem Zusammenhang gesehen werden können. Im Synchronizitätsprinzip sah Jung zum ersten Mal einen empirischen Hinweis auf die Existenz eines »unus mundus«, wie er entsprechend der Tradition der Naturphilosophie – inklusive der Alchemie – die *eine* Welt bezeichnet, in der alles mit allem zusammenhängt.[91]

»Das Problem der Synchronizität hat mich schon lange beschäftigt«, so schreibt Jung, »und zwar ernstlich seit der Mitte der zwanziger Jahre, wo ich bei der Untersuchung der Phänomene des kollektiven Unbewußten immer wieder auf Zusammenhänge stieß, die ich nicht mehr als zufällige Gruppenbildung oder Häufung zu erklären vermochte. Es handelte sich nämlich um ›Koinzidenzen‹, die sinngemäß dadurch verknüpft waren, dass ihr zufälliges Zusammentreffen eine Unwahrscheinlichkeit darstellt, welche durch eine unermeßliche Größe ausgedrückt werden müßte.«[92] Als Synchronizität bezeichnet er also Ereignisse, die zeitlich miteinander korrelieren, aber nicht durch eine Kausalbeziehung, sondern durch eine unerwartete Sinnverwandtschaft als miteinander verbunden wahrgenommen werden.

Als hierfür bekanntestes Beispiel führt er ein Erlebnis in seiner Praxis an. Eine recht rational eingestellte, emotional eher blockierte Patientin erzählte ihm einen Traum, in dem ihr ein goldener Skarabäuskäfer geschenkt wird. Schon dieser Traum löst große Überraschung und Verwunderung in ihr aus. Als zudem, noch während der Besprechung des Traums, ein vergleichbarer Käfer ans Fenster des Behandlungszimmers fliegt – ein Rosenkäfer als der nächste europäische Verwandte des ägyptischen Skarabäus – und von Jung hereingelassen wird, da ist sie überwältigt von diesem Zusammentreffen. Jung fängt diesen Käfer mit der Hand und überreicht ihn ihr mit den Worten: »Hier ist Ihr Skarabäus.«[93]

Dieses sinnhafte, synchronistische Zusammentreffen von Traum und Außenwirklichkeit erschüttert den bisherigen, rein rationalen Standpunkt der Patientin und eröffnet ihr durch die Synchronizitätserfahrung die Ahnung einer Bedeutung hinter diesem Zusammentreffen sinnverwandter Ereignisse. Von da an bewegt sich etwas in ihrer Analyse.

Warum aber interessierte es Jung überhaupt, warum interessiert es vor allem uns, über Synchronizität nachzudenken – wie es auch andere Vertreterinnen und Vertreter der Tiefenpsychologie wie z. B. Theodor Seifert immer wieder taten, bis hin zu speziellen Veröffentlichungen über dieses Thema?[94] Ich wage hierzu die These, dass es dabei letztlich darum geht, ob es möglich ist, in den uns zugeordneten, zugemuteten Ereignissen unseres Lebens, die man früher »schicksalhaft« nannte, Sinn zu erkennen. Für die Frage, ob es Sinn in den schicksalhaften Gegebenheiten unseres Lebens gibt, ist die Vorstellung von einer Synchronizität zwischen Psyche und Physis, von psychischem und materiellem Stoff, relevant.

So wie der Zusammenhang zwischen Körper und Psyche vor allem für das Verständnis psychosomatischer Prozesse von Bedeutung ist – ein Zusammenspiel, das man auch unter synchronistischen Aspekten betrachten könnte –, so scheint das synchronistische Zusammenspiel, das Ineinandergreifen von psychischer und stofflicher Wirklichkeit, vor allem im Zusammenhang mit Sinnfindung in unser aller Leben relevant. Entsprechend stellen sich synchronistische Ereignisse vor allem im Umfeld starker psychischer Erschütterungen und Emotionen ein, zu denen auch unerwartet glückliche Begegnungen gehören können. Zufall?, fragen wir uns dann. Aber manchmal konstellieren sich scheinbare Zufälle so häufig und so unausdenkbar eigenartig, dass es sich nach unserem Gefühl nicht mehr nur um die üblichen Zufälle handeln kann. Wie aber wären diese Ereignisse dann zu verstehen? Es erscheint uns gewiss unheimlich, wenn einem z. B. beim Studium des alt-sumerischen Inanna-Mythos[95] auf einmal ein Windstoß in die ausgebreiteten Seiten fährt und ausgerechnet diejenige Textseite unwiederbringlich davonträgt, die davon spricht, wie die strahlend-göttliche Inanna sich aus eigenem Impuls heraus eines Tages aufmacht, in die Unterwelt zu gehen, zu ihrer Schwester dort – und wenn zu eben diesem Zeitpunkt, Tausende von Kilometern entfernt, eine nahe Freundin, auch eine strahlende Persönlichkeit, mit einem Gehirnschlag bewusstlos vom Fahrrad stürzt.

Auch wenn es uns unheimlich erscheint, so kommt es uns unter solchen Zusammenhängen nicht mehr nur wie ein »blindes Schicksal« vor, sondern fast wie ein angeordnetes. Und dies für möglich zu halten, lässt einen übergeordneten, zugeordneten Sinn hinter diesem Ereignis erkennen, der es uns letztlich nicht schwerer, sondern doch auch leichter macht, solche Geschicke anzunehmen. Die Hypothese von der Synchronizität vermag diejenigen, die sich von ihr überzeugen lassen, letztlich auch zu trösten. Das ist der in ihr enthaltene Lebenswert.

Für C. G. Jung ist in diesem Zusammenhang wichtig, bei solchem Zusammentreffen unvorhersehbarer Ereignisse einerseits die a-kausale Kontingenz zu betonen, die sich mit keinem anderen Ereigniszusammenhang begründen lässt, andererseits aber doch vor allem den gleichartigen Sinnzusammenhang der beiden Ereignisse zu erkennen – so z. B. den Bedeutungszusammenhang jener Stelle im Inanna-Mythos vom Abstieg der strahlenden Göttin in die Unterwelt mit dem zeitgleichen Abstieg jener Frau, die von der Höhe ihres beruflichen Erfolgs in den Zustand einer Schwerbehinderten im Rollstuhl herabgestürzt wird. Sogar die Rolle des Windes dabei, der das bedeutsame Blatt des Inanna-Mythos hinwegreißt und ins Meer trägt, könnte man dabei noch bedenken, hat er doch eindeutig physische Qualität, an die sich aber eine reiche Symbolik anschließt, die mit Dynamik, Geist und Sinn zusammenhängt.

Jung spricht dort von Synchronizität, wo er einem vom Kausalitätsprinzip unabhängigen, also a-kausalen Angeordnetsein solcher komplexen Ereignisse begegnet, die sich jedoch wie gleichsinnig zueinander verhalten. Er spricht von ihnen wie von Schöpfungsakten, die jeweils Ursachen ihrer selbst sind.

Was aber – oder gar wer? – ordnet diese komplexen Ereignisse an? Geht es noch bei Leibniz um eine prästabilisierte Harmonie, bei Schopenhauer um einen anordnenden überpersönlichen »Willen« – beide Philosophen haben Jung beeinflusst –, so geht es ihm selbst in diesem Zusammenhang um archetypische Wirkfelder, die sowohl das psychische wie das physische Geschehen konstellieren und sinngleich bzw. gleichsinnig zueinander in Beziehung zu setzen vermögen.

Wenn wir von »Archetypen«, also von »Urprägungen«, von Grundstrukturen menschlicher Vorstellungen und Handlungen, sprechen, dann sprechen wir – jedenfalls wenn wir es im Sinne Jungs tun – nicht bereits von ausgeformten »archetypischen Bildern«, sondern wir verstehen unter Archetypen zuerst die anordnenden Operatoren selbst, die dynamischen Organisatoren von Wirklichkeit, nicht nur der psychischen, sondern auch der physischen. So schreibt Jung in einem Brief an Pauli vom 24. Oktober

1953 (er ist damals bereits 78 Jahre alt, das ganze Thema hat ihn bis ins hohe Alter hinein interessiert): »Psyche wie Materie sind beide als ›Matrix‹ an und für sich ein X, d. h. eine transzendentale Unbekannte, daher begrifflich voneinander nicht zu scheiden, also praktisch identisch und nur sekundär verschieden als verschiedene Aspekte des Seins.«[96] Daraus ergibt sich die Konsequenz, so Jung weiter: »Zu der Substanz des Psychischen gehören u. a. die psychoiden Archetypen. Dem Archetypus eignet empirisch die Eigenschaft, sich nicht nur psychisch subjektiv, sondern auch physisch-objektiv zu manifestieren, d. h. er kann eventuell als psychisches inneres und zugleich als physisches äußeres Ereignis nachgewiesen werden. Ich betrachte dieses Phänomen als ein Zeichen für die Identität der physischen und der psychischen Matrix.«[97]

Bereits am 30.11.1950, also drei Jahre früher, schrieb Jung in ähnlichem Sinne an Pauli: »Die Erklärung hierfür suche ich bei der eigentlichen Natur des Archetyps, welche zeitweise die Konstanz des Kausalprinzips aufhebt und durch Kontingenz einen physischen und einen psychischen Vorgang einander assimiliert. Man kann dieses synchronistische Ereignis als eine Eigenschaft der Psyche oder der Masse [bzw. der Materie, I. R.] beschreiben. In ersterem Falle würde die Psyche die Masse bezaubern, im letzteren würde umgekehrt die Masse die Psyche behexen. Es ist daher wahrscheinlicher, daß beide die gleiche Eigenschaft haben, daß sie beide hintergründig kontingent sind und, unbekümmert um ihre eigenen kausalen Bestimmungen, ineinander übergreifen. Eine andere Möglichkeit ist, daß weder die Masse noch die Psyche eine derartige Eigenschaft besitzen, sondern daß ein dritter Faktor, dem sie zugeschrieben werden muß, vorhanden ist; ein Faktor, der im Bereich der Psyche und von da aus beobachtet werden kann [...].«[98] Jung macht hinter diese Vorstellungen in den beiden Briefen an Pauli ein Fragezeichen, da er sich immer wieder vergewissert, ob er die versuchsweise angewandten Begriffe im Sinne der Physik auch richtig verwendet, auch wenn er sie hier ausschließlich zur vergleichenden Beschreibung psychologischer Vorgänge gebraucht.

Pauli antwortet ihm freundschaftlich – man sieht ihn zwischen den Zeilen schmunzeln –, dass er, Jung, die physikalischen Vorstellungen manchmal vielleicht wirklich mehr wie Aktive Imaginationen oder Traumbilder verwende... Übersehen wir aber über diesen formalen Überlegungen die wichtige Aussage Jungs nicht, dass nämlich das Erlebnis von Synchronizität immer wieder so etwas wie einen »numinosen« Augenblick enthalte. Die Emotionalität, die damit verbunden ist, ja die Ergriffenheit, mache einen wesentlichen Faktor dieses Erlebnisses aus. Ich komme noch darauf zurück.

Jungs Vorstellungen von Synchronizität sind also nicht von Anfang an die gleichen geblieben, sondern haben sich im Dialog mit Pauli gewandelt und ausgeformt, wobei ich hier auf die speziellen Überlegungen, die in den Rahmen der Quantenphysik gehören, nicht näher eingehen kann.[99]

Im Symbol spricht die Welt

Bei Synchronizitätsereignissen geht es nach Jung also um zwei Ereignisse, das des psychischen und das des physischen Wirkfeldes, die miteinander verbunden sind, vor allem durch eine Sinn-Verwandtschaft. Um eine solche Sinn-Verwandtschaft von Ereignissen aber überhaupt wahrnehmen zu können, bedarf es meines Erachtens eines menschlichen Organs für den Sinn, der solchen synchronen Geschehnissen eigen ist. Es braucht ein Organ, den Sinn wahrnehmen zu können, der die beiden Ereignisse miteinander verbindet, ein Organ gleichsam fürs Symbolische, und es braucht eine »symbolisierende Einstellung«, wie diese entsprechende Orientierung genannt wird.[100]

Wenn C. G. Jung in seinem Aufsatz über den Kindarchetypus ausführt, dass »im Symbol die Welt *selber* spreche«[101], so ist damit zuerst einmal gesagt, dass auch in dem psychischen Ausdruck, den das Symbol bildet, nicht nur die Psyche allein, sondern eben auch »die Welt«, der Stoff der Welt, spricht, dem die Psyche Bedeutung und Sinn gibt, indem sie dem mit der Welt verbundenen Sinn Sprache verleiht. Wir haben also im Symbol – im *symbállein* der Gegensätze – im Zusammenfallen von Gegensätzlichem – eine zweite Verbindungsmöglichkeit zwischen Psyche und Welt, die vor allem in der Psychotherapie hoch relevant ist: bei der Arbeit mit Träumen, Phantasien, Imaginationen, Bildern und in der symbolisierenden Einstellung zu Lebenssituationen überhaupt. Wie ist das zu verstehen?

Verständigen wir uns einmal kurz darüber, was ein Symbol überhaupt ist. Es gibt kein Symbol ohne Stoff, ohne stofflichen Körper, mit dem zusammen es etwas bedeutet, den es gleichsam beseelt und dessen Bedeutung es erschließt. Ein Symbol ist ein Sinn-Zeichen, das einen Zusammenhang zwischen einem recht natürlichen Phänomen der Welt, etwa einem Baum, und dessen seelisch-geistiger Bedeutsamkeit herstellt, indem das botanische Phänomen Baum z. B. mit Bedeutungen im übertragenen Sinne – etwa Wachstum, Stammbaum, Lebensbaum oder gar Weltenbaum – verbunden und damit »beseelt« wird. Ein anderes Beispiel ist das natürliche Phänomen Mond, dessen verschiedene Mondphasen Werden und Vergehen überhaupt widerspiegeln können.

Es gibt also kein Symbol ohne einen stofflichen Körper, so wie der Mond ein Himmelskörper ist und der Baum ein pflanzlicher Organismus. Aus dem Mond-Symbol ebenso wie aus dem Baum-Symbol spricht zugleich die Welt, der wirkliche Mond und der wirkliche Baum der Außenwelt – beide sind Träger vielfältiger übertragener Bedeutungen. Dies ist im Auge zu behalten, wenn wir Traum-Symbole oder Symbole, die in Imaginationen oder gemalten Bildern erscheinen, interpretieren wollen. Natürlich spricht auch aus diesen Symbolen die Welt. Das Symbol ist also lebender Körper, Vordergründiges verweist auf ein Hintergründiges, ein Äußeres auf ein Inneres, die externe Welt wiederum zurück auf den internen »Weltinnenraum«[102], von dem auch ein Dichter wie Rilke spricht.

Im Kontext des Satzes, dass im Symbol die Welt spricht, macht Jung eine seiner bedeutsamsten Aussagen über den Zusammenhang von Psyche und Stofflichkeit, eine fundamentale Aussage über die stoffgebundene Entstehung der für die Psyche so wesentlichen Symbole: »Die Symbole des Selbst entstehen in der Tiefe des Körpers und drücken dessen Stofflichkeit ebenso sehr aus wie die Struktur des wahrnehmenden Bewusstseins.«[103]

Versuchen wir diesen Satz präzise zu verstehen: Symbole des Selbst, zu denen Kristall, Kreis, Kugel gehören, entstünden demnach in der Tiefe unseres Körperbewusstseins, unseres Körperselbst als einer abgegrenzten Ganzheit, der wir selber innewohnen; entstünden aufgrund der Muster unserer Hirnstrukturen, auf denen unser Selbsterleben und all unsere Selbstwirksamkeit beruht. Darüber, wie stark unsere Hirnstruktur bzw. die in ihr verankerten Wahrnehmungsmöglichkeiten unsere Sicht, die Auffassungsfähigkeit der Außenwirklichkeit, bestimmen bzw. selektieren, weiß die heutige Hirnforschung sehr viel mehr, als man zu Jungs Zeiten wissen konnte. Hirnforscher wie etwa Gerald Hüther[104] bestätigen durchweg die »Macht der inneren Bilder«, die unsere Wirklichkeitswahrnehmung bestimmen, beschreiben Analogien zwischen den Projektionsmustern unseres Gehirns und Jungs Vorstellung von geprägten und prägenden Archetypen. Auch Jung geht weit in seiner intuitiven Spekulation über die stoffliche Basis der Psyche und die psychische Natur des Stoffes: So sagt er es symbolisch im Bild des Strukturmodells der Psyche, auf das sich unsere heutigen Überlegungen beziehen: »›Zuunterst‹ ist [...] Psyche überhaupt ›Welt‹.«[105]

Ein kühner Gedanke Jungs ist dies, der sich auch auf die aktuellen Fragestellungen der Hirnforschung nach der Verbindung von Gehirn und Geist beziehen lässt. Stoff und Geist scheinen nicht zweierlei, sondern vielmehr unterschiedliche Modalitäten der gleichen Energie zu sein und sich vielleicht auch der gleichen »kosmischen Information« bzw. »Quanteninformation« zu verdanken, wie die Physiker Thomas Görnitz und Brigitte Görnitz in ihrem Buch »Der kreative Kosmos«[106] sie nennen, durchaus angeregt bei diesem Gedanken vom Briefwechsel zwischen Wolfgang Pauli und C. G. Jung. Unsere vom Gehirn getragene Psyche partizipiert demnach an den universalen chemischen Prozessen und letztlich an dem einen Stoff der Welt, wie Jung zu erwägen gibt: »Die tieferen ›Schichten‹ der Psyche verlieren mit zunehmender Tiefe und Dunkelheit die individuelle Einzigartigkeit. Sie werden nach ›unten‹, das heißt mit Annäherung der autonomen Funktionssysteme zunehmend kollektiver, um in der Stofflichkeit des Körpers, nämlich in den chemischen Körpern, universal zu werden und zugleich zu erlöschen. Der Kohlenstoff des Körpers ist überhaupt Kohlenstoff.«[107] Das bedeutet nichts Geringeres, als dass Materie als anscheinend objektivierbare Außenwelt und Psyche als anscheinend immaterielle Innenwelt des Subjekts zusammengehören, letztlich zum Kontinuum der *einen* Weltwirklichkeit, des unus mundus, zählen.

Andererseits ist es ein dringendes Anliegen vieler Zeitgenossen heute, in der Spätphase eines von der Subjekt-Objekt-Spaltung noch bestimmten Bewusstseins, über jene polarisierende Bewusstseinslage hinauszugelangen und durch Erkenntnistheorie einerseits sowie durch mystisch-meditative Erfahrungswege andererseits erlebnismäßige Zugänge zu der sogenannten Einen Wirklichkeit der einen Welt, zur »Einheitswirklichkeit« des unus mundus, zu gelangen, über die neben Jung schon seinerzeit auch Erich Neumann eindrucksvoll zu spekulieren wusste, z. B. in seinem Eranos-Vortrag »Die Psyche und die Wandlung der Wirklichkeitsebenen«[108].

Kehren wir noch einmal zu Jungs Satz zurück, dass die Welt durch das Symbol spreche, sowie zu dessen Fortsetzung: »Die Symbole des Selbst entstehen in der Tiefe des Körpers und drücken dessen Stofflichkeit ebensosehr aus wie die Struktur des wahrnehmenden Bewußtseins.«[109] Symbole des Selbst also, wie beispielsweise Kugel, Kreis und Kreuz,[110] entstünden demnach aus dem Erleben des Körpers, aus dem unbewussten Erleben heraus also, ein Eines und Ganzes zu sein, aber auch aus dem Erleben von Bewegungsfunktionen, von Liegen und Stehen, einer Kreuzung daraus, die sich im Kreuz verdichtet und manchmal schmerzt ... Aus dem Erfahren der dem Körper eingestifteten Kreuzungen aus Rückgrat und Schultern z. B. könnte sich die Kreuzstruktur herleiten, auch als Symbol. Schon in den steinzeitlichen Höhlenzeichnungen ist das Kreuz als Symbol für den Menschen vorhanden. Selbstverständlich liegen dem Ganzen die archetypischen Strukturen, die unserem Gehirn eingraviert sind, zugrunde. Kreis und Kreuz drücken in diesem Sinne die organisch organisierte Bauweise in der Stofflichkeit unseres Körpers, seine Beschaffenheit aus. Dass es aber zu diesen Symbolisierungen einer doch sehr komplexen organischen Wirklichkeit bzw. eines sehr komplexen Erlebens innerhalb dieser Wirklichkeit kommt, hängt mit der Struktur unseres wahrnehmenden Bewusstseins zusammen. Zugleich verweisen natürlich Symbole und Bilder, die sich der Struktur dieses unseres wahrnehmenden Bewusstseins verdanken, zurück auf die körperliche, die stoffliche Welt.

In den Symbolen spricht also die Welt. Innen und Außen, Außen und Innen gehören untrennbar zusammen. Was wir »Leib«, was wir »Seele« nennen – jedenfalls jahrhundertelang so nannten –, sind zwei Wahrnehmungsweisen derselben Wirklichkeit. Das Symbol des Selbst, das den Kosmos reflektierend und ihm zugehörig gegenübersteht, besteht also seinerseits aus den Strukturen der Welt, die es symbolisiert, z. B. durch eine vierfältige Kreuzstruktur im umfassenden Kreis.

»Das Symbol ist lebender Körper, corpus et anima«, fährt Jung fort, betrachtet es also als einen lebenden Organismus, der aus dem Dunkel des Unbewussten immer wieder neu geboren wird: »Darum ist das ›Kind‹ eine so treffliche Formel für das Symbol.«[111] Vergessen wir nicht, dass Jung diesen Gedanken über das Symbol, über den Zusammenhang von Psyche und Materie, bemerkenswerterweise in seinem Aufsatz »Zur Psychologie des Kindarchetypus« beschreibt. Das Kind ist hier also ein Archetyp bzw. ein dem Archetyp immer wieder neu entspringendes Symbol unbesiegbarer neuer Lebensmöglichkeit und -wirklichkeit und ist zugleich eine Formel für das, was das Symbol überhaupt ist, nämlich ein dem Bewusstsein geschenktes Kind des Unbewussten. In diesem Sinne hat es Materie, corpus, einen zu einem konkreten Körper gestalteten Stoff, zusammen mit einer Seele, anima, mit deren Bedeutungsgehalt zu einer Einheit verbunden. Das Symbol des Kindes ist vielfältig verknüpft und verbunden mit der realen Wirklichkeit des Kindes, mit der ganzen Welt des Kindes. Man versteht gewiss umso mehr von diesem Symbol, je mehr man vom wirklichen Kind in der Welt draußen versteht, je mehr man Bezug zu dem Kind hat, das man selbst einmal war, dem inneren Kind, das in Beziehung zum unbesiegbaren göttlichen Kind steht. So gibt das Symbol – wie die symbolisierende Einstellung zu den Dingen, zu den Erscheinungen der Welt – den Vorgängen in der Welt Bedeutung und Sinn und vermag über eine symbolisierende Einstellung die Synchronizitäten zu erkennen.

Der späte Schmetterling, der im November die Wärme meiner Wohnung sucht und just in dem Moment hereingeflogen kommt, als ich die Batikbilder meiner verstorbenen Freundin ordne, für die der Schmetterling auch auf ihren Bildern das Auferstehungssymbol schlechthin war – er weiß nach menschlichem Ermessen nicht um diesen Sachverhalt, versteht weder Bilder noch Symbole –, doch ich, in meiner symbolisierenden Einstellung, die Sinnzusammenhänge auch im scheinbaren Zufall sieht, erkenne eine synchronistische Anordnung, verbunden durch einen gemeinsamen Sinngehalt: Mir stellen sich die Haare auf vor Betroffenheit vor diesem Zusammentreffen, als gebe mir der Schmetterling ein Zeichen von meiner verstorbenen Freundin – oder als gebe der Kosmos, in den sie eingegangen ist, ein Zeichen dessen, dass er sie jetzt enthält, so dass ihre Energie oder vielmehr die komplexe Information, die sie war und ist, in der Weite des Kosmos nicht verloren ist, sondern sich mir mitteilt, jetzt auf mich überspringt, zugleich mit meiner Betroffenheit und Ergriffenheit.

Jedoch frage ich mich kritisch: Ist Synchronizität nicht vor allem eine Erfahrung unseres menschlichen Bewusstseins – und womöglich nicht mehr als dies –, vor allem dann, wenn unser Bewusstsein durch Kontakt mit dem Unbewussten eine symbolisierende Einstellung gewonnen hat? Und ist dann das synchronistische Ereignis wirklich so herausgehoben aus allen übrigen Ereigniszusammenhängen, wie Jung es immer wieder darstellt?

Ereigniszusammenhänge müssen ja nicht mehr nur kausal gedacht werden, wie noch zu der Zeit, als auch für das physikalische Weltbild Kausalität unabdingbar war, sondern sie können heute in quantenphysikalischen Feldern gleichsam als archetypisch angeordnet betrachtet werden, wie Jung es sieht.

Könnte ein solcher a-kausaler Zusammenhang dann letztlich nicht überhaupt die Wirklichkeit bestimmen? Müssen die als synchronistisch erlebten Ereignisse wirklich so sehr aus dem allgemeinen Zusammenhang herausfallen, als wären sie einzelne Schöpfungsakte? Ist unter einer solchen Perspektive nicht eher die ganze Wirklichkeit der Welt als ein einziger anhaltender Schöpfungsakt zu verstehen?

Der Vogelschwarm, der sich vor dem Haus eines sterbenden Menschen niederlässt – Jung berichtet von diesem Beispiel – weiß nach menschlichem Ermessen nicht von der symbolischen Bedeutung, die die Begleiter des Sterbenden ihm geben (in Übereinstimmung mit uralten symbolischen Menschheitstraditionen), aber die symbolisierende Einstellung dieser Menschen nimmt das symbolische Zusammentreffen zwischen dem Entweichen des Seelenvogels eines sterbenden Menschen und dieser Versammlung dunkler Vögel wahr und gewinnt damit eine Erfahrung, dass sich der Tod möglicherweise nicht nur blindem Zufall, sondern übergeordneter Anordnung verdankt. Damit findet man zu einer Ahnung von Sinn in diesem scheinbar sinnwidrigen Ereignis. Dies ist, wie gesagt, die existentielle, die symbolische Bedeutung der Synchronizitätserfahrung, die uns immer dann wichtig wird, wenn wir über einem erschreckenden Ereignis die Orientierung zu verlieren, wenn Angst oder Erschütterung uns zu überwältigen drohen.

Andere Menschen wiederum, die keinerlei Bezug zum Symbolischen haben, hätten wohl weder den Vogelschwarm noch den Schmetterling überhaupt bemerkt oder ihn gar in Verbindung mit dem Sterbenden gebracht. Wären Vögel und Schmetterlinge in dieser Situation trotzdem erschienen? Man möchte es annehmen, denn diese erscheinen zu jenem Zeitpunkt doch in ihrem eigenen Lebenszusammenhang.

Mir scheint die Wahrnehmung von Synchronizität, also von sinnhaftem Zusammentreffen und Angeordnetsein von kausal nicht miteinander verbundenen Ereignissen, nicht nur punktuell, sondern grundsätzlich immer möglich zu sein. Hier unterscheide ich mich von Jungs Sicht, der diese Ereignisse als aus dem Zusammenhang anderer Ereignisse völlig herausgehoben verstehen wollte. Ein sinnschaffender und sinnerkennender, eben symbolisierender Faktor in unserem Bewusstsein könnte die entsprechende Wahrnehmung ermöglichen: Es ist ein Archetyp des Sinns als anthropologische Konstante des Erlebens, des Erkennens und des Abbildens uns Menschen eingeprägt, durch den wir den Zusammenhang der Geschehnisse in der Wirklichkeit erfahren können.

Vor allem die mit archetypischen Vorgängen immer verbundene starke Emotion begleitet die Konstellation von Synchronizitäten und ist vielleicht doch die Bedingung ihrer Möglichkeit. Die energiegeladenen archetypischen »Kerne« der Psyche scheinen mir – ich spreche bewusst im Gleichnis – wie ein Magnetfeld zu wirken und Sinnverwandtes anzuziehen. Könnte nicht z. B. eine starke Emotion wie Angst, Erschrecken oder auch Hoffnung eine »Bedingung der Möglichkeit« sein, Synchronizität wahrzunehmen und – in manchen Fällen – womöglich sogar auszulösen? Emotion entsteht wie das Symbol in der Tiefe des Körpers und vermag es, aus dem Unbewussten aufsteigende und die Gegensätzlichkeit von Stimmungen und Erfahrungen überwindende Symbole hervorzubringen, deren energetischer Kern sie ist, während die Symbole so etwas wie Gefäße und bildhafte Verdichtungen der Emotion darstellen. Um die ursprüngliche Emotion herum könnte sich dann nach dieser Vorstellung eine Art von psychisch-energetischem »Magnetfeld« bilden, das gleichsinnige, sinnverwandte Emotionen und Symbolisierungen in seinen Bann zu ziehen vermag. Schließlich könnte sich in diesem Sinne ein symbolisches Feld konstellieren, innerhalb dessen sich Synchronizität ereignet und wahrzunehmen ist.

Meine eigenen Rückfragen an das Jung'sche Synchronizitätskonzept und meine Erwartung an dessen mögliche Weiterentwicklung beziehen sich also zu gleichen Teilen sowohl auf die Rolle der Emotionen beim Eintreten von Synchronizitätsereignissen als auch auf die Rolle einer symbolisierenden Einstellung bei deren Wahrnehmung. Es bleibt die Frage, ob synchronistische Ereignisse wirklich herausgehoben aus allen anderen Ereignisfolgen gesehen werden müssen oder ob nicht vielmehr eine a-kausale Anordnung von archetypischen Feldern analog der Wirkungsweise quantenphysikalischer Felder nicht überhaupt das ist, was auf der Erde ein Kontaktvermögen mit der Wirklichkeit und deren Wirksamkeit ausmacht, die wir nur nicht immer wahrnehmen, für die wir nicht immer wach genug sind.

Von der Frage nach der Synchronizität und ihrer Bedeutung, auch für Sinnfragen in unserem Leben, führt das Weiterfragen nach der inneren Welt nicht selten hinüber zu einem religiösen Bedürfnis, als auch einer der anthropologischen Konstanten, die es für C.G. Jung ist. Folgen wir nun auch dieser geheimnisvollen Spur.

Das Gottesbild als innere Erfahrung

Ursprünge einer neuen Religionspsychologie

Jungs religiöser Auftrag

Das Gottesbild und seine Wandlungen, das religiöse Bedürfnis überhaupt, gehört zu den großen Themen, die Jung seit seiner Lebensmitte zunehmend beschäftigen.

Nach seiner Trennung von Freud und dessen Konzept der Psychoanalyse, in dem Religion als Illusion erscheint, durchlebte Jung eine innere Krise, die einen Strom von inneren Bildern und Dialogen in ihm auslöste, wodurch er diese psychische Krise auch zu bewältigen suchte. Die imaginierten Bilder gestaltete er dabei zu gemalten Bildern aus, zunächst skizziert in den sogenannten »Schwarzen Büchern«[112], dann, sorgfältig ausgestaltet wie in einem alten Codex der Buchmalerei, in seinem »Roten Buch«[113]. Nicht weniger aufschlussreich als die Bilder sind die hier festgehaltenen inneren Dialoge Jungs, die er z. B. mit Gilgamesch bzw. – wie er auch genannt wurde – mit Idzubar als einem Gottessymbol aus dem alten Sumer führt.

Hören wir, wie im Roten Buch der Auftrag, einen neuen Zugang zur Religion zu erschließen, im Gespräch mit seiner Seele an Jung ergeht:

> Ich: O Gott, wie soll ich das tun?
> Seele: Sei nicht so kleingläubig. Niemand weiß es so, wie du. Niemand, der es so sagen könnte wie du.[114]

Man erschrickt unwillkürlich, wenn man vernimmt, was da seine Seele von ihm fordert. Beruhigend, dass er auch selber erschrickt: »Aber du meinst doch nicht, dass ich das, was ich aufgeschrieben« – er bezieht sich auf die Schwarzen Bücher, die handschriftlich geschriebenen Notizhefte, die 2020 in englischer Ausgabe veröffentlicht wurden – »dass ich das, was ich aufgeschrieben, weitergeben soll? Das wäre ja ein Unglück. Und wer sollte es verstehen?«[115]

Eben das aber scheint seine Seele von ihm zu fordern: es weiterzugeben und verständlich zu machen. Und er beginnt damit, das, was er in dieser großen psychischen Krise innerlich geschaut und erfahren hat, in einen Codex zu übertragen, den er überaus sorgfältig kalligraphisch und buchmalerisch ausgestaltet, das sogenannte »Rote Buch« – auch um den inneren Bilderstrom damit zu bannen. Zu der Herausgabe für die Öffentlichkeit konnte er sich bei Lebzeiten dennoch nicht entschließen: »Wer sollte es verstehen?« Da es sich aber bei dem, was ihm in inneren Dialogen und Imaginationen aufgeht, um den »Urstoff für ein Lebenswerk«[116] handelt, wie er selbst sagt, fand man es, auch aus wissenschaftlichen Gründen, angemessen und vertretbar, das Werk 50 Jahre nach seinem Tod, im Jahr 2009, zu veröffentlichen.[117]

Dabei ist es alles andere als ein wissenschaftliches Werk. Es ist Erfahrenes, Erlittenes, was hier niedergeschrieben ist, aus einer Erschütterung des ganzen Menschen Jung heraus, samt all seiner religiösen Vorstellungen – eine Gedanken- und Bilderflut, wie eine Eruption aus ihm herausgebrochen, die sich nur emotional miterlebend, ja mit imaginierend erschließen lässt. Gerade Jungs Gottessymbole und deren Wandlungen sind für uns heutige Leserinnen und Leser nur mit ihm imaginierend zu erleben, in Vergegenwärtigung unserer möglichen eigenen Erfahrungen mit einem Gottesbild, derjenigen z. B., dass der Gott unserer Kindheit oder der Gott der christlichen Tradition an bestimmten Stellen unseres Lebens nicht mehr weitertrug – und uns zunächst in einer psychischen Leere und Verarmung zurückließ. »Kein Christ mehr sein, ist leicht«, sagt seine Seele in solch einer Situation zu Jung. »Doch was weiter?«[118]

Jung hat eine solche seelische Zerreißprobe beim Zerbrechen alter Gottesbilder in großer Unmittelbarkeit durchlitten. Nach der Trennung von Freud, um 1912, für den, wie schon erwähnt, Religion als Illusion galt – auch wenn er dies später wieder differenzierter sah –, stellte sich für Jung, den Sohn eines reformierten Pfarrers, die Frage nach der Religion neu. Entscheidend für den Bruch mit Freud war bekanntlich gewesen, dass Freud Jungs Libidobegriff und dessen Verständnis von Mythologie, das Jung in »Wandlungen und Symbole der Libido«[119] eingehend behandelt hatte, nicht akzeptieren konnte.

Das Verhältnis zwischen Psyche und Religion, also Themen der Religionspsychologie, nahmen während der Entstehungszeit des Roten Buches, von 1915 an, einen immer höheren Stellenwert in Jungs Arbeit ein, beginnend mit seinem Seminar von 1925 in Cornwall.[120] Es erschien ihm zunehmend adäquater, eine Psychologie religiöser Erfahrungen, wie er selbst sie kannte, zu entwickeln, als etwa eine religiöse Offenbarung weiterzugeben. So beginnt er, auch in dem genannten Seminar, psychologisch zu beschreiben, wie numinose Erfahrungen von den betroffenen Menschen zunächst als Bilder, als lebendige Symbole erfasst und geschildert worden sind, bevor diese viel später in den Dogmen organisierter Religion fixiert wurden. Dabei ging es Jung vor allem darum, die psychische Funktion und Bedeutung religiöser Symbole zu untersuchen. Shamdasani, der Herausgeber des Roten Buches, betont in diesem Zusammenhang, es sei bei dem Umgang mit Jungs persönlichen Erfahrungen entscheidend, dass die Analytische Psychologie nicht der Versuchung erliege, selbst zu einem Glaubensbekenntnis zu werden.[121] Ebendies könnte aber auch heute wieder passieren, wenn man einzelne Aussagen Jungs aus dem Roten Buch über Religion aus dem Zusammenhang risse und als seine gültige Ansicht deklarierte – ohne zu berücksichtigen, dass sie nur im Zusammenhang mit dem Ganzen der hier geschilderten Erlebnis- und Erkenntnisprozesse zu verstehen sind.

Jung war damals – wie viele – von Nietzsches Zarathustra[122] beeinflusst, auch von dessen Postulat, Gott sei tot: das alte, jüdisch-christliche Gottesbild jedenfalls sei nicht mehr lebendig. Die ergriffen-pathetische Sprache des Zarathustra – wie auch der feierlich altertümliche Klang der Bibel – bestimmten Jungs damaligen Sprachgestus im »Roten Buch« mit: Es ist auf seine Weise ein prophetischer Sprachgestus.

Neu im Vergleich zu Nietzsche ist bei Jung jedoch die Betonung der Psyche als Erfahrungsraum des Numinosen und damit das Postulat, es müsse zu einer Neugeburt Gottes in der Seele kommen – im Sinne Meister Eckharts[123] oder auch der Gnosis[124], die einen Gott, der in der Seele geboren wird, kennen, der alle Gegensätze vereint. Jung nennt diesen neuen Gott, der alle bisher unvereinbaren Gegensätze in sich vereinen könnte, zunächst einmal »Abraxas«.

Vor allem aber wollte Jung das überlieferte jüdisch-christliche Gottesbild, sofern es sich doch noch als lebendig erwiese, grundstürzend verändert und ergänzt sehen: um die Symbolik des Materiellen, des Weiblichen und des Dunklen, um vieles, bisher als Böses Betrachtetes.[125] Das Gottesbild sei nach seinem Verständnis jeweils der Erfahrung des Menschen mit dem Numinosen entsprungen, einer Erfahrung, die den sonstigen Erfahrungen mit Objekten der Welt nicht vergleichbar und deshalb in keinem Sinne objektivierbar sei. Aus seinem großen Interesse an der Bedeutung von Religion heraus hatte sich Jung zugleich eine weiträumige Kenntnis der Religionsgeschichte und ihrer Symbolik angeeignet, auf die er sich – imaginierend – nun auch in seiner eigenen Auseinandersetzung damit beziehen kann.

Die Götter – eine Phantasie

Wie der westliche Mensch durch sein verobjektivierendes, rational-wissenschaftliches Denken seine Götter überhaupt zu verlieren drohe, auch dann, wenn er sie vielleicht in den Religionen des Ostens noch einmal wiederzufinden suchte, das zeigt Jung in der Begegnung seines imaginierenden Ich mit einem sehr alten Gottessymbol, Gilgamesch, den man früher auch Izdubar nannte –, dem sumerischen Halbgott, dem Stiermenschen (Bild 36 im Roten Buch). Ich gebe einen Teil jener Imagination vom 8. Januar 1914 gekürzt wieder, in der Jungs imaginierendes Ich dem Izdubar begegnet (Erster Tag, Kap. VIII):

In der dritten Nacht erscheint auf dem Kamm des Felsengebirges, unter mächtigem Erdröhnen der ganzen Berge, Izdubar, den Jung so beschreibt:

> Aus seinem mächtigen Haupt ragen zwei Stierhörner, ein klirrender schwarzer Panzer bedeckt seine Brust. Sein schwarzer Bart ist gekräuselt und mit köstlichen Steinen geziert. In der Hand trägt der Riese die funkelnde Doppelaxt, mit der man Stiere erschlägt. Ehe ich mich vom staunenden Schreck erholt habe, steht der Gewaltige vor mir und ich sehe sein Gesicht: Es ist blass und gelblich und tief gefurcht. Wie erstaunt schauen seine schwarzen, mandelförmigen Augen auf mich.[126]

Jungs Bild Nr. 36 im Roten Buch zeigt die riesenhafte Gestalt Izdubars mit allen genannten Attributen, vor einem blauen Hintergrund, voll von geflügelten Schlangen, während es auf dem Erdengrund im unteren Bereich des Bildes, auf dem auch Izdubar steht, von Krokodilen wimmelt, eher klein im Vergleich zu ihm. Absolut winzig aber, nicht größer als ein Handteller Izdubars, kaum sichtbar in der Erde zu Izdubars Füßen, erscheint der Mensch, Jungs Ich.

> ICH: »O Izdubar, Gewaltigster, schone mein Leben und vergib, dass ich Wurm mich auf deinen Weg gelegt habe.«
> IZ: »Mich verlangt nicht nach deinem Leben. Woher kommst du?«
> ICH: »Ich komme von Westen.«
> [...]
> IZ: »Sinkt in jenem Meer die Sonne? Oder berührt sie in ihrem Niedergang das feste Land?«
> ICH: »Die Sonne sinkt weit hinter dem Meere.«
> IZ: »Hinter dem Meere? Was ist dort?«
> ICH: »Dort ist nichts, leerer Raum. Die Erde ist ja rund und dreht sich überdies um die Sonne herum.«
> IZ: »Verfluchter, von wannen kommt dir solche Wissenschaft? So gibt es nirgends jenes unsterbliche Land, wo die Sonne eingeht

zur Wiedergeburt? Sprichst du die Wahrheit?«
Seine Augen flackern vor Wut und Angst. Er tritt einen dröhnenden Schritt näher. Ich zittere.[127]

Als Jungs Ich in der Imagination auch noch von der Unendlichkeit des Weltraums spricht, in dem wir nie zur Sonne gelangen können, wird Izdubar von erstickender Angst befallen.[128] Zur Unsterblichkeit, zur Sonne zu gelangen, ist seine tiefste Sehnsucht. Sie erweist sich als irreal. Verzweifelt zerschmettert er mit einem gewaltigen, schrill klingenden Schlag seine Axt am Felsen.

Der ganze Konflikt zwischen naturwissenschaftlicher und mythischer Weltsicht ist aufgerissen. Wem unter uns hätte die wissenschaftliche Denkweise nicht auch eines Tages das kindliche Vertrauen weggerissen, auf einen allmächtigen Gott, der uns zu schützen und zu führen vermag?

Izdubar bricht zusammen, schluchzt wie ein Kind und liegt wie zerstört am Boden. Die wissenschaftliche Wahrheit wirkt wie ein Gift auf ihn.

IZ: »Du nennst Gift Wahrheit? [...] Sagen nicht unsere Sterndeuter und Priester auch die Wahrheit? Und doch wirkt sie nicht wie Gift.«[129]

Und weiter:

IZ: »Gibt es denn zweierlei Wahrheit?«
ICH: »Mir scheint, es sei so. Unsere Wahrheit ist die, die uns aus der Kenntnis der äußeren Dinge zuströmt. Die Wahrheit eurer Priester ist die, die ihnen aus den inneren Dingen zuströmt.«[130]

»Das war ein heilsames Wort«[131], kann Izdubar zugeben, indem er sich halb aufrichtet. Er sitzt mit seinem Gesprächspartner in der kalten Nacht am Feuer, auch Jungs imaginierendes Ich fröstelt. Schließlich fragt Izdubar:

IZ: »Habt ihr denn keine Götter mehr?«
ICH: »Nein, wir haben bloß noch die Worte.«
[...]
IZ: »Wir sehen die Götter auch nicht und glauben doch, dass sie sind. Wir erkennen ihr Wirken im natürlichen Geschehen.«
ICH: »Die Wissenschaft hat uns die Fähigkeit des Glaubens genommen.«
IZ: »Auch das habt ihr verloren? Wie lebt ihr denn?«[132]

Jung bleibt die ganze lange kalte Nacht bei Izdubar, denn er spürt die Notwendigkeit, an der Seite des kranken Gottes zu sein: »Und ich fühlte es wiederum als Gewissheit, dass mein Leben in der Mitte zerbrochen wäre, wenn es mir nicht gelänge, meinen Gott zu heilen.«[133] Hier stellt sich die Frage, die Jung in die Krise treibt: Wie leben wir ohne Götter, ohne Symbole für die Ehrfurcht vor dem, was uns übersteigt, was uns umfasst und birgt? Sein Leben drohte in der Mitte zu zerbrechen, wenn ihm Gott für immer verloren ginge.

In der Nacht am Feuer, in dem sich Jungs imaginierendes Ich und der gestürzte Izudubar gegenseitig wärmen, ohne eine Lösung für ihr Dilemma zu finden, sagt schließlich Jung:

ICH: »Das Herz blutet mir, wenn ich denke, dass ich dich hier verlassen müsste, ohne das Letzte für dich versucht zu haben.«[134]

Was aber ist das Letzte, was Jung hier angesichts des niedergeschlagenen Gottes einfällt? Es ist der Versuch, eine Wiederbelebung des Gottes zu bewirken, eine Wiederbelebung durch Imagination zu versuchen. Ein schöpferischer Gedanke! Doch tritt auch hier eine kritische Überlegung dazwischen:

Im Grunde bin ich ja davon überzeugt, dass Izdubar gar nicht im gewöhnlichen Sinne wirklich, sondern eine Phantasie ist. [...] Er wird es natürlich nicht annehmen, dass er eine Phantasie sei, sondern behaupten wollen, er sei ganz real und es könne ihm nur auf ganz reale Weise geholfen werden. Ich will ihn darum anrufen und mit ihm reden.[135]

Das tut Jung:

> ICH: »Mein Fürst, Gewaltiger, höre: Mir kam ein Gedanke, der vielleicht Rettung bringt. Ich denke nämlich, du seist gar nicht wirklich, sondern bloß eine Phantasie.«
> IZ: »Mir graut es vor deinen Gedanken. Sie sind mörderisch. Willst du mich gar für unwirklich erklären – nachdem du mich jämmerlich gelähmt hast?«
> ICH: »[...] Ich meine natürlich nicht, du seist ganz unwirklich, sondern eben nur so wirklich wie eine Phantasie. Wenn du das annehmen könntest, dann wäre viel gewonnen.«
> IZ: »Was wäre damit gewonnen? Du bist ein Quälteufel.«
> Ich: »Beklagenswerter, ich will dich nicht quälen. Die Hand des Arztes will nicht quälen, auch wenn sie wehtut. Könntest du wirklich nicht annehmen, dass du eine Phantasie bist?«
> IZ: »Wehe mir! In welchen Zauber willst du mich verstricken? Soll mir geholfen sein, wenn ich mich für eine Phantasie halte?«
> ICH: »[...] Du weißt auch, dass man den Kranken oft einen neuen Namen gibt, um sie zu heilen, denn mit dem neuen Namen empfangen sie ein neues Wesen. Dein Name ist dein Wesen.«
> IZ: »Du hast Recht. Das sagen auch unsere Priester.«
> ICH: »Also, willst du zugeben, dass du eine Phantasie bist?«
> IZ: »Wenn es hilft – ja!«[136]

Was tut Jung hier? Dass er das Wesen dieses Gottes mit einer »Phantasie« gleichsetzt, kann in dieser Formulierung wahrscheinlich nicht gleich überzeugen. Überzeugender wird es, wenn er den Gott später ein »Symbol« nennt und genauer entwickelt, was ein Symbol ist und worin dessen Wirklichkeit und Wirksamkeit besteht. Indem er von einem Gottesbild als von einem Symbol spricht, relativiert er es gewiss in seiner Objektivität, nicht aber in seiner Wirksamkeit. Ein Gottessymbol ist vielmehr von intensiver Wirksamkeit in der Seele eines gläubigen Menschen, aber auch in der kollektiven Seele einer Kultur. Und selbst da, wo es bewusst verdrängt würde, wirkte es nach Jungs Sicht im kollektiven Unbewussten aller Angehörigen dieser Kultur weiter.

Doch Izdubar scheint jetzt selbst davon überzeugt zu sein, dadurch wiederbelebt werden zu können, dass man ihn zunächst wenigstens als Phantasie ernst nimmt und wahr sein lässt. Anerkennend wendet er sich an Jung:

> Iz: »Das war ein Meisterstück. Wohin trägst du mich?«
> Ich: »Ich trage dich hinunter ins Westland. Meine Genossen werden sich freuen, eine so große Phantasie bei sich beherbergen zu dürfen.«[137]

Jungs Kommentar dazu: »Diese tast- und sichtbare Welt ist das eine Wirkliche, aber die Phantasie das andere Wirkliche. Solange wir den Gott im Sicht- und Tastbaren, im Außer-uns lassen, ist er unerträglich und hoffnungslos. Wenn wir aber den Gott zu einer Phantasie machen, dann ist er in uns und leicht zu tragen«[138] – und Jung trägt ihn jetzt wirklich zum Hause der Menschen.

Wie sehr der Mythos von Gilgamesch/Izdubar – obgleich wir wissen, dass er ein Symbol ist – auch bei uns im Westen angekommen ist und angenommen wird, erlebe ich an heutigen Menschen, einem Freundespaar beispielsweise, das den Gilgameschmythos – zu dem Gilgameschs einzigartige Freundschaft mit Enkidu gehört – zum bedeutsamen symbolischen Hintergrund auch seiner Freundschaft macht. Eine Künstlerin wiederum, die ich gut kenne, gestaltete nach dem Tod ihres geliebten Künstlerfreundes einen Bilderzyklus, dem der Totenklage-Zyklus des Gilgamesch um seinen Freund Enkidu zugrunde liegt.

Diese heutigen Menschen, denen Gilgamesch etwas bedeutet, sind eher befremdet, wenn sie im Roten Buch weiterlesen und erfahren, dass Jung in seiner Imagination den als Phantasie betrachteten Izdubar zuletzt gar noch in ein kleines Ei verwandelt und ihn wie einen Kieselstein respektlos in die Tasche steckt, angeblich, weil er zu groß wäre, in seiner eigentlichen Gestalt durch die Eingangstüre zum Haus der Menschen zu gelangen. Diese Vorstellung bedeutet eigentlich auch einen Bruch in Jungs Imagination, denn Izdubar als Phantasie hätte durch jede noch so niedrige Haustüre gepasst.

Jung empfindet die Unstimmigkeit später selbst, indem er gegenüber Aniela Jaffé, seiner engen Mitarbeiterin, äußert, dass einige seiner Phantasien, darunter die über Izdubar, von Angst bestimmt gewesen seien – von der Angst, seinen Gott für immer zu verlieren ... Er hätte jedoch das Gefühl gehabt, versagt zu haben, wenn er nicht alles versucht hätte, ihn zu retten. Manche dieser Phantasien seien aber eine »verteufelte« Verbindung von Erhabenem und Lächerlichem gewesen.[139]

Der Gott aus dem Ei

Die Vorstellung von einer möglichen Verwandlung des Gottes in ein Ei ist andererseits sehr ernst zu nehmen und tief im religionsgeschichtlichen »Schatzhaus der Menschheit« (Jung) verankert. Es ist ein weitverbreitetes mythologisches Motiv, das den Neubeginn einer göttlichen Entwicklung, die Neugeburt des Gottes, einleitet.

Allerdings ist es reichlich grandios, einen Gott als ein Ei einfach in die Tasche zu stecken. Wie in einer Gegenbewegung zu diesem – ihm selbst bewusst werdenden – zu wenig ehrfürchtigen Umgang mit einem Gott findet in der darauf folgenden Aktiven Imagination ein hingebendes Bebrüten dieses Eies statt: So spricht Jung zu sich selbst:

> Drum rede nicht und zeige den Gott nicht, sondern sitze an einsamer Stelle und
> singe die Inkantationen nach uralter Weise:
> Vor dich lege das Ei, den Gott in seinem Anfang.
> Und betrachte es.
> Und mit deines Anschauens zauberischer Wärme bebrüte es.[140]

Und nun verbindet Jung in seinen Gesängen beim Bebrüten des Eies die christliche Weihnachtsvorstellung von der Geburt des Göttlichen Kindes, auch diese als Phantasie verstanden, mit der östlich-hinduistischen Vorstellung von einer Gottesgeburt aus dem Ei. So verknüpft der imaginierende Jung beim Entstehen eines neuen Gottesbildes östliche und westliche Tradition miteinander. Hierzu hat er im Roten Buch eine Bilderserie geschaffen, eine Reihe von Gebetsteppichen gleichsam, bei denen die feierlichen Farben Rot und Gold dominieren. Damit will er zugleich die Genesung Izdubars darstellen und feiern, als das Beispiel eines sich erneuernden Gottes (Bilderreihe 50–64).

Der Liedtext zum ersten Bild dieser Reihe (Jungs Bild Nr. 50), der in die Komposition des Bildes einbeschlossen und kalligraphisch ausgestaltet ist, lautet (mit erklärenden Einschüben von mir in Klammern):

> Weihnacht ist angebrochen [christlich]. Der Gott ist im Ei [östlich].
>
> Ich habe meinem Gott einen Teppich gebreitet [einen östlichen Gebetsteppich?], einen köstlichen roten Teppich des Morgenlandes [klingen hier die Weisen aus dem Morgenland an?].
>
> Er soll vom Schimmer der Pracht seines östlichen Landes umgeben sein.
>
> Ich bin die Mutter, die einfältige Magd, die empfangen hat und wusste nicht wie [Jung, der Sprecher dieser Verse, geht in die Mutterrolle Marias].
>
> Ich bin der sorgsame Vater, der die Magd schützte.
>
> Ich bin der Hirt, der die Botschaft empfing, als er des Nachts seiner Herde wartete, auf dunklen Fluren.[41]

In allen Figuren seiner Imagination, die zugleich den Figuren der christlichen Weihnachtsgeschichte entsprechen, ist Jung selbst gegenwärtig; sie alle sind hier ein Teil seiner selbst.

Die gehobene Emotion, die die Gesänge beim Bebrüten des Eies begleitet, nimmt ein jähes Ende. Fast schockierend, wie oft im

Roten Buch, kommt es zu einem Stimmungsabsturz, zu Ausbrüchen von Selbstverachtung, aber auch von Hybris. Es ist wie eine Enantiodromie zu den Gesängen, wenn das Ich hier sagt: »Nichts blieb von den Göttern als ein Ei. Und dieses Ei besitze ich.«[142]

Nach einem erneuten Umschlag der Emotionen, kommt es schließlich zur »Eröffnung des Eies« (Kap. XI)[143], die wiederum in großer Ehrfurcht geschieht. Es ist, als triebe die eine starke Emotion jeweils die gegensätzliche Emotion hervor: Die Gegensätze sind bei Jung während der Zeit, in der er diesen Imaginationen ausgesetzt ist, noch keineswegs miteinander verbunden. Doch nun kann er wieder niederknien:

> Am Abend des dritten Tages kniee ich auf dem Teppich nieder und öffne behutsam das Ei. Wie ein Rauch steigt es daraus empor, und plötzlich steht Izdubar vor mir, riesengroß und verwandelt und vollkommen. [...] Es ist, als wenn er aus tiefem Schlaf erwachte. Er spricht:
>
> »Wo bin ich? [...] Wo war ich? Ich war ganz Sonne.«[144]

Seine Sehnsucht nach Sonne und Unsterblichkeit hat sich also doch erfüllt. In der Mythologie ist Izdubar als Gott dem Sonnengott beigesellt. Die Austragungszeit und die Wiedergeburt Izdubars folgt dabei dem klassischen Muster des Sonnenmythos. Er ist hier mit dem Untergang und dem Aufgang der Sonne im Meer verbunden, dem Sonnenei, aus dem der Sonnengott entsteht – so wie wir die Sonne an jedem Tag als goldenes Ei am Meer aufgehen und untergehen sehen.

Jung hat viel Mythologisches gelesen und weiß selbst, dass die mythologischen Figuren in seinen Imaginationen auch diesem Wissen entspringen, das im Unbewussten jeweils weiterwirkt, so dass sie also auch dem »kulturellen Gedächtnis« entspringen, wie wir es heute bezeichnen.

In seiner Imagination endet die Szene so:

> Und als ich wähnte, dass ich den Starken gefangen hätte und in der Hand berge, da war er die Sonne selber.[145]

Mit einer merkwürdigen Reaktion, die fast an Neid grenzt, an Neid auf diesen sonnenhaft wieder aufsteigenden Gott, reagiert Jung in der folgenden Imagination auf diese wundersame Erkenntnis, wenn er niederschreibt:

> Ich wanderte nach Osten zum Aufgang der Sonne. Ich wollte wohl selber aufgehen, wie wenn ich die Sonne wäre. Ich wollte wohl selber die Sonne umfangen und mit ihr aufsteigen zum leuchtenden Tage. [...]
>
> Aber indem er aufgeht, komme ich zum Untergang. Als ich den Gott bezwang, strömte seine Kraft in mich. Als aber der Gott im Ei ruhte und seines Anfangs harrte, da ging meine Kraft in ihn. Und als er strahlend emporstieg, da lag ich auf meinem Angesicht. [...] Wie eine Gebärerin grausam zerrissen und blutend ihr Leben hinüberhaucht in das Geborene [...], so lag ich, die Mutter des Tages, die Beute der Nacht. Mein Gott hat mich grausam zerrissen, meines Lebens Säfte hat er getrunken, meines Liebens höchste Kraft trank er in sich und wurde herrlich und stark wie die Sonne, ein heiler Gott [...]. Meine Flügel hat er mir genommen [...]. Mir ließ er Ohnmacht und Stöhnen.[146]

Welch ein merkwürdiges Entweder-oder tut sich ihm hier auf! »Entweder mein Gott oder Ich!«, so klingt das. Was kann das bei Jung bedeuten? Es ist zwar ein uraltes Problem in der Geschichte der Religionen, wie das Gegenüber von Gott und Mensch zu verstehen, zu fassen sei – ob es überhaupt ein Gegenüber sei, ob nicht der Mensch in Gott aufgehe, in ihm enthalten sei, so dass man von einer Allwirksamkeit, ja einer Alleinwirksamkeit Gottes sprechen müsse, damit auch von der Unfreiheit des menschlichen Willens, wie Luther und viele andere es tun – was aber andererseits, so im Hinduismus, im Mithraskult, aber auch in der christlichen Mystik zur Vorstellung von einer Gottesverwandtschaft des Menschen, einer Wesenseinheit des Menschen mit dem Göttlichen führen kann. Dass andererseits der Mensch Gott enthalte, dass der Mensch selbst der Schöpfer, Gebärer und Erfinder Gottes sei, dieser Gedanke blieb der Neuzeit vorbehalten, vor allem Nietzsche, mit der letzten Konsequenz: Gott sei tot.

Jung ist von Nietzsches Zarathustra wie gesagt stark beeindruckt, geht aber mit dessen Vorstellung vom Tode Gottes[147] anders um, indem er aus tiefer Sehnsucht nach einem Gott ihn wieder zu erwecken sucht, als Phantasie zunächst, als Imagination, letztlich als Symbol. Doch nun stößt er auf das Problem – und stößt sich vielleicht daran wund –, dass das Ernstnehmen eines lebendigen Gottes, eines Gottesbildes, immer bedeutet, sich ihm hinzugeben. Sind doch auch die überlieferten alten Symbole des Göttlichen nichts anderes als eine Veranschaulichung und Personifizierung wirklicher Kräfte, die den Menschen übersteigen und denen er sich verdankt, seien es die Kräfte der Natur, des Kosmos, sei es die Energie des Lebens selbst. Wenn Jung die alten Gottessymbole durch »des Anschauens zauberische Wärme«[148] wiederbeleben möchte, muss er deren Wirkmacht ernst nehmen, was er in den Inkantationen auch durchwegs tut. Es gelingt dann, wenn er, wie er an einer Stelle selber sagt, den Menschen vor Gott und Gott vor dem Menschen stehen lässt, ohne sie zu vermischen.

Jung fühlt sich aber in dem Abschnitt, der auf die Eröffnung des Eies folgt, allzu sehr als Kreator des Gottes, der aber, sobald er als Gott wiederauflebt, alle Schaffenskraft wieder an sich zieht und ihn selber, den Menschen, leer zurücklässt – ein Konflikt, den Jung an dieser Stelle des Roten Buches nicht lösen kann, was ihn gequält und ratlos zurücklässt, so dass er im nächsten Abschnitt sogar in die Hölle abstürzt.

Der innere Christus

Jung kommt in dem Abschnitt »Die göttliche Narrheit«[149] auf das Christentum zurück. Gelten seine Erfahrungen und Erkenntnisse, die er mit dem Bild des doch relativ entlegenen sumerischen Gottmenschen Izdubar gemacht hat, auch gegenüber dem für viele seiner Zeitgenossen noch lebendigen christlichen Gottesbild und dem ihm entsprechenden Glauben? Jungs imaginierendes Ich befindet sich jetzt in einer Bibliothek, in der es nach Gelehrteneitelkeit riecht, fragt dort ausgerechnet nach dem alten christlichen Andachtsbuch des Thomas a Kempis »Die Nachfolge Christi«[150], und erntet entsprechendes Erstaunen beim Bibliothecarius. Er suche es nicht aus wissenschaftlichem Interesse, beteuert Jung, sondern aus spirituellem, weil es »mit der Seele« geschrieben sei, und er betont:

> Mit dem Christentum sind wir nicht ans Ende gekommen, wenn wir es einfach weglegen. Es scheint mir, es sei mehr daran, als wir sehen.[151]

Ja, er bekennt:

> Das Göttliche will mit mir leben. Meine Abwehr ist vergebens. Ich fragte mein Denken, und es sprach: Nimm dir ein Vorbild, das dir zeigt, wie das Göttliche zu leben ist.

Jung wird noch konkreter:

> Unser natürliches Vorbild ist der Christus. [...] Wir kämpften gegen den Christus, wir setzten ihn ab und kamen uns vor als Überwinder. Er aber blieb in uns und beherrschte uns. [...] Du kannst wohl den Christum lassen, aber er lässt dich nicht.[152]

Dass wir aber Jung hier nicht missverstehen: Es geht ihm hier um ein völlig neues Verständnis des Christus:

> Soll ich aber Christum wahrhaft verstehen, so muss ich einsehen, wie der Christus wirklich nur sein eigenstes Leben gelebt hat und niemand nachgefolgt ist. [...] Wenn ich daher Christum wahrhaft

nachfolge, so folge ich niemandem nach, ahme niemanden nach, sondern gehe auf meinem eigenen Wege [...].[153]

In der Nox secunda, der zweiten Nacht[154], ist Jungs imaginierendes Ich in der Küche neben der Bibliothek und zeigt der Köchin das eben ausgeliehene Büchlein »Die Nachfolge Christi«, das auch sie kennt, wie viele fromme Katholiken es noch von ihrer Mutter her kennen und damit beten. Auch sie wundert sich, dass so ein Herr wie Jung darin lesen wolle. Ebenda fällt sein Blick auf die eine Stelle in diesem Buch: »Die Gerechten bauen ihre Vorsätze mehr auf die Gnade Gottes, auf die sie bei allem, was sie nur unternehmen, vertrauen, als auf ihre eigene Weisheit«[155] – ein Satz, der ihn zum Nachdenken über »die schöne Form« veranlasst, in der damit die Christen »die intuitive Methode« handhabten, denn auf die Gnade Gottes zu vertrauen, versteht er offenbar als eine intuitive Methode.[156] Als er sich gerade noch ernsthaft fragt, ob er die Christen nicht hierin nachahmen sollte – sie gewinnen plötzlich Anziehungskraft für ihn –, da bricht ein Rauschen über ihn herein wie von den Flügelschlägen großer Vögel, Menschen tauchen auf wie Schatten, ein Stimmengewirr wird hörbar, er vernimmt Worte wie: »Lasset uns anbeten im Tempel« und »Wir wandern nach Jerusalem, um am allerheiligsten Grabe zu beten.«[157]

Es sind »Wiedertäufer«, also Schattengestalten des alten fanatischen Christentums, die plötzlich über ihn herfallen, die sich als Tote zu erkennen geben, die nicht zur Ruhe finden, weil sie mit ihrem Leben nicht zu Ende gekommen seien. »Weißt du es?«, will einer von ihnen von Jung wissen, und greift dabei in unheimlicher Weise nach ihm. Jung, der ihn wegstößt, gibt ihm die Antwort: »Lass los, Dämon, du hast dein Tier nicht gelebt.«[158] Jung ist davon überzeugt, dass das Christentum das Animalische, das Triebhafte in uns Menschen unterdrückt habe, das jetzt mitleben wolle und müsse. Das sei es, was diese Toten ruhelos umtreibt. Jung beginnt bei dieser Szene in der Küche der Bibliothek plötzlich so stark zu schwanken, dass die Köchin nach dem Arzt und nach der Polizei ruft.

Nach dieser kritischen, auch ironischen Szene resümiert Jung:

Das Problem des Wahnsinns ist tief. Der göttliche Wahnsinn – eine erhöhte Form der Irrationalität des in uns aufströmenden Lebens – immerhin Wahnsinn, welcher der heutigen Gesellschaft nicht einzugliedern ist [...].[159]

Er beschließt diesen Abschnitt mit den Worten:

Ich verlasse den Geist dieser Welt, der den Christus zu Ende gedacht hat, und trete hinüber in jenes andere lustig-schreckliche Reich, in welchem ich Christus wiederfinde.[160]

Jung selbst bezeichnet diese Art von Imagination, die einem Ritual gleicht, als »Mysterienspiel«. Im Seminar von 1925, dessen Aufzeichnung unter dem unauffälligen Titel »Analytische Psychologie« veröffentlicht ist, erläutert er solche Erfahrungen kritisch reflektierend: »Je besser diese Bilder erkannt werden, desto mehr werden wir von ihnen ergriffen. Wenn uns die Bilder kommen und nicht verstanden werden, sind wir [...] nicht mehr in der menschlichen Gesellschaft, denn wir vermögen uns nicht auszudrücken. Nur wenn wir sagen können: ›Dieses Bild ist so und so [das heißt, wenn wir es interpretieren können, I.R.]‹, nur dann bleiben wir in der Gemeinschaft der Menschen.«[161]

Deshalb ist das Verstehen und das Gestalten dieser inneren Prozesse so wichtig. Jung also kann nachträglich sein Erleben in den Kontext des Mithrasmysteriums einordnen und damit religionsgeschichtlich interpretieren. Dadurch ist er nicht mehr damit identifiziert und nicht mehr besetzt. Doch bleibt ihm der tiefgehende Erfahrungsgehalt dieser Imagination wichtig: »In diesem Mysterium [...] verwandeln wir uns in das Gefäß, und wir sind ein Gefäß der Schöpfung, in dem sich die Gegensätze aussöhnen.«[162] Jung verstand sich im Prozess der Wandlung, den er zur Zeit dieser Imaginationen durchlitt und im Roten Buch niederschrieb, als nicht weniger als ein Gefäß, in dem sich mit ihm selbst auch das Gottesbild wandelte. Im späteren Werk wird Jung die Frage nach dem Gottesbild mehr im Zusammenhang mit seinem Konzept des

Selbst behandeln, das gelegentlich mit dem Gottesbild verwechselt wird, obwohl es um ein Konzept geht, das die Ganzheit des Menschen meint. Zur Entstehungszeit des Roten Buches hatte Jung jedoch noch kein ausgereiftes Konzept des Selbst. Dieser Begriff für die Ganzheit eines Menschen aber, den Jung für das Umfassende, weit über das Ichbewusstsein eines Menschen Hinausreichende prägt, wird eine Analogie zu dem darstellen, was das Gottesbild als Symbol des großen Ganzen der Wirklichkeit meint. Ich werde darauf zurückkommen.

Eine neue Religionspsychologie

Zu der ersehnten Ganzheit Gottes gehören für Jung letztlich alle Gottesbilder der Religionsgeschichte, die wir mehr oder weniger kennen, von denen er viele durch des »Anschauens zauberischer Wärme«[163] für sich und für uns verlebendigt hat, von den frühen sumerischen Göttern, wie Gilgamesch-Izdubar, über die ägyptischen, vom Skarabäuskäfer bis zu den höchsten Gestalten des Sonnenkults, oder aus dem Mittelmeerraum von den altgriechischen Gottheiten bis zu denen der späten Mysterienkulte, wie Mithras. Besonderen Einfluss aber haben, bereits im Roten Buch, auch hinduistische Vorstellungen gewonnen, wie die von Atman und Brahman, in der die essentielle Teilhabe des Menschen am Göttlichen besonders betont wird und die Vorstellung der Ganzheit, zu der alles Existierende gehört, zentral ist. Jung widmet der Neubelebung alter Gottheiten auch mehrere seiner gemalten Bilder im Roten Buch, z. B. das eindrucksvolle von »Atmavictu – ›Lebensodem‹«[164] (Bild 121). In dieser frühen Gestalt zog »Atmavictu, der Alte« sich aus der Schöpfung zurück, wie Jungs Bildunterschrift sagt,[165] um dann in vielen Gestalten als ein großes Wandlungssymbol der Gottheit wiederzukehren.

Als ein Symbol des Göttlichen, dem auch nach alchemistischer Tradition die lebenslange Suche jedes Menschen gilt, versteht Jung auch den mandalaähnlichen »Stein, der köstlich gefasst ist«[166], den er im Bild 121 gestaltet: im Inneren als unzerstörbaren Diamanten, nach außen als eine aufgeblühte Blume – Sinnbild für die entfaltete Ganzheit eines Menschen in Raum und Zeit und über Raum und Zeit hinaus. Das Mandala überhaupt wird ihm im Laufe seines Werkes immer mehr zum gültigen Symbol für die Ganzheit.

Es gibt also viele Bilder des Göttlichen bei Jung – und dies angesichts des biblischen Bilderverbots, des Verbots, sich ein Bild von Gott zu machen, das doch gerade in der reformierten Kirche, aus der Jungs Pfarrervater kommt, immer besonders hochgehalten wurde! Doch kann man meines Erachtens dem Verbot, sich ein festes Bild von Gott zu machen, nicht nur durch Bildlosigkeit gerecht werden, sondern auch dadurch, dass man den Himmel bevölkert, also zahlreiche Bilder einbringt, da nur viele Bilder, nicht ein einziges, die zahlreichen, letztlich zahllosen Aspekte Gottes anzeigen können und sich letztlich auch dessen Ganzheit annähern, die zugleich jedes einzelne Bild transzendiert.

Übrigens spricht Jung, wenn er als Psychologe spricht, immer von Gottessymbolen als dem Einzigen, was wir aus psychologischer Sicht über Gott aussagen können. Wenn Jung jedoch, wie z. B. in seinen Imaginationen, eigene Erfahrungen mit einem darin symbolisierten Gott macht, dann kann er den, der ihm begegnet, auch direkt ansprechen, wie jenen Izdubar. Auch wenn er von Gotteserfahrungen als von eigenen Erfahrungen spricht, kann er von »Gott« reden. Von daher erklären sich manche Inkonsequenzen in Jungs Ausdrucksweise im Umgang mit dem Thema Gottesbild, so im Roten Buch, aber auch später in seinem Werk, z. B. in seinem Buch »Antwort auf Hiob«[167].

Doch Philemon, Jungs innerer Wegbegleiter im Roten Buch, war es, der ihn das Geheimnis lehrte, die Götter, die einst auf Erden wanderten, gastlich aufzunehmen: »Welches Geheimnis aber deutest du, o ΦΙΛΗΜΩΝ [Philemon], mit deinem Namen an? Du bist wahrlich der Liebende, der einstmals die auf Erden wandernden Götter aufnahm [...].«[168] Wir erinnern uns an die klassische Sage von Philemon und Baucis aus den »Metamorphosen« des Ovid, die auch in Goethes Faust aufgenommen wurde:

Hier ist Philemon ein »Wirt der Götter« geworden, der Götter beherbergt habe, als alles Volk ihnen die Bleibe verweigerte. Dazu Jung an Philemon im Roten Buch:

> »Du bist der, der den Göttern ahnungslos Aufnahme gewährte, [...] und diese gaben sich den armen Gastgebern, die ihr Letztes drangaben, in eben diesem Augenblicke zu erkennen. Also sah ich, dass der Liebende hinüberlebt und dass er es ist, der ahnungslos den Göttern Herberge gibt.«[169]

Wenn ich einmal dieses Bild gebrauchen darf: Ein solcher »Wirt der Götter« könnte auch Jung gewesen sein. Er empfand die menschliche Seele als ein »Haus der Götter«, in dem sie aus und ein gehen. Er hieß sie willkommen. »Vocatus atque non vocatus, Deus aderit [Gerufen, oder nicht gerufen, Gott wird da sein]« steht über seiner Haustür in Küsnacht. Wohl wissend, dass Götter Symbole sind, erkennt er doch immer deutlicher bei der Entwicklung seiner Konzepte, dass Symbole Wirklichkeiten darstellen, Gefäße der Wirklichkeit sind, die sie übermitteln. Sie sind Sinn-Bilder für das, was wirkt, sie geben Sinn.

Es gibt übrigens im Rahmen des Buddhismus eine bis heute relevante religionsgeschichtliche Parallele zu dem, was Jung durch die Symbolbildung in seinen Imaginationen erfährt und gestaltet: So wurde der Buddhismus, der als solcher kein Gottesbild mehr kennt, im geistigen Umfeld Tibets dennoch zu einem großzügigen Wirt und Gastgeber für die alten Götter, die vor allem der früheren Bön-Religion der Himalaya-Berge entstammen. Die alten tibetischen Götter, die im Buddhismus keine objektive Realität mehr haben, werden doch als Symbolisierungen real wirkender emotionaler Kräfte, zornvoller und gütiger, von den Meditierenden visualisiert, das heißt imaginiert, damit sie derer Kräfte teilhaftig werden könnten. Ich denke dabei etwa an die barmherzigen und weisheitlichen Kräfte der Grünen und der Weißen Tara. Diese großen symbolischen Bilder des Göttlichen zu imaginieren und zu gestalten, ob im vergänglichen Sandbild oder im dauerhafteren

Thangka, und diese Bilder wiederum zu meditieren, gilt im tibetischen Buddhismus als tiefe und verehrungswürdige Methode. Etwas Vergleichbares hat uns also Jung mit seiner Weise der Imagination und der Gestaltung von Gottessymbolen nahegebracht. Es geht dabei um ein ehrfürchtiges Sich-Öffnen für das kulturelle Erbe und Gedächtnis der Menschheit, das den einzelnen Menschen in einen großen, übergreifenden Sinnzusammenhang stellen kann, der seine existentielle Einsamkeit auffängt, wie Religion das immer tat. In einem gewissen Sinne hat das Rote Buch prophetische Züge, und zwar insofern, als es eine neue Sicht der Religion hervorbringt, eine Psychologie der Religion, nicht aber eine neue Religion selbst. Jung sieht vielmehr die Religion hier insgesamt im Sinne einer Tiefenpsychologie der Religion, die ihre Symbole immer neu aus dem kollektiven Unbewussten schöpft, die aber zugleich mit dem kulturellen Unbewussten der Menschheit und damit auch mit ihren überlieferten religiösen Symbolen in Kontakt bleibt. Diese Sicht könnte auch für den heutigen Dialog der Religionen relevant sein und ihn stark beleben, wenn man sich auf diese symbolische Sicht einlassen könnte.

Die Muttersprache der Religion ist eine symbolische. Wo spirituelle Erfahrung lebendig ist, spricht sie sich in Bildern und Geschichten aus, während rationale Begrifflichkeit und dogmatische Fixierung den Kontakt zur lebendigen Erfahrung zu verlieren drohen. Lebendige Erfahrung mit dem Unbewussten steht hinter dem Roten Buch, und Jung entwickelte aus seinem eigenen Erleben heraus die Methode der Aktiven Imagination[170]. Seither gehört es in der Analytischen Psychologie auch zur praktischen therapeutischen Arbeit mit Patientinnen und Patienten, dass wir mit ihren oft überraschend neue Zugänge zu ihrer Spiritualität über die Symbolik finden, die ihnen aus den Tag- und Nachtträumen, aus der Aktiven Imagination und aus der Gestaltung von Bildern entgegenkommt – als Sinnbilder, die Sinn stiften können, was Religion immer versuchte.

Die religiöse Dimension als archetypische Erfahrung

Der Theologe Paul Tillich, der auch mit C. G. Jung in Kontakt stand, charakterisiert das Religiöse als das »Ergriffensein durch das, was mich unbedingt angeht«[171]. Das lässt sich auch so lesen: Was die religiöse Qualität ausmacht, ist das, *was* mich unbedingt angeht, wie auch zu fühlen, *dass* es mich unbedingt angeht. Auch für Jung ist die Religion das, was uns drängt, ja zwingt, wie er sagt »als Ganzheit zu reagieren«[172].

Eine solche besondere religiöse Qualität kann etwa ein Traum haben, auch wenn er nicht ausdrücklich von religiösen Themen handelte, er müsste nur mit dem besonderen Gefühl verbunden sein, dass er uns »unbedingt angeht«, dass er uns herausfordert, ja zwingt, »als Ganzheit zu reagieren«. So träumte z. B. ein Mann aus Bayern im Zusammenhang mit den Flüchtlingsströmen 2015, der sich von den Vorgängen tief betroffen fühlte, da er die Menschen auf dem Münchener Hauptbahnhof ankommen sah:

> »Ich sehe die Familien aus Syrien auf einer riesigen Wiesenfläche lagern, sie grenzt an offenes Ackerland, wo gerade viele Bauern tätig sind. Da sehe ich, wie die Familien aus Syrien die breiten Stümpfe von abgehauenen alten Bäumen umlagern, die ihnen als Tische dienen, zum Ablegen ihrer Sachen, aber auch zum Essen, zum Bereiten von Speisen. Auf einmal sehe ich, wie von den Äckern her etwas zu ihnen herübergereicht wird. Erst denke ich, es sei etwas zu essen, doch dann erkenne ich, dass es Körner sind, Saatkörner, Säcke voll von Getreidekörnern. Und ich ahne: Es sind Saatkörner für künftig vielleicht gemeinsam bestellte Felder, für künftig vielleicht gemeinsam gegessenes Brot. ›Ihr sollt mit uns hier wohnen und auf unserem Land säen und ernten‹, so sagt eine Stimme. ›Die Erde gehört uns allen.‹«

Dies ist ein Traum, der betroffen macht von dem, »was uns unbedingt angeht« – uns alle, zusammen mit dem Mann, der ihn geträumt hat. Die überpersönliche Bedeutung, aus dem kollektiven

Unbewussten kommend und ins kollektive Bewusstsein weisend, gibt diesem Traum eine religiöse Qualität. Wenn Jung einmal sagte, dass alles, was sich im kollektiven Unbewussten abspiele, seiner Natur nach archetypisch sei, drückte er damit aus, dass alle Archetypen eine gewisse numinose Qualität besäßen, die sich auch in einer Betonung des Emotionalen zeige (so C. G. Jung in einem Brief an Serge Moreux vom 20.01.1950),[173] und so hätten eigentlich alle archetypischen Symbole – in Traum, Imagination, Mythen und Märchen, in Literatur wie in allen Gestaltungen der Kunst – in gewissem Sinne religiösen Charakter.

Wer religiöse Erfahrungen machen kann, so Jung, besitzt etwas, was »ihm zu einer Quelle von Leben, Sinn und Schönheit« wird, und er fragt weiter: »Gibt es tatsächlich irgendeine bessere Wahrheit über letzte Dinge als diejenige, die einem hilft, zu leben? Das ist der Grund, weshalb ich die vom Unbewussten geschaffenen Symbole sorgfältig berücksichtige. Sie sind subjektiv überzeugend aus sehr altmodischen Gründen: Sie sind überwältigend [...].«[174] »Überwältigend« ist ein besonders starker Ausdruck für die Ergriffenheit, auf die es hier ankommt.

In einem Gespräch äußerte sich Jung noch näher zu dem, was für ihn »überwältigend« sein kann: »Ich kann nur sagen, ich werde vom Unbewussten her mit einer Emotion überschüttet. Oder ich habe einen ungeheuerlichen Traum, der mich am Tage noch deprimiert oder mich erhebt. Das ist stärker als ich, das habe ich nicht gemacht, sondern es ist ein Geschehen, das sich mir aufgedrängt hat und dem ich erlegen bin. Und das haben die Menschen immer schon mit ›Gott‹ bezeichnet.«[175]

Es ist übrigens bemerkenswert, dass gerade die rein empirisch vorgehende Neurowissenschaft, speziell diejenige ihrer Richtungen, die sich der Erforschung der Emotionen zuwendet, die affektive Neurowissenschaft also, in den letzten Jahren auch die Bedeutung von Ergriffenheit und von Ehrfurcht für den Menschen, für seinen emotionalen Haushalt und seine Beziehungsfähigkeit wiederentdeckt und erschlossen hat. Ergriffenheit wird als eine Emotion beschrieben, die vor allem durch die zwischenmenschliche

Erfahrung, durch Mitmenschlichkeit und Verbundenheit, ausgelöst wird und diese dann noch in hohem Maße verstärkt. »Kama muta«[176] wird die Ergriffenheit hier genannt, mit einem Ausdruck aus dem Sanskrit, der die uralte Herkunft und Verwurzelung dieser Emotion in der Kultur der Menschheit betont, während die Ehrfurcht in dieser internationalen Forschung vor allem mit dem angelsächsischen Ausdruck »awe«[177] bezeichnet wird. Sie ereignet sich vor allem in der staunenden Erfahrung von überwältigender Natur, wie z. B. der »des gestirnten Himmels über mir« (Kant), aber auch der von einem ausbrechenden Vulkan, samt der damit verbundenen Furcht.

Für Jung kommen Ehrfurcht und Ergriffenheit mit der Notwendigkeit einer Antwort, einer Verantwortung für das, was mich ergriffen hat – Gott? –, zusammen. Über die Existenz Gottes objektive Aussagen zu machen, maßt sich Jung als Psychologe nicht an. Die religiöse Erfahrung ist für ihn aber etwas psychisch Wirkliches. Sie fördert Einswerdung und Integration.

Von der Erfahrung her sind archetypische Bilder – und das Gottesbild ist ein archetypisches Bild – von hoher emotionaler Bedeutung. Jung gebraucht dafür immer wieder das Wort »numinos«, also ergreifend, aber auch erschreckend: »Das Auftauchen der Archetypen hat nämlich einen ausgesprochen *numinosen* Charakter [...]. Daher ist dieses Phänomen für die Religionspsychologie von größter Bedeutung. Allerdings ist der Effekt nie eindeutig. Er kann heilend sein oder zerstörend, aber indifferent ist er nie [...].« Das Erleben von Archetypen bringt »eine bis dahin für unmöglich gehaltene *Sinnerfülltheit* mit sich«[178]. Hier folgt Jung auch der Beschreibung des Religionsphilosophen Rudolf Otto[179], nach dem es, wenn es um Gott geht, um die Erfahrung eines *faszinosum* und eines *tremendum* gehe, um Faszinierendes und Erschreckendes zugleich.

In den Religionen sind archetypische Bilder und Symbole dargestellt, die auch immer wieder in die Sprache der jeweiligen Gegenwart übersetzt wurden. Ein lebendiges Symbol ergreift einen Menschen emotional, stimuliert das Denken und die Phantasie und will etwas von ihm. »Es hat lebenerzeugende und -fördernde Wirkung.«[180] Die Symbole entspringen – nach Jung – dem schöpferischen Urgrund des Menschen, in dem die prägenden Kräfte wirken, die er als autonom und damit als archetypisch versteht und benennt. Die Wirkung der Archetypen ist bei Jung grundsätzlich verbunden mit dem Anreiz zu schöpferischer Gestaltung: des Lebens überhaupt und letztlich auch seiner selbst als Mensch.

Das Selbst – der schöpferische Urgrund des Menschen

Wo und wie in der Psyche aber spielt sich nun das »Entdecken der inneren Welt« eigentlich fühlbar ab, um die es in diesem Buch geht – und zu der auch die religiöse Dimension gehört? Und welchen Einfluss gewinnt sie von dort auf unser Selbstverständnis, auf unsere Orientierung in der Welt und letztlich auf unser Handeln?

Jung entdeckte und postulierte ein Zentrum im Menschen, das er »das Selbst« nennt. Es ist das Zentrum, das die unterschiedlichen Erfahrungen im bewussten wie im unbewussten Bereich ordnet, zentriert und aus diesem Quellgrund heraus das Schöpferische im Menschen entbindet und immer neu freizusetzen vermag. Von diesem Zentrum geht auch der seelische Entwicklungsprozess des Einzelnen aus, die Individuation, vom Selbst intendiert und bewirkt. »Das Selbst gilt strukturell als Archetypus der Ordnung und der Selbstzentrierung, von der Dynamik her ist es der Archetypus, der zur Selbstwerdung anregt.«[181]

Den Begriff des Selbst hat C. G. Jung als Beschreibung dessen eingeführt, was dem Ichbewusstsein gegenübersteht, es übergreift, und sich auf die potentielle, die größere Ganzheit dieses Menschen bezieht. Zugleich enthält es dessen innersten Wesenskern, das in ihm Angelegte, das sich vom Selbst her erschließen lässt. Als größere Ganzheit und innerster Wesenskern erweist sich das Selbst auch als der psychische Resonanzboden für Erfahrungen des Numinosen.

»Zum Symbol des Selbst kann alles werden, wovon der Mensch eine umfassendere Ganzheit voraussetzt als von sich selber«[182], so Jung. Die Symbole des Selbst als Symbole der jeweils möglichen Ganzheit sind für ihn nicht fern von den Symbolen für das Gottesbild: »Wie schon des öfteren betont, lassen sich die spontanen Symbole des Selbst (der Ganzheit) von einem Gottesbilde praktisch nicht unterscheiden.«[183] Doch auch wenn das Symbol des Selbst sich manchmal in seinen Erscheinungsweisen einem Gottesbild annähert, darf es nicht mit diesem verwechselt werden. Jung ist vielmehr dagegen, dass »das Unbewusste« als solches schon religiöse Qualität habe, so sehr es der psychische Urgrund ist, aus dem dank der »transzendenten Funktion« als der symbolbildenden auch das Gottesbild entspringen kann.

Andererseits sieht Jung gerade den Archetyp des Selbst ganz real in der konkreten Physiologie des Organismus, des Gehirns verwurzelt. Er geht davon aus, dass es eine Analogie zwischen psychischen und physischen Prozessen gibt, und postuliert, dass das diese Prozesse organisierende System im Hirnstamm liegen muss: »Der Grund, der mich zur Annahme einer Lokalisation im Hirnstamm veranlaßte, besteht in der psychologischen Tatsache, daß speziell diesem Archetypus die Rolle eines richtunggebenden Anordners eignet. Mandalasymbole erscheinen daher häufig in Momenten geistiger Desorientierung und zwar als kompensierende Ordnungsfaktoren.«[184] Das Selbst ist also eine anordnende und eine ordnende Energie bzw. ein energetisches Feld.

Das Selbst ist nach Jung der Ausdruck für die potentielle Ganzheit eines Menschen, die auch dieser persönlich nur erahnt – in dem Maße, in dem es seine Ich-Struktur und sein Selbstwertgefühl zulassen –, Ausdruck einer Ganzheit, derer er aber auch deshalb nicht voll bewusst sein kann, weil es sich bei dieser Vorstellung um eine Potentialität handelt, zu der die unbewussten Tiefen seiner Person gehören, die nun für die Integration von gestörten Teilbereichen seiner Psyche unverzichtbar sind.

Zu dem sogenannten Selbst eines Menschen, das wir in der therapeutischen Beziehung ansteuern, gehören also unbewusste Anteile, und die zentrale Frage ist nun, wie ich ihrer und ihres Entwicklungspotentials gewahr werden kann, wenn es mir doch um die Ganzheit dieser Person, die sich mir anvertraut hat, geht.

Der Archetyp des Selbst ist bei Jung zugleich eng mit der Idee und dem Potential des Schöpferischen verbunden: »Die Ganzheit«, so Verena Kast, »kann auch durchaus in einem schöpferischen Prozess erlebt werden, bei der Betrachtung eines Kunstgegenstands, in der Liebe, bei der Erfahrung von Schönheit, beim Zusammensein mit Menschen usw.«[185] Man könnte das Selbst auch als schöpferischen Urgrund der menschlichen Psyche verstehen. Mit dem Anschluss an ihre schöpferische Seite kommen Menschen auch in Kontakt mit dem selbstregulierenden System ihrer Psyche. Wenn der Archetyp des Selbst erlebt wird – meist in Träumen oder gemalten Bildern, z. B. in Gestalt des Mandalas –, entsteht ein Lebensgefühl der Selbstzentrierung, von Aufgehobensein in einem Großen Ganzen, begleitet von einem unabweisbaren Impuls, schöpferisch zu werden, mitzugestalten an der Schöpfung. Der eigentliche Anstoß, den das Entdecken der inneren Welt uns geben möchte, ist der Impuls, schöpferisch zu werden, alles in uns Angelegte zu entfalten, sich selber, aber auch die Umwelt und die Mitwelt zu gestalten, in manchem wohl auch umzugestalten, eben auszugestalten. Jung betont: »Wir tun […] gut daran, den schöpferischen Gestaltungsprozeß wie ein lebendiges Wesen anzusehen, das der Seele des Menschen eingepflanzt ist«.[186] Insofern ist der schöpferische Impuls und der daraus erwachsende Prozess fast etwas Autonomes, doch der schöpferische Mensch stellt ihm seine persönliche Disposition zur Verfügung.

In seiner Schrift »Über die Beziehungen der Analytischen Psychologie zum dichterischen Kunstwerk« setzt Jung sich intensiv mit dem Prinzip des Schöpferischen auseinander, das dem Menschen archetypisch eingeprägt sei.[187] Durch Belebung der Archetypen will sich das Schöpferische – als ein Grundprinzip der Lebendigkeit – in einem Menschen, der sich ihm zur Verfügung stellt, durchsetzen. So ist der Mensch, aus der Perspektive der Tiefenpsychologie, in seinem Drang nach Lebensgestaltung, Werkgestaltung und vor allem in einer sich mitvollziehenden Selbstgestaltung wie ein wachsender Baum, so Jung: »Das Schöpferische lebt und wächst im Menschen wie ein Baum im Boden, dem er seine Nahrung abzwingt.« Ebenso ringt ein jeder Mensch seine »Nahrung« seinen eigenen inneren Ressourcen ab, seiner eigenen physischen und psychischen Natur wie auch denen seiner Umwelt und Mitwelt. Wie das vor sich gehen kann, beschreibt Jung bei sich selber, als er einmal eine emotional sehr aufwühlende Situation zu bewältigen hatte: »In dem Maße, wie es mir gelang, die Emotionen in Bilder zu übersetzen, d. h. diejenigen Bilder zu finden, die sich in ihnen verbargen, trat innere Beruhigung ein. [...] Mein Experiment verschaffte mir die Erkenntnis, wie hilfreich es vom therapeutischen Standpunkt aus ist, die hinter den Emotionen liegenden Bilder bewusst zu machen.«[188] Eine Erscheinung und Ausgestaltung solcher Bilder in ganz großem Stil stellen Jungs Bilderfolgen zum Thema »Gottesbild« im Roten Buch dar, auf die oben schon eingegangen wurde.

Jungs eigener Erfahrung mit inneren Bildern entspricht die bekannte Formulierung, mit der er erstmals um 1929 das Therapieziel umrissen hat: »Die Wirkung, auf die ich hinziele, ist die Hervorbringung eines seelischen Zustandes, in welchem mein Patient anfängt, mit seinem Wesen zu experimentieren, wo nichts mehr für immer gegeben und hoffnungslos versteinert ist, ein Zustand der Flüssigkeit, der Veränderung und des Werdens.«[189]

Wird der Mensch schöpferisch, so glückt eine Verbindung zwischen Bewusstem und Unbewusstem und damit eine Überwindung von einseitigen Einstellungen des Bewusstseins, die das Entstehen von Neurosen begünstigten. So verweist Jung immer wieder auf den schöpferischen Zugang zum Unbewussten: »Der schöpferische Weg ist der Beste, dem Unbewußten zu begegnen. Denken Sie sich z. B. eine Phantasie aus und gestalten Sie sie mit allen Ihnen zur Verfügung stehenden Kräften. Gestalten Sie sie, als wären Sie selbst die Phantasie oder gehörten zu ihr, so wie Sie eine unentrinnbare Lebenssituation gestalten würden. Alle Schwierigkeiten, denen Sie in einer solchen Phantasie begegnen, sind symbolischer

Ausdruck für ihre psychischen Schwierigkeiten; und in dem Maße, wie Sie sie in der Imagination meistern, überwinden Sie sie in Ihrer Psyche.«[190]

Hier erschließt Jung die Praxis der Imagination[191], aus der heraus beispielsweise die bewegenden Bilder des Roten Buches von ihm selbst gestaltet wurden. Dazu Jung: »Es sind Eingebungen, also etwas, das sich dem bedächtigen Denkprozeß des Bewußtseins in keiner Weise vergleichen lässt. So kann das Unbewußte als schöpferischer Faktor betrachtet werden, sogar als kühner Neuerer, doch ist es zugleich eine Hochburg des Konservatismus.«[192] Doch warum spricht Jung hier von »Konservatismus«? Weil sich im Unbewussten zugleich die Archetypen zeigen, die bis in die Frühgeschichte der Menschheit zurückreichen und in frühesten Felszeichnungen beobachtet werden können wie in Kreis, Kreuz und Spirale als Basis-Symbole des Archetyps des Selbst oder die auch in personal geprägten Urbildern als Gegenüber erscheinen wie das Göttliche Kind, die Alte Weise, der geheimnisvolle Fremde oder auch bestimmte Tiere, wie der Fuchs oder die Kröte, oder auch die Farben. Bei Archetypen handelt es sich »selbstverständlich nicht um vererbte Vorstellungen«, so Jung, »sondern um eine angeborene Disposition zu parallelen Vorstellungsbildungen, beziehungsweise um universale, identische Strukturen der Psyche, welche ich später als das kollektive Unbewußte bezeichnet habe. Diese Strukturen nannte ich Archetypen. Sie entsprechen dem biologischen Begriff des ›pattern of behaviour‹«[193]. Archetypen greifen vielmehr »regulierend, modifizierend und motivierend in die Gestaltung der Bewußtseinsinhalte«[194] ein.

Diese Vorstellungen Jungs sind für die therapeutische Praxis in hohem Maße relevant, da es dort darauf ankommt, dass der Analysand »in die Sphäre des kollektiven Unbewußten vordringt, wo er zuerst das Schatzhaus der kollektiven Ideen und dann die eigenen schöpferischen Kräfte entdeckt. Auf diese Weise zeigt sich ihm seine Verbundenheit mit der ganzen Menschheit.«[195] Jung ist der Ansicht, dass solches Material des kollektiven Unbewussten »die gesunde, natürliche Matrix des menschlichen Geistes« ausmacht, mit dessen Hilfe man »in die Seele der Menschheit« gelangt. Und er betont: »Einzig auf dieser Basis können wir eine neue und brauchbare Einstellung gewinnen.«[196]

Der zentrale Archetyp, der den seelischen Entwicklungsprozess des Menschen, die Individuation, schöpferisch steuert, ist das Selbst. Es kann vor allem als eine Strukturdynamik verstanden werden, wobei die Struktur in Symbolen der Ganzheit erscheint, die Dynamik in einer Erfahrung des Ganzwerdens, begleitet von der Emotion, sich erfüllt und heil zu fühlen.

Im Menschenbild Jungs gibt es nun verschiedene Stufen, in denen das Selbst erlebt werden kann. Doch hinter dem eigenen Selbst steht immer das Selbst als der universale Mensch in uns, die Idee vom Menschen als »der runde, d. h. vollkommene Mensch der Ur- und Endzeit, Anfang und Ziel des Menschen überhaupt«[197]. Individuation als »ein Einswerden mit sich selbst« – wie es im persönlichen wie auch im therapeutisch begleiteten Individuationsprozess jeweils angestrebt wird – bedeutet nach Jung zugleich eine tiefe Verbindung, ja ein Einswerden »mit der Menschheit, die man ja auch ist«[198].

Die dritte Stufe des Verständnisses des Selbst bedeutet, dass hier das Selbst in seiner Verbindung zur Erde, zum Kosmos als dem Großen Ganzen wahrgenommen wird. Die Erde, Gaia, ja der ganze Kosmos werden in dieser Idee als ein einziger Organismus verstanden. Dass die Psyche, die Seele, als Teil des Ganzen verstanden werden kann, ist eine uralte philosophische und theologische Vorstellung und hat eine besondere Ausprägung z. B. in der Mystik erfahren, sei es der von Hildegard von Bingen oder auch der von Meister Eckhart.[199] Aus der Mystik Bernhards von Clairvaux wiederum stammt die Erfahrung: »Glühen ist mehr als Wissen.«[200]

Diese Form von Spiritualität »ereignet sich im konkreten Lebensvollzug, der von einer emotionalen Ergriffenheit begleitet ist«. Im Blick auf die kirchliche Tradition bedeutet das, so Jung: »Jeder ehrliche Denker muß die Unsicherheit aller metaphysischen Positionen zugeben, speziell die Unsicherheit aller Glaubensbekenntnisse.«[201] Sämtliche Gottesbilder, auch die weiträumigen, bleiben hinter der absoluten Transzendenz des Allumfassenden zurück, eingedenk der alttestamentlichen Weisung, uns von diesem »kein Bildnis und Gleichnis« zu machen.

Tiefenpsychologische Zugänge zum Gottesbild – Rückfragen und Konsequenzen

Bei aller Bedeutung der spirituellen Dimension in der Analytischen Psychologie ist keinesfalls zu übersehen, dass es diesseits all dieser Perspektiven nach wie vor den klinischen C. G. Jung gibt, der z. B. in seiner Komplextheorie keineswegs in der reinen Ergriffenheit stehen bleibt.[202] Die Arbeit an zentralen Komplexepisoden, die nicht selten auch einen Zusammenhang mit der religiösen Erziehung haben, ist grundlegend für die Therapie, denkt man auch etwa an Schuldkomplexe, die in einem »Gotteskomplex« enthalten sein können, wie es Horst-Eberhard Richter ausführlich beschrieben hat.[203] Dem kann nicht genug Aufmerksamkeit entgegengebracht werden. Es blockiert die psychische Entwicklung eines Menschen, wenn ein verengtes, dogmatisch verhärtetes Gottesbild dort steht, wo die Quelle neuen Lebens sein könnte.

Und dennoch schreibt Jung in einem Brief an P. W. Martin am 28.08.1945: »Sie haben ganz recht: das Hauptinteresse meiner Arbeit liegt nicht in der Behandlung von Neurosen, sondern in der Annäherung an das Numinose. Es ist jedoch so, daß der Zugang zum Numinosen die eigentliche Therapie ist, und insoweit man zu den numinosen Erfahrungen gelangt, wird man vom Fluch der Krankheit erlöst.«[204] Nach Jung krankt der Patient daran, dass er keine Liebe hat, allenfalls Sexualität, dass er, weil desillusioniert, keinen Glauben, keine Hoffnung, keine Erkenntnis hat, weil er keinen Sinn sieht.[205] Jung drückt es so aus: »Man kann sich schlechterdings kein System und keine Wahrheit ausdenken, welche das gäben, was der Kranke zum Leben braucht, nämlich Glaube, Hoffnung, Liebe *und Erkenntnis.*«[206]

Jung hat auch zu den Konsequenzen einer Verdrängung des religiösen Bedürfnisses etwas zu sagen, da sie heute vielfach erfolgt. Er erachtet die Religion nicht nur als ein historisches und soziologisches Phänomen. Das religiöse Bedürfnis ist für ihn vielmehr eine anthropologische Konstante. Man könne dem Menschen zwar die Götter nehmen, aber er werde sich neue schaffen, bis hin zu Gesellschaftssystemen und deren Leitfiguren, die damit überwertig und zur Ersatzreligion werden können. Insofern hat die Einstellung zur Religion als zum »Großen Ganzen« auch sozialethische Konsequenzen und ist letztlich von politischer Relevanz. Die fundamentale schöpferische Veranlagung des Menschen verlangt nach einer Mitverantwortung und einer Mitgestaltung auch der gesellschaftlichen und der politischen Welt.

Tiefenpsychologie und neue Ethik

Mitverantwortung für die Welt

Wenn es einen höchsten Wert geben sollte, der den höchsten aller ethischen Einsätze lohnt, eine höchste Urkraft eigentlich diesseits und jenseits von Gut und Böse, wäre es nicht – ich frage uns alle! – das Leben, ja das Leben selbst? Nach Meister Eckhart übrigens ist es der eine wahre Name für Gott: »das Leben selbst«[207]. Wir alle möchten leben. Erfüllt leben natürlich. Aber vor allem einmal: leben! Was dem Leben dient, ihm entspricht, es fördert und entfaltet – Liebe zum Leben, »Biophilie«, wie Erich Fromm diese Einstellung nennt[208] –, entspräche dem tiefsten Bedürfnis aller Lebewesen. Kein überstrenges Über-Ich müsste es einfordern, es entspräche ihrem Lebenstrieb, ihrem Lebenswillen, und alles, was Leben abschneidet, erstickt, verhindert oder gar tötet, und sei es im Krieg – Nekrophilie heißt diese Einstellung bei Erich Fromm,[209] Liebe zum Toten –, sie widerspräche diesem Lebenswunsch, ob sie bewusst oder unbewusst eingenommen werden würde. In so manchem widersprechen wir ja unbewusst dem, was wir bewusst zu leben meinen, ein Grundproblem der Ethik.

»Ehrfurcht vor dem Leben« war z. B. Albert Schweitzers Leitmotiv,[210] schon zu einer Zeit, die die Atombombe und die Gefahr einer wachsenden Umweltkatastrophe noch nicht kannte. Ehrfürchtige Liebe zum Leben blieb auch das Leitmotiv für den Psychologen, Psychotherapeuten und Sozialwissenschaftler Erich Fromm: Er erlebte das NS-Regime, vor dem er, als Jude besonders betroffen, in die USA floh; er erlebte den Zweiten Weltkrieg, den lebensdrohlichen Kalten Krieg danach, das Gleichgewicht des Schreckens in der gegenseitigen Abschreckung der Atommächte. Und eben doch, eben deshalb: Ehrfurcht vor dem Leben, Liebe zum Leben, die auch er als höchsten Wert erfuhr und benannte.

Noch vor nicht allzu langer Zeit erlebten wir das neue kriminelle Machtspiel und die Drohgebärden zweier ethisch unreifer Staatsmänner, Donald Trump und Kim Jong-Un, mit der Weltzerstörungsmacht der Atombombe. Kriege dieser Dimension grenzen an die Zerstörung der gesamten Menschheit und ihren Lebensraum und sind ethisch in keiner Weise mehr zu verantworten. Da mag einem Hannah Arendts Wort von 1948 über »Politik und Moral« wieder in den Sinn kommen, das sie zum Gedenken an einen radikalen jüdischen Pazifisten während des Zweiten Weltkriegs, Juda Leon Margos, aussprach. Sie schrieb: »Die alte jüdische Legende von 36 unbekannten Gerechten, die immer da sind und ohne die die Welt in Scherben fiele, sagt letztlich etwas darüber aus, wie notwendig solch edelmütiges Verhalten beim normalen Gang der Dinge ist. In einer Welt wie der unseren, in welcher die Politik in einigen Ländern es längst nicht mehr bei anrüchigen Seitensprüngen belässt, sondern eine neue Stufe der Kriminalität erklommen hat, hat jedoch die kompromisslose Moralität plötzlich ihre alte Funktion, die Welt [bloß, I. R.] zusammenzuhalten, verändert und ist zum einzigen Mittel geworden, mit dem die eigentliche Realität – im Gegensatz zu der vom Verbrechen entstellten – erkannt und planvoll gestaltet werden kann.«[211]

Wenn also Leben das höchste Gut der Menschen ist, dann ist Beschädigung des Lebens von Mitmenschen und auch Mitgeschöpfen das am meisten Abzulehnende. Und dazu gehört auch Töten im Krieg. Die Hemmung beim normalen Menschen, einen anderen zu töten, ist im Grunde riesengroß, auch im Kampf gegen sogenannte Feinde. Eine Forschung an Kindersoldaten, die unter Drohungen dazu gebracht werden, eine Waffe in die Hand zu nehmen, um töten zu lernen, ergibt, dass man sie unter Gewalt und Folterungen zwingen muss, ein Gewehr gegen Menschen zu erheben. Denn Menschen haben, wie in allen Lebewesen, das sogenannte »kooperative Gen«[212] in sich, das unter ihnen Mitmenschlichkeit ersehnt, nicht Unmenschlichkeit. Wenn aber diese Hemmung einmal überwunden ist, bricht bei vielen eine Art Rausch beim Töten aus, ein Machtrausch, der jene überkommen kann, die sich plötzlich als Herren über Leben und Tod anderer erleben. Gottgleich sozusagen, eine Form von Selbsterhöhung, wie auch Erich Fromm es nennt:[213] durch Destruktivität, durch Nekrophilie, die vor allem diejenigen überkommen kann, die Selbstwirksamkeit durch schöpferisches Mit-Schaffen, durch ein Mit-Bewirken des Lebens nicht kennen und sich gar nicht vorstellen können. Hierin mag die Faszination des IS bestehen, darin, die gewöhnlichen menschlichen Möglichkeiten und Fähigkeiten, das normale Menschenmaß, vor allem das eines unbedeutenden Jugendlichen, durch willkürliches Töten anderer Menschen, noch dazu im Namen Allahs, zu überschreiten. Um diese Selbsterhöhung, diesen Machtrausch nicht noch zu verstärken – zumal die Ansteckungsgefahr so groß ist wie grundsätzlich beim Suizid –, meinen verantwortliche Journalisten wie z. B. Bastian Berbner in der ZEIT unter dem Titel »Wir Terrorhelfer«[214], wir sollten in der Publizistik auch nicht allzu ausführlich darüber berichten.

Gut und Böse sind für mich, wie wohl für die Mehrheit von uns, keine Urkräfte mehr, wie sie es noch in den dualistischen Religionen, am stärksten vielleicht in der altpersischen Zoroaster-Religion, waren. Aber auch in der christlichen Tradition, die ohne den Teufel nicht auszukommen meinte, gab es gleichsam einen Gegengott, der um die Menschen buhlte, sie zum Schlimmsten zu verführen suchte. Eine humorvoll tiefsinnige Charakterisierung dieses personifiziert gedachten Guten und Bösen wird Hildegard von Bingen zugeschrieben: »Die Engel fliegen immer in Spiralen«, sagt sie, »der Teufel immer geradeaus.«[215]

Heute sehen wir, dass Gut und Böse Setzungen und Satzungen des Menschen sind, die auf entsprechenden Erfahrungen des Miteinanders beruhen, gewiss. Darüber gilt es heute nachzudenken, dringender vielleicht als irgendwann zuvor, denn das Miteinanderleben der Menschen, aber auch das Leben überhaupt auf dieser Erde, das auf der Mitverantwortung des Menschen für den Planeten besteht, ist in großer Gefahr. Solange man nur von »dem Bösen« redet, hält man sich übrigens selber heraus. Und wenn man etwas der Wirkung »des Bösen« zuschreibt, hat man selbst eigentlich keine oder nur eine sehr eingeschränkte Verantwortung. Die

Vorstellung von »dem Bösen« schränkt die Verantwortung des Menschen eigentlich ein.

Auch der Einzelne, der nicht an überpersönlich böse Mächte glaubt, sondern die Verantwortung für das Ganze mitspürt und mitträgt, erfährt täglich, dass Einstellungen und Strömungen wie z. B. die Fremdenangst und der Fremdenhass nicht nur auf ganz persönlichen Entscheidungen beruhen, sondern kollektive Strömungen sind, die den Einzelnen mitreißen, mitzerren können, so dass er seine individuelle Entscheidungsfreiheit verliert. Es sind Strömungen, die sowohl in dem individuellen Unbewussten und bestimmten kollektiven Lebenserfahrungen wurzeln als auch im kollektiven Unbewussten. Schon die Angst eines Wüstenstammes vor möglichen Überfällen, wenn Fremde auftauchten, steckt mit darin, zugleich allerdings ist auch die Faszination durch die Fremden und das Fremde nicht wirklich zu unterdrücken.

Aus Selbsterfahrung und Psychotherapie haben wir natürlich eine Grundentdeckung der Tiefenpsychologie seit Freud, Jung und Neumann längst zur Kenntnis genommen: Wir haben von dem persönlichen und auch dem kollektiven Unbewussten erfahren, das den Einzelnen in seiner Entscheidung in dem Maße unfrei machen können, als er sich dieses gewaltigen Einflusses gerade nicht bewusst ist. Es ist eine Urerfahrung der Menschheit im Überlebenskampf, dass dieser zum einen mit Aggression und Gewalt einhergeht, andererseits aber vor allem mit einem Zusammenstehen und Zusammenwirken verbunden ist, so dass das Überleben als Einzelner nicht vorstellbar ist ohne den Beistand der anderen.

Aus Sicht heutiger führender Biologen, wie auch des Hirnforschers Joachim Bauer[216], ist Kooperation schon im Tierreich viel elementarer als das Darwin'sche Konzept vom Kämpfen aller gegen alle. Leben – das muss sich als der höchste Wert herausgebildet haben. Hieraus, durch den Einfluss schöpferischer Leitfiguren und großer Einzelner – Schamanen, Priester, Propheten, Weise –, bildeten sich die jeweiligen Übereinkünfte über Gut und Böse heraus, Verhaltensregeln, die sich für das Überleben bewährt hatten: Auf der ersten Stufe noch ganz auf das Kollektiv, auf die Gruppe des

Stammes bezogen, wo einer für alle stand und wo man sich durch das Sündenbock-Ritual von Vergehen gegen alle reinigte, wo man Angriffe von außen durch Blutrache und Stammeskriege beantwortete. Auf einer zweiten Stufe der moralischen Entwicklung suchte der Einzelne sodann den Regeln und Ritualen der Gruppe, der er zugehörte, dem Stamm, dem Volk auch persönlich gerecht zu werden, indem ein persönliches Gewissen ausgebildet wurde, das den moralischen Regeln, die, wie er glaubte, gottgegeben, auf alle Fälle vorgegeben waren. Dies geschah oft durch die Unterdrückung von inneren Gegenströmungen – etwa durch strenge Askese –, wodurch das Abgewehrte aber oft eine innere Gegenenergie gewann, gegen die der Einzelne machtlos war. Schuldgefühle, Selbstentwertung, bußfertige Unterwerfung unter Gott, Priesterschaft und Gemeinschaft waren die Folgen. Und auch hier ist, wie bei wenig reflektierten Naturen schon immer, eine Neigung zur Verdrängung des Abzuwehrenden zu verzeichnen, das nicht zur eigenen Natur zu passen schien, eine gefährliche Mitgift: eine Projektionsbereitschaft dieses Abgewehrten auf solche, auf die es besser zu passen schien als auf sich selbst, sowie die Bekämpfung dieses abgewehrten eigenen Bösen an ihnen. Was hat man den Sinti und Roma nicht alles anprojiziert? Was den Juden? Was den Flüchtlingen? – Immer den Fremden!

Erich Neumanns »Neue Ethik« und das Jung'sche Schattenkonzept

Erich Neumann, selbst jüdischer Herkunft, als der konsequenteste Weiterentwickler einer tiefenpsychologisch begründeten Ethik, die das Unbewusste einbezieht, verlangt um 1943(!) eine neue Ethik[217], eine dritte Stufe der Entwicklung, die nicht mehr einen vorgegebenen Kodex des Guten unter Aufopferung eigener Wesens- und Lebensbedürfnisse zu erfüllen sucht und die auch den Schleichweg der Projektion verschmäht, sondern bei der jeder Einzelne in wahrhaftiger Anerkennung eines persönlichen Schattens diejenigen

Werte ins Leben zu bringen sucht, die für ihn persönliches Leben bedeuten, auch wenn er in Widerspruch geriete zu mancher erstarrten Moral. Es gilt, ein Mit-Lebensrecht auch für den persönlichen Schatten zu gewinnen. Es gilt, den Schatten in einer Art von Feindesliebe anzunehmen.

Die Infektionsgefahr durch eine Projektion des verleugneten Bösen in einem selbst auf andere hat Erich Neumann so leidenschaftlich wie kein anderer sonst herausgearbeitet und gezeigt, wie hieraus die verheerende Feindschaft zwischen Völkern und die Vernichtung ganzer Ethnien geschieht. Neumann geht so weit, anstelle einer Suche nach Sündenböcken im Außen sogar ein inneres stellvertretendes Mitleiden an dem Bösen in der Welt zu fordern, das jeweils eine Entsprechung im eigenen inneren Bösen hat, das es anzunehmen und wie durch Feindesliebe zu überwinden gilt.

Einer seiner ethischen Leitsätze ist: »Im Gegensatz zur Sündenbock-Psychologie, in welcher der Einzelne sein Böses an die Schwachen abschiebt, kommt es hier zu dem umgekehrten Phänomen, nämlich dem des ›stellvertretenden Leidens‹.«[218] Der Einzelne nimmt einen Teil der Last des Kollektivs in die eigene Verantwortung mit hinein und entgiftet und integriert in seiner inneren Verwandlungsarbeit dieses Böse. Wenn es gelingt, führt dies bzw. trägt dies bei zu einer inneren Befreiung des Kollektivs, das wenigstens teilweise von diesem Bösen erlöst wird. Und weiter: »Mit dem Problem des stellvertretenden Leidens sind wir tief in den Bereich der Religion geraten, der unlösbar mit dem der Ethik verbunden ist. Wie das Annehmen des Dunklen den Einzelnen auf die Bedingtheit seiner Struktur, die Erdbedingtheit seines Seins und seine Auch-Abhängigkeit von den Trieben und Instinkten immer wieder hinweist und ihn vermenschlicht, so begegnet ihm nun ebenso auch das Göttliche in menschlicher Gestalt, d. h. er erlebt es nicht in der Absolutheit der Abstraktion und intellektuellen Unendlichkeit, sondern in der relativen Endlichkeit innerhalb wirklicher Offenbarung, als Stimme.«[219] Als innere Stimme seines Gewissens erlebt er das, was gut und böse ist.

Auf den einzelnen Menschen bezogen stellt die Assimilierung des Schattens eine Verbindung des Ich mit psychischen Schichten der Person her, die dem Bereich der sogenannten »minderwertigen Funktion« und eben der Primitivschicht des Menschen zugehörig sind. Hinter dem persönlichen moralischen Problem des Individuums taucht das moralische Problem des Kollektivs auf, dem das Individuum angehört, und damit die Bewusstwerdung seiner kollektiven Verlogenheiten und Verdrängungen, Zeitbedingtheiten und Insuffizienzen.

Die Hauptaufgabe der neuen Ethik ist die Herstellung einer Integration. Ihr erstes Ziel besteht darin, die dissoziierten, dem Lebenssystem des Einzelnen feindlichen Teile zunächst einmal wahrzunehmen, sie damit wahr sein zu lassen und zu einer Integration überhaupt fähig zu machen. Das Nebeneinander der Gegensätze, welche das Ganze der erfahrbaren Welt erfüllt, ist nicht mehr durch den Sieg der einen und der Verdrängung der anderen Seite zu lösen, sondern nur durch einen Kontakt der Gegensätze miteinander, in Vorbereitung einer Verbindung zwischen ihnen.

Am wichtigsten erscheint Erich Neumann, dass durch diese Bewusstwerdung die Projektionsbereitschaft auf andere, die zu einer Art Infektion der ganzen Gesellschaft werden kann, zurückgedrängt wird. Er versucht in seinem Buch *Tiefenpsychologie und neue Ethik* eine Integration von Individuationsethik und globaler Ethik zu schaffen, und dies im Jahr 1943, im finstersten Kriegsgeschehen unter der radikalen Judenverfolgung Hitlers. Es ist ein Akt der Bewusstmachung und ein unkonventionelles Denken, die großer Achtung wert sind.

Unerlässlich, vor allem für einen menschengerechten Umgang mit dem sogenannten Bösen, erscheint mir immer wieder das von C. G. Jung entworfene und von Erich Neumann entscheidend weiterentwickelte Konzept vom Schatten des Menschen zu sein, vom Schatten eines jeden Menschen, gerade auch des gewissenhaften, der sich um eine ethische Einstellung und ein ethisches Handeln bemüht. Dieses Konzept[220] arbeitet nicht primär mit den moralischen Kategorien von Gut und Böse, sondern eher mit den moralisch neutralen optischen Vorstellungen von Licht und Schatten. Jung greift damit aber auch auf archetypische Bilder zurück, die schon der altpersischen Zarathustra-Religion sowie den späteren Manichäern und ihrer Gnosis heilig waren. Im fernen Osten wiederum beruht der Daoismus auf dem Gegenüber und dem Zusammenspiel von Licht und Dunkel. Während dort dieses Gegenüber von Ying und Yang als wertneutral bzw. lebensnotwendig angesehen wird, ist sowohl bei Zarathustra als auch bei den Manichäern der Kampf zwischen Licht und Finsternis zugleich ein Ringen von ethisch bewerteten Urkräften, also von Gut und Böse.

Auch wenn Jung manchmal der Gnosis mit ihrem Ringen um Licht näherzustehen scheint, verbindet er sich meines Erachtens doch am nächsten mit dem daoistischen Prinzip, dem Prinzip des Dao, indem er dessen wertneutraler Vorstellung von Licht und Schatten folgt, nach der Schatten nur dort entstehen kann, wo Licht ist. Schatten ist ein Erzeugnis, ein Ergebnis des Lichts. Schatten entsteht nur dort, wo Licht einfällt. Aus Brechungen des Lichts übrigens entstehen die Farben, die das Leben bunt machen.

Auf den Menschen übertragen bedeutet die Vorstellung von Licht und Schatten, dass der Schatten nur dort entstehen kann, wo das Licht auf eine wirkliche, eine verwirklichte und ausgeprägte Personengestalt trifft. Je nachdem also, mit welcher ausgeprägten Persönlichkeit wir im Licht stehen, damit auch im Licht unseres Bewusstseins, kann und wird das Licht einen ganz bestimmten Schatten werfen, werden also die Betroffenen, also wir selber, einen bestimmten Schatten »haben«. Einem jeden von uns wird ein bestimmter Schatten eigen sein. Aufs Psychische übertragen könnte das bedeuten, dass wir gerade mit unserer Eigenart, unserer Einstellung – nehmen wir an, sie sei z. B. am Ideal der Nächstenliebe orientiert – einen ganz bestimmten Schatten werfen, etwa den, den wir das Helfersyndrom nennen, d. h. dass wir es für unser Selbstbild, unseren Selbstwert, unsere Selbstwirksamkeit buchstäblich brauchen, dass andere die Hilfsbedürftigen sind, sodass wir manche auch dazu machen, sie als solche betrachten, nicht ohne Überlegenheitsgefühl, und sie vielleicht allzu lange in der Hilfsbedürftigkeit festhalten. So verhindern oder zumindest behindern wir das, was gute Begleitung, was gute Therapie sein will, nämlich Hilfe zur Selbsthilfe, als Therapie zur fundierten Selbstständigkeit. Manchmal vermögen wir auch eine Therapie nicht rechtzeitig abzuschließen, weil wir selbst an ihr hängen, weil wir vielleicht auch an dem Menschen hängen, der sich uns in der Therapie so anvertraut hat. Damit aber halten wir ihn in einer gewissen Abhängigkeit, halten ihn in der Unselbstständigkeit fest und lassen uns das womöglich auch noch bezahlen.

Eine Einstellung, die liebevoll sein will, missachtet unbewusst so manches Mal die Grenzen zum anderen hin, den Respekt vor dessen Eigenleben, Eigensinn, Freiheit. Ähnliches geschieht übrigens in so mancher Partnerschaft. Das sind nur einige Beispiele, wie auch eine ethische Grundeinstellung ihren Schatten werfen kann, ganz abgesehen davon, dass alle Formen des Helfersyndroms dazu verführen, dass es die Helferpersonen im Blick auf ihre Selbstfürsorge fehlen lassen, sodass es zu Überforderung und Burn-out kommen kann, was dann zumindest zuweilen wieder den Patienten angelastet wird.

Dies also ein anthropologisches Postulat von Jung: Jeder Mensch wirft einen Schatten, einem jeden ist ein Schatten eigen, der wie ein Kontrapunkt gerade dem entspricht, was bei ihm im Licht steht, was seine bewusste Einstellung und Stärke bedeutet. Gerade um diese zu gewinnen, hat er so manches, was auch zu ihm gehört, was auch in ihm leben möchte, in den Hintergrund gedrängt und oft sogar verdrängt. Es kann ihm sogar in den Rücken fallen, z. B. dann, wenn er sieht, wie andere – oft ganz unbedarft, mutwillig, ungehemmt – das tun, was er selbst sich in bitterem Ringen mit sich selbst immer wieder verbietet, z. B. egoistisches Handeln, wie er es nennt. Hier tendieren wir dazu, am unbarmherzigsten zu verurteilen. Und das ist wohl der Kern von Jungs Schatten-Konzept: dass wir, eine jede und ein jeder von uns, dazu neigen, dasjenige am anderen Menschen am schärfsten zu verurteilen, was wir uns selbst am strengsten verbieten, was wir oft nur unter Opfern vermeiden können, was also auch in uns selber virulent ist.

Darin liegt das Gefährliche eines unbewussten Schattens: dass er uns dazu drängt und verführt, ihn aus einem gewissen inneren Stau heraus zu projizieren, ihn zu phantasieren, indem wir ihn anderen, vor allem unvertrauten und fremd wirkenden Menschen anlasten. »Ist denn das Fremde schon das Böse?«, so wurde ich kürzlich in einem Interview gefragt. Um der unwillkürlichen Projektionsbereitschaft von Bösem auf Fremde – aber auch auf Freunde oder gar auf Patienten – Einhalt zu gebieten, ihr einen Riegel vorzuschieben, gibt es nach Jung nur eines: die unerschrockene Bewusstmachung des eigenen Schattens, um dann bewusst mit ihm umgehen zu lernen, ihn mitleben zu lassen, auf ihn aufzupassen, ihn klug zu behandeln wie einen schwierigen Hausgenossen, der aber eben auch zur Familie gehört.

Dazu gehört zu erkennen, dass im Schatten auch ungelebte Potentiale stecken, die vielleicht zu früh, zu unbedacht, zu radikal abgelehnt wurden, auch unter dem Einfluss von Vater oder Mutter, der Kirche oder der Gesellschaft: etwa die Fähigkeit zu Aggression, Durchsetzung, Selbstbewahrung, Würde, die Fähigkeit zu Widerspruch, Eigensinn, ja die Fähigkeit zur Leidenschaft im ideellen, im künstlerischen, aber auch im erotisch-sexuellen Sinn. Ungelebtes Leben steckt im Schatten, in unserem eigenen, aber auch in dem all unserer Mitmenschen. Das wird oft gerade im anders geprägten Fremden deutlich.

Wenn der Kirchenvater Augustin noch sagen konnte, er danke Gott, dass er für seine Träume nicht verantwortlich sei,[221] können wir dankbar sein, dass wir uns für unsere Träume verantwortlich wissen. Denn seit Freud, Jung und Neumann können wir nicht nur erkennen, was wir jeweils an abgelehnten Einstellungen verdrängen und was auch zu uns und nicht nur zum Fremden gehört, dem wir es anprojizieren, sondern wir wissen auch, was in uns leben möchte und könnte.

Unser ganzes Potential zu einem erfüllten Leben wird sichtbar, spürbar, erlebbar, wenn wir die Äußerungen unseres Unbewussten mit beachten, nicht nur in Träumen und Phantasien, sondern wenn sie auch in bestimmten Fehlhandlungen sichtbar werden.

Das Leben selbst möchte sich durchsetzen. Immer wieder denke ich an jene schwer gehemmte Frau, die in den ersten Stunden unserer Therapie nicht wagte, sich ganz auf einen Stuhl zu setzen, weil sie sich dieses Platzes nicht würdig fühlte, und die stattdessen nur auf der vordersten Stuhlkante balancierte. Denn sie habe, wie sie berichtete, nach der Ablehnung, die sie an der Musikhochschule in jungen Jahren erfuhr, ihr Selbstwertgefühl so gründlich verloren, dass sie sich nur noch vorstellen konnte, sich beruflich als Bürohilfskraft durchzuschlagen. Vorher war ihr Traum gewesen, Pianistin zu werden, denn sie war musikalisch zweifellos begabt. Als sie mir das in einer der ersten Stunden unserer Therapie erzählte, begannen ihre Hände dabei wie von selbst zu spielen. Ich fragte sie, ob sie Sehnsucht nach ihrem Klavierspiel hätte. Sie nickte betroffen und brachte in der nächsten Stunde einen Traum mit: Ausgerechnet als Seeräuberin war sie dabei, auf einem Piratenschiff, und sie raubten sich an der Küste alles zusammen, was sie zum Leben brauchten, in ihrem Fall auch Musikinstrumente wie Gitarren und Flöten. Mit Erschrecken nahm sie den Traum auf: Sie, die Verschüchterte, eine Seeräuberin? Der Sinn des Traumes sei, so sagte ihr Unbewusstes, zum Ausdruck zu bringen, dass sie sich unter allen Umständen wieder verschaffen will und wohl auch verschaffen soll, was sie zum Leben braucht. Und zu ihrem Leben brauche sie Musik. In der Folge begann sie tatsächlich wieder, Klavier zu spielen und nach einiger Zeit wieder eine Musikschule zu besuchen, diesmal nicht, um Solistin zu werden, denn dazu reichte ihre Begabung wirklich nicht, aber musikpädagogisch tätig zu werden, Klavierlehrerin zu werden und sie ist eine ausgezeichnete Klavierlehrerin geworden.

»Das Böse am Guten« – Paradoxien bei C. G. Jung

Noch einmal zurück zu C. G. Jungs manchmal paradox anmutendem Verständnis von Gut und Böse: Unter dem Titel »Gut und Böse in der analytischen Psychologie« fand ich doch tatsächlich einen Original-Diskussionsbeitrag von Jung (heute in seinen Gesammelten Werken nachzulesen[222]), den er im Herbst 1958 bei einer Tagung der »Gemeinschaft Arzt und Seelsorger« als Reaktion auf Fragen der Teilnehmerinnen und Teilnehmer in lockerer, freier Rede vortrug: »Als Therapeut kann ich das Problem des Guten und des Bösen im konkreten Fall nicht theologisch oder philosophisch angehen, sondern nur empirisch damit umgehen. Wenn ich empirisch eingestellt bin, so heißt das aber nicht, daß ich Gut und Böse *an sich* relativiere. Ich sehe z. B. genau: das ist böse – aber das Paradox ist ja, daß es bei diesem Menschen, in dieser konkreten Situation auf dieser bestimmten Stufe seines Reifungsweges gerade gut sein kann. Andererseits gilt: das Gute im falschen Moment, an unrichtiger Stelle wird das Verkehrteste.« Und Jung fährt fort: »Vielleicht ist etwas für ihn wirklich böse, und er tut es trotzdem und erlebt dafür das entsprechend schlechte Gewissen. Das kann – therapeutisch gesehen, also empirisch – für den betreffenden Menschen sehr gut sein. Er *muß* vielleicht das Böse erleben und erdulden, weil er nur so sein Pharisäertum anderen Menschen gegenüber endlich aufgeben kann. Vielleicht muß ihn – nennen Sie es wie immer – das Schicksal oder das Unbewußte oder Gott ganz gehörig auf die Nase und in den Dreck fallen lassen, weil nur ein massives Erleben ›anschlägt‹ und ihn aus seinem Infantilismus ein Stück weit herausreißt und reifer macht.«[223]

Jung fasst zusammen: »Auch das apokryphe Wort: ›Mensch, wenn du weißt, was du tust, bist du selig, wenn du es aber nicht weißt, bist du verflucht‹ ist nur eine halbe Chance. Ein Mensch, der weiß, was er tut, wenn er Böses tut, hat zwar eine Chance zur Seligkeit, aber zunächst ist er in der Hölle. Denn das Böse, wenn man es tut, auch wenn man es wissend tut, ist das Böse und wirkt so. Aber wenn der Mensch diesen Weg nicht gegangen wäre. Diesen Schritt nicht getan hätte. So wäre es vielleicht eine seelische Regression, ein Zurückschreiten in der inneren Entwicklung, eine infantile Feigheit gewesen. Wer meint, durch die Anwendung des apokryphen Wortes, durch das ›wissende Tun‹, sich vor der Sünde zu bewahren oder sich zu erlösen, irrt, er hat sich vielmehr in die

Sünde getaucht. Aber das ist so paradox, dass es für das gewöhnliche Gefühl furchtbar schockierend ist. Die Kirche aber weiß davon, wenn sie (in der Liturgie der Osternacht) von der ›felix culpa‹ der Ureltern [also Adam und Eva, I. R.] spricht.«[224]

Jung sieht also auch in der alten Tradition paradoxe Sichtweisen und befreiende Perspektiven zugleich, so dass eine Schuld auch eine *felix culpa*, eine glückliche Schuld sein könne, die erweiterte Erkenntnis ermöglicht. Er sieht auch in dem biblischen Motiv von Jakobs Kampf mit dem Engel die Herausforderung an den Menschen dargestellt, sich dem ihm Begegnenden, in dem auch seine Schuld am Bruder Esau enthalten ist, zu stellen: »Es ist die Situation, wo er herausgefordert ist, *als ganzer* zu reagieren.«[225] Dazu kann schuldhaftes Erleben uns herausfordern: uns als Ganzheit zu erfahren und uns als Ganzheit zu stellen. Jung fährt fort: »Die Wirklichkeit von Gut und Böse besteht in Dingen, Situationen, die einen anfallen, die einem über den Kopf hinauswachsen, wo man in einer Lage ist wie in conspectu mortis, wo es auf Leben und Tod geht. Was in dieser Stärke und Intensität auf mich zukommt, das erlebe ich als etwas Numinoses [...].«[226]

Jung geht es um die Erkenntnis, dass wir in der Erfahrung unseres Schattens, des Bösen, das wir getan haben, zugleich etwas Numinosem begegnen, das uns dazu herausfordert, als Ganzheit zu reagieren. An unserem Schatten können wir unsere Ganzheit finden. Und so Jungs conclusio: »Einen Menschen seinem Schatten gegenüberstellen, heißt ihm auch sein Lichtes zeigen. Wenn man das einige Male erfahren hat, wenn man urteilend *zwischen* den Gegensätzen steht, dann spürt man unvermeidlicherweise, was mit dem eigenen Selbst gemeint ist. Wer zugleich seinen Schatten und sein Licht wahrnimmt, sieht sich von zwei Seiten, und damit *kommt er in die Mitte.*«[227]

Und er kommt zu dem Schluss: »Hinter den Gegensätzen und in den Gegensätzen ist das eigentlich Wirklichkeit, was das Ganze sieht und umfaßt. Der Inder nennt es Atman. [...] Das, was hier ›Selbst‹ genannt wird, ist nicht nur in mir, sondern in allen, wie der Atman, wie das Tao. Es ist die *psychische Totalität.*«[228]

Erich Fromms Ethik der Biophilie

Wir kommen zurück auf das Leben als höchsten Wert des heutigen Menschen. In seinem Aufsatz über Summerhill sagt Erich Fromm: »Wenn ich von der Liebe zum Leben rede, meine ich damit nicht in erster Linie, dass man am Leben hängt, ich spreche auch nicht von dem biologisch begründeten Streben, sich am Leben zu erhalten. Ich spreche von einer bestimmten Lebensqualität, die wir im Auge haben, wenn wir von jemand sagen: ›Er liebt das Leben wirklich‹ oder wenn wir von jemand sagen: ›Er ist so lebendig‹«[229] Und er beschreibt den Biophilen konkret: Er fühle sich vom Leben selbst und vom Wachstum jeder Art angezogen. Er baue lieber auf, als Vorhandenes zu erhalten. Er sei fähig zu staunen. Er liebe das Abenteuer des Lebens, denn zum Leben gehöre immer auch die Ungewissheit und das Risiko. Er sähe das Ganze und nicht nur dessen Teile. Dadurch, dass er neue Anreize gibt, möchte er gestalten, aber nicht durch Gewalt beeinflussen. Er möchte die Dinge anschauen, sie nicht nur auseinandernehmen, um nach dem Warum zu forschen.[230] Fromm hat eine Abneigung gegen das immer einseitigere technische Zerlegen der Welt in Einzelteile.

Die Biophilie hat ihre eigene Ethik, ihre eigenen Prinzipien für Gut und Böse. Für sie ist alles gut, was Wachstum und Entfalten fordert, und böse, was das Leben erstickt, was es erstarren und kraftlos werden lässt, was tötet.

Ein Kronzeuge seiner Ethik ist für Fromm der jüdische Philosoph Baruch Spinoza – damals ein Ketzer in seiner jüdischen Gemeinde – und dessen Ethik der Emotionen, die er umfassend umschreibt durch die Grundemotionen *laetitia* einerseits und *maestitia* andererseits. Freude ist an und für sich gut, Traurigkeit, Tristesse, ist nicht gut.[231]

Es gilt, im Leben den negativen Emotionen gleich starke positive entgegenzusetzen, etwas, das die heutige affektive Neurowissenschaft stark betont und was laut heutiger Altersforschung – z. B. in der Berliner Altersstudie[232] – gerade älteren, lebenserfahrenen Menschen besser zu gelingen scheint als jüngeren.

Wie beschreibt Erich Fromm die Liebe zum Leben darüber hinaus? »Die Biophilie ist die leidenschaftliche Liebe zum Leben in allem Lebendigen; sie ist der Wunsch, das Wachstum zu fördern, ob es sich um einen Menschen, eine Pflanze, eine Idee oder eine soziale Gruppe handelt. Der biophile Mensch baut lieber etwas Neues auf, als daß er das Alte bewahrt. Er will mehr *sein*, statt mehr zu *haben*. Er besitzt die Fähigkeit, sich zu wundern, und er erlebt lieber etwas Neues, als daß er das Alte bestätigt findet. Das Abenteuer zu leben ist ihm lieber als Sicherheit. Er hat mehr das Ganze im Auge als nur die Teile, mehr Strukturen als Summierungen. Er möchte formen und durch Liebe, Vernunft und Beispiel seinen Einfluß geltend machen.«[233]

An anderer Stelle beschreibt er die Seele des Menschen und ihre Fähigkeit zum Guten und zum Bösen so: »Die Tendenz, das Leben zu erhalten und sich gegen den Tod zu wehren, ist die elementarste Form der biophilen Orientierung und aller lebenden Substanz eigen. Insofern es sich dabei um eine Tendenz handelt, das Leben zu *erhalten* und sich gegen den Tod zu *wehren*, stellt sie nur *einen* Aspekt des Lebenstriebes dar. Der andere Aspekt ist positiver: Die lebende Substanz hat die Tendenz zur Integration und Vereinigung; sie tendiert dazu, sich mit andersartigen und gegensätzlichen Wesenheiten zu vereinigen und einer Struktur gemäß zu wachsen. Vereinigung und integriertes Wachstum sind für alle Lebensprozesse charakteristisch und dies trifft nicht nur für die Zellen zu, sondern auch für das Fühlen und Denken.«[234]

Der biophile Mensch möchte formen und beeinflussen, mit Liebe, Vernunft und Beispiel und nicht mit Gewalt, nicht, indem er die Dinge auseinandernimmt und auf bürokratische Weise die Menschen verwaltet, so als ob es sich um Dinge handele. Freude ist Tugend in der biophilen Ethik, anhaltende Traurigkeit fast schon Sünde. So entspricht es auch dem Standpunkt der biophilen Ethik, wenn die Bibel, so Fromm, als Hauptsünde der Hebräer erwähnt: »Weil du dem Herren, deinem Gott, nicht gedient hast aus Freude und Dankbarkeit dafür, dass alles in Fülle da war« (Deuteronomium 28,47). Dankbarkeit ist ein Wesensmerkmal des biophilen

Menschen. Dankbarkeit gegenüber den Mitmenschen, dem Nächsten und dem Fernsten, Dankbarkeit gegenüber der Macht des Lebens selbst.

Für David Steindl-Rast, den bekannten österreichischen Benediktinermönch und international bekannten Publizisten, ist Dankbarkeit das eigentliche Lebensprinzip des Menschen überhaupt.[235] Seine Freunde spannten weltweit ein Netzwerk der Dankbarkeit aus, in dem es nicht nur um eine Einstellung geht, nicht nur um einen Wert, sondern um Taten der Dankbarkeit, dafür, dass bei uns alles in Fülle da war und ist – oder ist dies etwa nicht so in unseren friedensverwöhnten Generationen Mitteleuropas?

Der Biophile lässt sich nur aus dem Vergleich mit seinem Gegenteil, dem Nekrophilen, ganz verstehen. Es soll daher kurz beleuchtet werden, wie Fromm ihn sieht: Nekrophilie sei ein rätselhaftes Angezogensein von allem Toten, Starren, Verfestigten, von Zerstörung, Verfall, Krankheit, von allem auch, dem entsprechend, das nicht lebendig, sondern rein mechanisch ist. Der nekrophile Mensch strebe nach Sicherheit und hasse Ungewissheit. Er hasse am Leben, dass es seinem Wesen nach niemals sicher, niemals voraussagbar und nur selten kontrollierbar ist. Um das Leben unter Kontrolle zu halten, müsse man es fragmentieren, in Stücke zerlegen. Der Nekrophile redet gerne über Bestrafung und Kontrolle. Ein gutes Gedächtnis zu haben ist ihm wichtiger, als etwas zu verstehen. Er möchte überall das spontan Organische stoppen, anhalten. Seine Einstellung zum Leben ist kontrollierend, mechanisch, bürokratisch, so als ob alle lebendigen Menschen nichts als Dinge wären. Für Erich Fromm war Hitler ein klinisches Beispiel für Nekrophilie.[236]

Erziehung sollte nach Fromm nur *ein* Ziel haben: das Leben. Es gehe darum, ein lebendiger Mensch zu werden, ein Mensch, der mit dem Leben, mit anderen Menschen, mit der Natur und mit dem durch alles Dasein pulsierenden Rhythmus im Einklang steht. Ein Beispiel solcher Lebendigkeit könnte das Paar gewesen sein, dessen Verhalten mich bei meinem letzten Urlaub am Meer beschäftigte: Ein Paar, Mann und Frau, sah ich täglich im Meer stehen, sich umeinander bewegen, aber nicht schwimmen. Ich wunderte mich, was sie da wohl machten, bis ich merkte: Sie tanzten miteinander: im Meer – weil es an Land nicht ging. Die Frau hatte ein verkrüppeltes Bein. Aber im Meer konnten sie tanzen und hatten ihre Freude daran: Biophilie!

Da die Liebe zum Leben mit den elementaren Bedürfnissen des gesunden Menschen im Einklang steht, wird der biophile Mensch – und das ist nach Fromms Vorstellung das Neue an seiner Ethik[237] – nicht, wie es in der alten Gut-Böse-Ethik war, von seinem Gewissen gezwungen, das Böse zu meiden und das Gute zu tun. Bei dem, was dem Menschen das Leben bedeutsam macht, handelt es sich nicht mehr um das von Freud beschriebene Über-Ich, das ein strenger Zuchtmeister sein kann und sich um der Tugend willen oft des Sadismus gegen sich selber bedient. Es ist auch nicht die Gewissensinstanz der Persona, die mit dem Bösen auch das potentielle ungelebte Leben unterdrückt bzw. es verdrängt, was dann eigentlich immer den verhängnisvollen psychischen Mechanismus der Projektion dieses verdrängten Bösen auf andere in Gang setzt. Das biophile Gewissen wird vielmehr vom Leben als einem ganzheitlichen Wert diesseits und jenseits von Gut und Böse motiviert, einem Wert, dem zugleich das ganzheitliche Bedürfnis, die ganzheitliche Sehnsucht des Menschen gilt. Das biophile Gewissen wird nicht von einem Über-Ich-Zuchtmeister oder einem Persona-Ideal geprägt, sondern vom Leben selbst, und wird von der Freude am Lebendigsein motiviert. Das Ziel seiner ethischen Bemühungen ist es, die lebensverbundene, die lebensbejahende Seite im Menschen zu stärken. Aus diesem Grunde verweilt der biophile Mensch nicht selbstquälerisch bei seinen Gewissensbissen und Schuldgefühlen, da sie letzten Endes nur Aspekte von Selbsthass und Traurigkeit sind. Er wendet sich vielmehr so schnell wie möglich dem Leben selbst wieder zu, sucht wieder Verbindung und Verzeihung, wo er verletzt hat, und ist bereit, sie zu gewähren, wo er selbst verletzt wurde. So versucht er, dem Leben und dem Lebendigen weiter zur Verfügung zu stehen.

Nachdem Erich Fromm jedoch versucht hat, ein Bild der nekrophilen und der biophilen Orientierung in ihrer reinen Form zu geben, räumt er ein: »Die meisten Menschen sind individuell ausgeprägte Mischungen von nekrophilen und biophilen Orientierungen, und es kommt darauf an, welche der beiden Tendenzen dominiert.«[238] Der rein nekrophile Mensch sei geisteskrank; manche, die zum Nekrophilen tendierten, verhärteten ihr Herz immer mehr, meinten, dass ihre sich verhärtende Nekrophilie die einzig logische Reaktion auf das wäre, was sie erlebten.[239] Wir kennen diese Tendenz zur Verbitterung. Wichtig ist, sich dieser Tendenz bewusst zu werden.

Erich Fromm entfaltet seine Gedanken immer bis hin zu ihrer gesellschaftlichen Relevanz – was übrigens auch Erich Neumann von einer neuen Ethik fordert –, bis hin zu ihrer Wirkung und Auswirkung auf weniger bewusste Menschen innerhalb unserer Gesellschaft.

Diese Verbindung von Individuationsethik mit globaler Ethik zeichnet vor allen Erich Fromm, der zugleich Sozialpsychologe ist, unter den Tiefenpsychologen aus. So sagt er zusammenfassend, dass sich die Liebe zum Leben am besten in einer Gesellschaft entfalten wird, in der folgende Voraussetzungen gegeben sind: »*Sicherheit* in dem Sinn, daß die materiellen Grundlagen für ein menschenwürdiges Dasein nicht bedroht sind«, d. h. dass Überfluss und Mangel auf wirtschaftlichem wie psychologischem Gebiet in ihrer heutigen Unausgeglichenheit nicht bestehen bleiben dürfen. Solange die Hauptenergie der Menschen darauf verwendet werden muss, sich gegen Angriffe zu verteidigen oder nicht zu verhungern, muss die Liebe zum Leben verkümmern. In einer Gesellschaft muss »*Gerechtigkeit* bestehen in dem Sinn, daß niemand als Mittel zum Zweck für andere ausgenutzt werden kann, und *Freiheit* in dem Sinn, daß jedermann die Möglichkeit hat, ein aktives und verantwortungsbewußtes Mitglied der Gesellschaft zu sein.« Und er untersteicht: »Selbst in einer Gesellschaft, in der Sicherheit und Gerechtigkeit herrschen, kann die Liebe zum Leben sich nicht entwickeln, wenn in ihr nicht die kreative Selbständigkeit des einzelnen gefördert wird. Es genügt nicht, daß die Menschen keine Sklaven sind; wenn die gesellschaftlichen Bedingungen zur Existenz von Automaten führen, wird das Ergebnis nicht die Liebe zum Lebendigen sein.«[240] Es gilt das Schöpferische im Menschen zu wecken, so ein leidenschaftlicher Appell Erich Fromms.

Unter den spezifischen Bedingungen, die für die Entwicklung von Biophilie wichtig sind, nennt Fromm, der ebenso an entwicklungspsychologisch-pädagogischen Fragen sehr interessiert ist, hier auch, dass wir dem jungen Menschen während der Kindheit einen warmen, liebevollen Kontakt ermöglichen, dass Freiheit herrscht und Drohungen fehlen; dass Grundsätze vermittelt werden, die zu innerer Harmonie und Kraft führen, und dies weniger dadurch, dass darüber geredet wird, sondern indem Beispiele gegeben werden, wie man mit anderen in einen anregenden Austausch treten und zu einer Lebensgestaltung kommen kann, die von echten Interessen geprägt ist. Es gilt, in die »Kunst des Lebens« einzuführen, und zwar mehr durch Beispiel als durch Ermahnung.[241]

Wir kommen zurück auf die Liebe zum Leben als tiefsten Antrieb und tiefstes Bedürfnis: Biophilie ist nicht einfach Glaube an das Gutsein des Menschen, auch wenn dessen primäres Potential die kreative Teilnahme am Leben ist, denn Destruktivität ist ein sekundäres Potential, das ebenso in der Existenz des Menschen verankert ist und das gleiche Interesse und die gleiche Macht besitzt wie jede Leidenschaft sie bieten kann. Aber sie ist die Alternative zu Kreativität. Kreativität und Destruktivität sind zwei voneinander unabhängige Triebe, beide sind Reaktionen auf das gleiche Bedürfnis nach Lebenserfüllung. Selbst-Transzendenz, sich selbst in seinem bloßen Dasein zu überschreiten, ist ein Grundbedürfnis jedes Menschen. Wenn der Wille, mitzuschaffen, mitzugestalten, schöpferisch zu sein, nicht befriedigt werden kann, aus welchen Gründen auch immer, dann regt sich der Wille zur Destruktivität. Der entscheidende Unterschied im Erlebnis des Willens zur Kreativität und dem zur Destruktivität ist der: Die Befriedigung des Bedürfnisses zu schaffen, zu gestalten, kreativ zu sein, macht in erster Linie glücklich, macht erfülltes Leben möglich, während Destruktivität vor allem Leere und Leiden erzeugt, deshalb unglücklich macht, alle Betroffene, besonders aber den Destruktiven selbst.

Transzendieren heißt bei Fromm, sich selbst und den Zustand des nur passiven Da-Seins und Geschöpf-Seins zu überschreiten, selbstschöpferisch zu werden, mitschöpferisch in der Erhaltung und Gestaltung des Lebens.

Ich bringe nun, zusammenfassend, Erich Fromms Grundsätze noch einmal in Erinnerung: »Die *biophile Ethik* besitzt ihr eigenes Prinzip des Guten und Bösen. Gut ist alles, was dem Leben dient; böse ist alles, was der Zerstörung des Lebendigen, was dem Tod dient. Gut ist die ›Ehrfurcht vor dem Leben‹, alles, was dem Leben, dem Wachstum, der Entfaltung förderlich ist. Böse ist alles, was das Leben erstickt, einengt und in Stücke zerlegt.«[242] In einer seiner letzten Schriften ruft er dazu auf: Nicht Optimist oder Pessimist zu sein, denn beide ließen die Dinge so sein, wie sie sind, sondern die Position der Radikalen einzunehmen, in dem Sinne, dass sie »den rationalen Glauben an die Fähigkeit des Menschen haben, der endgültigen Katastrophe entrinnen zu können«[243]. Es geht um eine humanistische Radikalität. »Glauben heißt wagen, das Undenkbare denken und dennoch innerhalb der Grenzen des realistisch Möglichen zu handeln.«[244]

Fromm kommt zu dem Fazit: »Die Situation der Menschheit ist heute zu ernst, als daß wir uns erlauben könnten, auf die Demagogen zu hören – am allerwenigsten auf alle jene Demagogen, die von der Destruktion angezogen sind –, oder auf jene Führer, die nur ihren Verstand benutzen und ihr Herz verhärtet haben. Kritisches und radikales Denken wird nur dann fruchtbar sein, wenn es mit der kostbarsten Eigenschaft des Menschen vereint ist – mit seiner Liebe zum Leben.«[245]

Plädoyer für eine globale Ethik

Abschließend plädiere ich für eine globale Ethik, die eine hier beschriebene Individuationsethik mit einschließt.

Der im Frühjahr 2021 verstorbene Hans Küng mit seinem großen »Projekt Weltethos«[246] sowie der Dalai Lama in einem 2016 erschienenen kleinen Buch *Ethik ist wichtiger als Religion*[247] vertreten die Auffassung, dass ein gemeinsames Ethos wenigstens in den Grundlinien für die Weltgemeinschaft der Menschen noch dringlicher sei als eine gemeinsame Religion, um des Lebens, ja um des Überlebens willen. In diesem Sinne soll unter heutigen Menschen weiter dazu angeregt werden, auch in anderen spirituell-ethischen Traditionen Erfahrungen zu machen und Anregungen zu sammeln als in denen, in denen sie aufgewachsen sind und die ihnen anerzogen wurden. Zahlreiche westliche, in christlicher Tradition erzogene Menschen tun dies heute schon im Hinblick auf die buddhistische Tradition, üben sich in Meditation und Achtsamkeit, in Gewaltfreiheit und Absichtslosigkeit. Es darf aber auch gewagt werden – übrigens unter Begleitung unseres deutschen Altmeisters Goethe, im »West-östlichen Diwan«[248] nämlich –, die ethische Tiefe der islamischen Mystik wiederzuentdecken und sich engstirnigen gesetzlichen Vertretern des Islams gegenüber auf sie zu berufen. Ebenso darf aber auch gewagt werden, die ethische Tiefe christlicher Mystik wiederzuentdecken, z. B. mit Meister Eckhart, der aufrief – und dies im 12. Jahrhundert! – zu einem »Leben ohne Warum«[249] über das Leben hinaus, weil Leben bereits der höchste Wert ist und Gottes wahrer Name nichts anderes sei als »das Leben selbst«. Die Ehrfurcht vor dem Leben und die Liebe zum Leben ist der ethische Maßstab, der dem Menschen Orientierung gibt.

Die Erklärung zum Weltethos[250] wiederum wurde von dem von Haus aus katholischen Theologen Hans Küng entworfen und auf einem Kongress mit Gelehrten aus den verschiedenen Religionen der Welt weiterentwickelt. Unter Beteiligung von 6.500 Menschen der verschiedensten großen und kleineren Religionen diskutierte und verabschiedete das »Parlament der Weltreligionen« in Chicago die Erklärung am 4. September 1993 und sprach sich somit für ein Weltethos aus. Damit verständigten sich erstmals Repräsentanten aller Weltreligionen auf Kernelemente eines gemeinsamen Ethos wie das Prinzip Mitmenschlichkeit, auf die »Goldene Regel«, nach der man sich seinen Mitmenschen gegenüber so verhalten soll, wie man selbst behandelt werden möchte, und die »Vier unverrückbaren Weisungen«: Gewaltlosigkeit, Gerechtigkeit, Wahrhaftigkeit sowie – ich staune, dass man das in allen Weltreligionen gefunden haben will – Gleichberechtigung und Partnerschaft von Mann und Frau.

Bei seinen empirischen Forschungen und Gesprächsforen rund um den Globus stellte Küng fest, dass allen Weltreligionen und philosophisch-humanistischen Traditionen bereits grundlegende Werte und ethische Vorstellungen gemeinsam sind. Für unsere globale Gesellschaft muss also ein solcher gemeinsamer Wertekanon nicht erst entwickelt werden, denn er existiert bereits. Man nennt diesen Kanon: das »Weltethos«. Jedoch muss dieser Wertekanon immer wieder neu bewusst gemacht, gelebt und weitergegeben werden, was die »Stiftung Weltethos« durch Arbeits- und Aktionsgruppen sowohl im pädagogischen als auch im politischen Bereich in aller Welt anhaltend weiter vorantreibt. In gleiche Richtung weist der Appell des Dalai Lama an die Welt. Er schreibt: »Ich kenne keine Feinde. Es gibt nur Menschen, die ich noch nicht kennengelernt habe. [...] Von seinen Feinden kann man am meisten lernen, in einem gewissen Sinne sind sie die besten Lehrer.«[251] Und noch einmal: »Ethik ist wichtiger als Religion. Wir kommen nicht als Mitglied einer bestimmten Religion auf die Welt. Aber Ethik ist uns angeboren.«[252] Vor allem das Mitgefühl sei hier von besonderer Bedeutung, wie der Dalai Lama betont: »Wenn wir selbst glücklich sein wollen, sollten wir Mitgefühl üben, und wenn wir wollen, dass andere glücklich sind, sollten wir ebenfalls Mitgefühl üben. Wir alle sehen lieber lächelnde als finstere Gesichter«[253], so der Dalai Lama, der selbst kaum je ein finsteres Gesicht gezeigt hat. Er gilt als der freundlichste und humorvollste unter allen großen Führungsgestalten der Welt.

Zuletzt möchte ich noch einmal Erich Fromm und damit der Tiefenpsychologie das Wort geben: »Die Situation der Menschheit ist heute zu ernst, als daß wir uns erlauben könnten, auf die Demagogen zu hören – am allerwenigsten aber auf all jene Demagogen, die von der Destruktion angezogen sind –, oder auf jene Führer, die nur ihren Verstand benutzen und ihr Herz verhärtet haben.

Kritisches und radikales Denken wird nur dann fruchtbar sein, wenn es mit der kostbarsten Eigenschaft der Menschen vereint ist – mit seiner Liebe zum Leben.«[254]

Mein Ort im Raum der Tiefenpsychologie

Persönliche Zugänge zu C. G. Jungs Analytischer Psychologie

Frühe Weichenstellungen in Kindheit, Jugend und Studium

Beim Nachdenken darüber, wo mein Ort im Raum der Jung'schen Tiefenpsychologie ist, stellt sich mir die Frage, wie wohl durch Ereignisse meines eigenen Lebens die beruflichen Weichen für mich gestellt wurden, wie durch meine Individualität meine psychotherapeutische Einstellung und meine Arbeit geprägt wurden und was dazu führte, dass ich meinen ganz persönlichen Weg zu diesem Beruf gegangen bin.

Nun, ich gehöre zu der Generation, die in der Kindheit den Zweiten Weltkrieg noch nahe miterlebt hat, in Schweinfurt, einer der am meisten bombardierten deutschen Städte, einer Industriestadt, und dabei die Zerstörung unseres Elternhauses, wo ich mit meinen Eltern, der Großmutter und mit meinen vier Geschwistern bis dahin gelebt hatte. Das gehört natürlich zu dem, was mich früh geprägt hat: die Erfahrung, dass es zum Leben gehört, immer wieder alles verlieren zu können, was man hat, was man zu besitzen glaubt, dass es aber zugleich eine Lebenseinstellung gibt, die das zu ertragen vermag, wie meine Mutter, die angesichts des restlos zerstörten Hauses sagte: »Kinder, *die* Sorge wären wir los« – hatten wir doch von Luftangriff zu Luftangriff immer mehr um unser Haus gebangt. Mutter hatte eine innere Freiheit, die ich bis heute bewundere.

Zu meinen unauslöschlichen Eindrücken aus dieser zerstörerischen Zeit gehört auch die spontane Hilfsbereitschaft der Nachbarn, die, zuvor kaum miteinander bekannt, nun aber bereit waren, einander beizustehen, einander aus den Trümmern zu bergen und für die nächsten Tage und Nächte aufzunehmen – dass also die

Not auch die Bereitschaft entbinden kann, einander zu begegnen und beizustehen.

Unsere Familie wurde von der Stadt aufs Land evakuiert; wir wohnten nun in einem Notquartier in der Nähe einer stillgelegten Ziegelei, mit einer Lehmgrube im Hintergrund, aus der die Ziegelsteine geformt und gestaltet worden waren. Was für ein Paradies war das aber auf einmal für uns Kinder, damals im Schulalter oder noch jünger, von denen mehrere aus unserer Stadt nach der »Ausbombung«, wie wir es nannten, sich hier zusammenfanden. Wir Kinder, nach unseren Schockerlebnissen im Bombenkrieg und den entsprechenden Traumatisierungen, begannen nun spontan, in dieser Lehmgrube zu spielen, zu wühlen und schließlich aus dem Lehm dort und auch aus herumliegenden Ziegelsteinen zu bauen und zu gestalten: eine kleine Stadt, von Menschen bewohnt, die wir aus Ton oder auch aus Papier geformt hatten. Dann erfanden und erzählten wir uns die Geschichten dieser Menschen, die im Krieg waren, wie zuvor auch wir, und wir ließen sie erfahren, was wir selbst erfahren hatten: die Zerstörung auch ihrer Stadt. Das war aber doch unsere jetzt selbst erbaute freie Stadt.

»Das blinde Schicksal« nannten wir dies und zerhackten unsere mit so viel Liebe selbst erbaute Stadt. Dabei starben einige der Menschen oder wurden schwer verletzt, deren wir uns nach dem Einbruch des »blinden Schicksals« mit großer Teilnahme wieder annahmen, sie bandagierten und reparierten, so wie wir auch die Toten traurig und ernst begruben. Und dann bauten wir wieder auf. Das schöpferische Spiel dieser spontan zusammengetroffenen Kinder war das einer autonomen Gruppe ohne jede Leitung, ohne jeden Einfluss von außen. Diese Gruppe von uns Kriegskindern wiederholte dieses Spiel mehrmals, und dies half uns wie nichts anderes, wie ich glaube, unsere akuten Traumatisierungen zu überwinden. Das sage ich als spätere Psychotherapeutin, die mit Kriegstraumata aus jenen und auch späteren Zeiten des Krieges, auch aus anderen Ländern, reichlich zu tun bekam, und weiß, was Traumatisierung heißt – und auch, was schöpferisches Spiel für deren Überwindung bedeuten kann.

Was mich im Nachhinein im Hinblick auf unsere Gruppe wundert, ist, dass wir unsere liebevoll gestaltete Stadt immer wieder selbst zerstörten. Wir reflektierten das damals nicht. Heute aber rätsele ich immer noch darüber, aber ich würde sagen: Wir wollten der Wirklichkeit gerecht werden, wollten unsere Spielfiguren das erleben lassen, was wir selbst erlebt hatten und womit in diesem Leben zu rechnen ist. Wir wollten mit ihnen üben, wie man solche Zerstörung überlebt; wie man einander hilft, wenn etwas Schlimmes passiert ist, wenn jemand schwer verletzt wird oder alles verloren hat. Wir wollten üben, wie man wieder aufbaut.

Der Älteste unserer Gruppe, der damals elfjährige Willi, ist als Erwachsener hauptberuflich in die Friedens- und Konfliktforschung eingestiegen und war zuletzt in einem zentralen Gremium auf Bundesebene zu dieser Thematik tätig. Die zweitälteste, Eva-Maria, ist Ärztin geworden, und ich, damals die Drittälteste, wurde also schließlich Psychotherapeutin, auch wenn der Weg dahin noch weit war. Aber alles aus jener Zeit hatte den Entschluss zu diesem Beruf mit vorbereitet. Wir drei Ältesten aus jener Kindergruppe fanden uns also wieder in friedenstiftenden, helfenden und heilenden Berufen, wir blieben nicht in den akuten Kriegstraumata hängen.

Nach dem Krieg war in unserer Familie trotz der damaligen wirtschaftlichen Not ein starkes Gefühl der Dankbarkeit allgegenwärtig: dafür, dass wir überlebt hatten. Auch Vater war lebendig zunächst aus Frankreich und später sogar aus Einsätzen in Russland zurückgekehrt, nachdem er früh in diesem Krieg, in dem er viel Unrecht miterleben musste, gesagt hatte: »Wenn es eine Gerechtigkeit gibt, dann müssen wir diesen Krieg verlieren.« Als Kind wusste ich, dass ich diesen Ausspruch in der damaligen NS-Zeit auf keinen Fall weitersagen durfte.

Nun hatte die Zerstörung in Deutschland nicht nur die äußere Welt betroffen, sondern bis in die Grundfesten hinein auch die innere, die geistige Orientierung, die ethische, die politische. Mit Entsetzen und tiefer Scham erfuhren wir, jedenfalls ich, in der Schule damals von den Verbrechen der NS-Zeit, während des

Krieges, aber auch schon zuvor und im eigenen Land, an den Andersdenkenden und unvergleichlich grausam an den Juden. Wir erfuhren, dass es Konzentrationslager gegeben hatte, und es verschlug uns die Sprache. In den oberen Klassen unseres Realgymnasiums begegnete uns jedoch auch ein Religionslehrer, der regimekritischen Kreisen nahegestanden hatte, und er berichtete uns von den Geschwistern Scholl, von Dietrich Bonhoeffer und von anderen, die ihr Leben eingesetzt und verloren hatten im Widerstand gegen das NS-Regime. Nichts trieb mich nach dem Abschluss der Schulzeit mehr um als die Fragen nach einer tragfähigen Ethik. Wo überhaupt war ein Menschenbild zu finden, das solchen Verirrungen wie denjenigen in der NS-Ideologie von Grund auf und künftig für immer wiederstehen könnte?

Von diesen Fragen bewegt, stellte ich meine Lieblingsfächer aus der Schule, Literatur und Kunst, zurück und wählte als erstes Studienfach – was meine sehr liberalen Eltern recht verwunderte – die evangelische Theologie. Was mich hier in erster Linie interessierte, war das Menschenbild, die Frage, was es hieß, wirklich Mensch zu sein und was der Sinn unseres Lebens als Mensch sein könne. Es waren dies die Jahre, in denen der Existentialismus, die Existenz-Philosophie in aller Munde war, und entsprechend entstand in den Jahren meines Studiums auch eine Existenz-Theologie, jedenfalls eine solche, die auch eine »existentiale Interpretation« – wie man es nannte – der biblischen Texte und Geschichten suchte und ermöglichte. Voraussetzung dafür war die Erkenntnis, dass es sich auch in der traditionellen Sprache der Bibel und in den theologischen Aussagen durchweg um eine symbolische, eine mythologische Sprache handele, die also der »Entmythologisierung« bedürfe, um in ihrer existentiellen Bedeutung auch für heute sichtbar zu werden, die also aus ihrer Bildersprache in eine existentielle übersetzt werden müsse, um in ihrer Bedeutung für menschliche Grunderfahrungen erkennbar zu sein – z. B. für die Grunderfahrung, wie man aus der elementaren Existenzangst einen »Sprung in den Glauben«[255] wagen und vollziehen könne, so Kierkegaard. Für mich ging es dabei um das Wiedergewinnen eines Urvertrauens –

auch als Basis einer Ethik der Mitmenschlichkeit, wie ich sie suchte und wie sie der christlichen Tradition zugrunde liegt. Dies war die eine Erfahrung von Tiefgang in meinem theologischen Studium, die auch später in meiner therapeutischen Arbeit relevant blieb: mit den von Angststörungen gequälten Menschen diesen »Sprung in den Glauben« zu wagen, den ich selbst als einen Sprung in ein Ur-Vertrauen verstand, um darin eine Lebensmacht zu erfahren, die trägt. Um diesen »Sprung« zu ermöglichen, bedarf es jedoch immer wieder der Begegnung, wie sie in einer therapeutischen Beziehung vermittelt werden kann.

Ein weiterer persönlicher Zugang zur religiösen Tradition erschloss sich mir über das gestaltete sinnenhafte Bild: Schon immer war ich über die Kunst berührbar, ansprechbar gewesen, etwa durch die Architektur der Kirchenräume von der Romanik bis zur Moderne – der Kirchenbau nahm nach den Kriegszerstörungen einen unübersehbaren Aufschwung, an dem auch mein Vater als Architekt beteiligt war –, nicht zuletzt aber auch durch die Altarbilder, Wandbilder und die Buchmalerei, an denen wieder deutlich wurde, dass bei der Glaubensvermittlung die Sprache der Bilder, der Symbole eine wesentliche Rolle spielt – bis hin zum Gottesbild. Und dass Bilder und Symbole eben sinnenhaft und leibhaft, zugleich gleichnishaft, eben das vermitteln können – hier an biblische Erzählungen gebunden –, was Grundvertrauen überhaupt ist: das nämlich, was in jeder Lebenssituation der Hoffnung neuen Raum geben kann.

Dass Glaube und Hoffnung durch das gleichnishafte bildhaltige Wort, durch das »worthaltige Bild«, vermittelt wird, nicht erst durch den Logos und die Logik, war mir zum Ende meines Studiums der Theologie klar geworden. Und so schrieb ich meine theologische Dissertation über das Thema »Das worthaltige Bild. Hermeneutische Studien zu einem Typus der christlichen Kunst und zur Praxis der Bildinterpretation in der heutigen Gemeinde«[256].

Um aber beruflich eine breitere Basis zu gewinnen statt sich nur auf innerkirchliche Arbeit zu beschränken, fügte ich ein Zweitstudium der Literaturwissenschaft an, mit dem Schwerpunkt Sozialpsychologie, aus deren Themenkreis ich mit einer weiteren Dissertation meine Studienzeit abschloss.

Meine Zeit als Studienleiterin der ev. Akademie Hofgeismar

Es war ein ausgesprochener Glücksfall, dass ich – nach anfänglicher Tätigkeit in der kirchlichen Jugendarbeit und an einer sozialpädagogischen Ausbildungsstätte – eine Stelle als Lehrbeauftragte an der Gesamthochschule Kassel fand und von dort aus mit der evangelische Akademie in Hofgeismar bei Kassel in Kontakt kam, wo ich ein Jahr später zur Studienleiterin gewählt und beauftragt wurde, als vierte Person und als einzige Frau neben drei Kollegen. Eine evangelische Akademie ist eine offene Bildungs- und Fortbildungsstätte, in kirchlicher Trägerschaft, aber aufgeschlossen für gesellschaftlich relevante Information, auch für kritische Diskussion und vor allem auch an Partizipation an neuen Entwicklungen interessiert. Wobei ich nun selbst für eine breit gefächerte Thematik im soziokulturellen Bereich verantwortlich war, Kultur und Kunst also in der Stadt der »documenta«, wo man z. B. auch einem Beuys und dessen herausfordernden Fragestellungen begegnen konnte. Aber ebenso umfasste mein Fachbereich auch Psychologie und Psychotherapie. Hielt man diese an der Akademie vielleicht für einen Teil des sozio-kulturellen Geschehens?

Was sich in dieser Zeit entwickelte, besonders auch im nahegelegenen Göttingen, war einerseits ganz neu die Gruppentherapie (Heigl/Heigl-Evers) und andererseits die auf Imagination basierende Therapieform des »Katathymen Bilderlebens« von Hanscarl Leuner, die damals bei einem breiten Publikum aus Universität und Studentenschaft, aus Ärzteschaft und Pädagogik auf großes Interesse stieß – nicht zuletzt deshalb, weil sie dem damals grassierenden Gebrauch von psychedelischen Drogen wie Haschisch und LSD entgegentrat, weil sie etwas Ernsthaftes und ähnlich Tiefgehendes entgegenzusetzen versuchte. Der Hintergrund war doch damals auch in Europa – wie zuvor schon in Kalifornien – die

Sehnsucht nach einer neuen seelischen Kultur, die sowohl Meditation als auch neue Arten von Körpererfahrung und Kontemplation mit einschloss. Auch Atemtechniken und Entspannung gehörten zu dieser neuen Spiritualität, die viele Einflüsse aus östlichen Traditionen – etwa dem Buddhismus – aufnahm. Zu diesem Erfahrungsfeld lud ich damals Enomiya Lassalle und Graf Dürckheim nach Hofgeismar ein, Orientierung und Einführung in meditative Methoden zu geben.

Der Erlebnisraum von Imagination und der des eng damit verwandten schöpferischen Gestaltens, des Zeichnens und Malens, begannen sich in jener Zeit – so auch in Leuners Gruppen – zu einer therapeutischen Methode zu verbinden, die Gruppentherapie und schöpferisches Gestalten miteinander verflocht. Auch eine bekannte Therapeutin aus Israel, Erika Landau, konnte ich zu Seminaren und Workshops nach Hofgeismar einladen, wo sie uns eine Form der Gruppentherapie nahebrachte, die eng mit schöpferisch gestaltendem Tun der Teilnehmenden verbunden war. Auch sie hatte diese Methode aus traumatisierenden Erfahrungen in ihrer Jugend heraus entwickelt: In Deutschland geboren, hatte sie eine Schreckenszeit im KZ durchlebt und sie nur durch die Idee, aus herumliegendem Material etwas zu gestalten, zusammen mit ihren jugendlichen Schicksalsgenossen psychisch überlebt, wie sie berichtete.

Die Entdeckung der Tiefenpsychologie C. G. Jungs und meine Annährung an sie geschah im Zusammenhang mit einem neu aufkommenden Interesse der Teilnehmenden an Basiserfahrungen der menschlichen Psyche, wie sie sich in den Träumen des Einzelnen, aber auch an denen der größeren menschlichen Gemeinschaft niedergeschlagen haben, z. B. in kollektiven Überlieferungen wie Mythen und vor allem Märchen, wie sie gerade auch in den nordhessischen Wäldern noch bis in die Zeit der Brüder Grimm hinein lebendig erzählt wurden und von ihnen gesammelt werden konnten – im Raum Kassel also, wo die Märchenforschung seither gepflegt wird und wo auch unsere Akademie lag.

Nach der ironisch-kritischen Märchenforschung an der Universität Frankfurt, wie sie sich etwa in dem »Märchen-Verwirrbuch« von Iring Fetscher[257] ausdrückte, begegnete ich nun vor allem dem ganz anderen Zugang der tiefenpsychologischen Schule C. G. Jungs, die dort bis in die psychotherapeutische Praxis hinein ausstrahlt, so z. B. durch eine besondere Aufmerksamkeit auf solche Traumsymbole, die mit Märchensymbolen verwandt erscheinen, oder auch auf ganze Lebensläufe, die sich symbolisch mit Märchenhandlungen vergleichen lassen.

Mit Marie-Louise von Franz aus der ersten und Verena Kast aus der nachrückenden Generation des C. G. Jung-Instituts Zürich lud ich führende Vertreterinnen der Jung'schen Schule nach Hofgeismar ein, dort durch Vorträge und Seminare in die tiefenpsychologische Zugangsweise zu Märchen einzuführen wie auch in die erprobten Möglichkeiten, Märchensymbole in die psychotherapeutische Praxis einzubringen. Diese Methode sprach mich an, sie schien mir »Lebenserfahrung der Menschheit« zu erschließen, die bis zu Früherfahrungen, noch aus Stammeskulturen, zurückreicht, im Unbewussten heutiger Menschen noch gespeichert sind und sich von dorther melden können: in Phantasien, Imaginationen und Träumen, immer dort und dann, wenn man sie lebensnotwendig braucht. Es sind Ur-Erfahrungen mit Ur-Bedürfnissen im Hinblick auf gelingendes Leben – verkörpert in symbolischen Gestalten, symbolischen Handlungen. Hier schien sich mir wirklich eine Ur-Sprache der Psyche aufzutun, die Grundprobleme der menschlichen Existenz mit Vater und Mutter, zwischen Mann und Frau, zwischen Geburt und Tod aufgegriffen hatte, um zugleich Wege aufzuzeigen, sie zu bestehen.

Vertreterinnen dieser mich faszinierenden Jung'schen Märcheninterpretation konnte ich in Hofgeismar zusammenbringen mit Iring Fetscher, dem oben schon genannten Vertreter der märchenforschungskritischen Frankfurter Schule, was herausforderndfesselnde Dialoge ergab.

Ausbildung zur Jung'schen Analytikerin

Die Tiefenpsychologie C. G. Jungs – als Basis einer Psychotherapie – begann mich immer stärker anzuziehen, ich beteiligte mich immer intensiver an Fortbildungen, auch für mich selbst an einer Gruppentherapie.

Als ich nun nach zehn Jahren an das Ende meiner vorgesehenen Zeit als Studienleiterin gekommen war, nach zehn Jahren einer fruchtbaren Arbeit mit einer offenen, vielgestaltigen Teilnehmerschaft, da stand ein grundlegender Wechsel an: Nach den Arbeitsjahren mit größeren bis großen Menschengruppen war auch mein Bedürfnis nach vertiefender Begleitung einzelner Menschen stark, waren doch die Einzelnen auch bisher immer wieder auf mich zugekommen, mit dem Bedürfnis nach intensiverer Begleitung, als ich sie im Rahmen dieser Akademiearbeit geben konnte.

Vor allem aber war da auch eine Sehnsucht nach einer neuen Begegnung mit mir selbst. Und dennoch hing ich noch an dieser weiträumigen Bildungsarbeit in der Öffentlichkeit, mit großen, vielgestaltigen Menschengruppen, und hätte die Chance gehabt, mich an einer ähnlichen Bildungseinrichtung wieder zu bewerben. Die Bedeutung des sogenannten Unbewussten, das einem den Weg weist, ging mir aber endgültig auf, als ich in dieser Zeit einen Traum hatte, der mir zeigte, was wirklich anstand:

> Ich befand mich in einem schönen alten Raum, an dem schon für ein festliches Abendessen gedeckt war und die Kerzen schon brannten. Da schlug mir plötzlich Rauch entgegen: Die bereits entzündeten Kerzen auf dem festlich gedeckten Tisch hatten den Vorhang in Brand gesteckt. Fast automatisch wollte ich zum Löschen ansetzen, aber ein anderer stärkerer Impuls gewann plötzlich die Oberhand: Ich ließ es brennen. Ich verließ die Wohnung, ging ruhig hinaus ins Freie und wanderte bis an den Rand der Stadt, ohne mich umzublicken. Dort warf ich einen Blick zurück und sah es brennen. Ich wusste, dass ich etwas »Verruchtes« getan hatte, aber das Richtige.

Bei C. G. Jung Verstehenszugänge auch zu solch einem Traum zu finden, faszinierte mich. Mein Zugang war also geradezu ein klassischer: der Zeitpunkt in der Mitte des Lebens und der Anstoß durch Botschaften aus dem Unbewussten. Über eine Serie ähnlicher Träume, in denen ich etwas mir Kostbares fahren ließ – fragenden Gewissens, aber doch entschlossen –, wurde ich, vermittelt durch Botschaften aus dem Unbewussten, jetzt auf die innere Notwendigkeit aufmerksam, mich nach meiner langen Tätigkeit in der Öffentlichkeit, der Bildungsarbeit und Lehrtätigkeit an einer Hochschule, der Gesamthochschule Kassel, nach jahrzehntelanger Arbeit mit so vielen Menschen in großen Vortragsveranstaltungen, neu auszurichten, um nun auch wieder nach meinem eigenen Ort, meiner eigenen Entwicklung zu fragen und bald auch von der faszinierenden Möglichkeit erfasst zu werden, solche schöpferische Entwicklungsarbeit künftig auch mit anderen Menschen zu teilen, sie therapeutisch begleiten zu lernen. So kam es zu meiner Anmeldung am C. G. Jung-Institut Zürich, damit zugleich auch zu einer Lehranalyse.

Dass meine Einschreibung zu einer Ausbildung in Analytischer Psychologie nun am C. G. Jung-Institut Zürich erfolgte, hatte natürlich damit zu tun, dass ich führende Vertreterinnen dieses Instituts an die Akademie eingeladen und dort kennengelernt hatte, wie z. B. Marie-Louise von Franz, meine künftige Lehranalytikerin, der ich unter dem Thema »Märchen« begegnet war.

Meine erste Veröffentlichung auf dem Boden der Jung'schen Psychologie war denn auch diesem Thema gewidmet: »Das Böse im Märchen«[258], das ich gemeinsam verfasst und herausgegeben habe mit Mario Jacoby, meinem wichtigsten künftigen Supervisor, und Verena Kast, einer meiner wichtigsten Anregerinnen zu einem tiefenpsychologischen Verständnis von Psychotherapie überhaupt. Erst jetzt, als ich mich befreit fühlte von der Mitverantwortung für eine Studienakademie, jetzt nach der Ausbildung zur selbstständigen Jung'schen Psychoanalytikerin und Psychotherapeutin – meine eigene Praxis eröffnete ich in Konstanz –, tat sich mir auch innerlich der Freiraum zum Schreiben auf, zum Veröffentlichen.

Meine Publikationen in Jung'scher Psychologie

Die Jung'sche Sichtweise, dass Märchen archetypische Lebenssituationen in symbolischer Weise darstellen, dass sie den konflikthaften Lebenskonstellationen auch – dem Unbewussten entspringende – Lösungsmöglichkeiten entgegenstellen, die sich in jeder Menschengeneration wieder aktualisieren können, hatte ich vor allem über Marie-Louise von Franz kennengelernt. Bei ihr entdeckte ich auch in dem Donaumärchen »Bei der schwarzen Frau«[259] zugleich eine abgründig verdunkelte Seite des Weiblichen, die mir so stark zuvor noch nicht zu Bewusstsein gekommen war und deren Erlösungsmöglichkeiten nur im Rahmen von tiefen kultur- und religionsgeschichtlichen Wandlungen zu erwarten waren und sind. Seitdem wurde ich nicht müde, der Geschichte des Weiblichen in der Kulturgeschichte wie in der Sozialgeschichte bis in die Gegenwart hinein nachzuspüren. So veröffentlichte ich später meine Studie »Tabu im Märchen«[260] und »Die weise Frau in Märchen und Mythen«[261].

Neu aktualisiert sich mir der Märchentyp von den »weisen Alten« jetzt in meinem eigenen Alter: Die »weise Alte« muss am Ende des klärenden Weges, den sie z. B. im Märchen »Die Gänsehirtin am Brunnen«[262] mit der verstoßenen Königstochter geht, schließlich den Abschied von ihr gestalten. Dieser Abschied fühlt sich zuerst wie eine schmerzliche Trennung an, bis spürbar wird, dass vor allem sie selbst, die weise Alte, sich verabschiedet, von ihrem eigenen Haus, um der befreiten jungen Frau, die sie quasi therapeutisch begleitet und ans Ziel gebracht hat, all dies zu übergeben, woraus sie selbst geschöpft und gelebt hat – wie eine gute Lehrtherapeutin dies wohl auch ihrer ausgebildeten Nachfolgerin übergäbe.

Eine wirklich neue Perspektive erschloss sich mir mit dem Schlüssel der Jung'schen Tiefenpsychologie im Blick auf das Verständnis der Mythen, die ich jetzt vielfach zum ersten Mal zu lesen begann, dazu die meisten mit matriarchalem Hintergrund. Unter Jung'scher Perspektive begann ich, deren archetypische Bedeutung für jede Menschengeneration und gerade jetzt für uns als Frauen neu zu begreifen, enthielten sie doch die verdrängten weiblichen Traditionen, die ich wieder neu zu erschließen versuchte. So ergriff mich im Mythos von Inanna, wie diese, die strahlende Königin und Göttin, in der Mitte ihres Lebens von der Sehnsucht nach ihrer dunklen, traurigen, todesverwandten Schwester Ereschkigal ergriffen wurde und wie sie alles opferte, um ihr nahekommen zu können. Ich verstand, wie sie damit ein Ja auch zum Tode fand. Dieser Mythos und seine existentielle Aussage betrifft mich eben jetzt in der eigenen Phase des Alters, wo es noch einmal in neuer Weise gilt, die dunkle Seite des Lebens anzunehmen. Auch der Demeter-Mythos begann mich tiefer anzusprechen, Demeter, Persephone und Hades in ihrem schicksalhaften Zusammenspiel, sodass ich schließlich über diesen Mythos eine Studie verfasste, »Demeters Suche. Mütter und Töchter«[263], in der ich den matriarchalen Mythos für heutige Menschen zu erschließen suchte und dessen Grundproblematik in den Lebenskonstellationen meiner Analysandinnen vielfältig wiederfand. Auch die matriarchale Tradition Ägyptens oder Maltas kam mir in dieser Zeit nahe, so dass ich auch Studienreisen zu den entsprechenden Stätten unternahm und begleitete, an denen dieser Mythos kultisch vollzogen worden war.[264]

Von Anfang an faszinierte mich auch die Arbeit mit den Träumen, die in der Jung'schen Psychologie vor allem auch als Potentiale noch ungelebten Lebens verstanden werden, nach vorne weisend, als finale Botschaften, die sich – auf bewusste Probleme antwortend – in symbolischer Sprache dem Bewusstsein auch vermitteln wollen. Durch die Lehranalyse bei Marie-Louise von Franz erschlossen sich mir besonders die archetypischen Aspekte des Traumgeschehens, durch Vorlesungen und Seminare, z. B. bei Verena Kast, darüber hinaus auch die darin enthaltenen Komplexepisoden samt deren Psychodynamik und durch einen meiner wichtigsten Supervisoren, Mario Jacoby, vor allem der Beziehungsaspekt, der Übertragungs- und Gegenübertragungsaspekt, überhaupt auch die Freud'sche Perspektive, die das Verdrängte ins Auge fasst – eine Perspektive, die Jacoby nie einzubringen vergaß.

Wie Träume nicht nur einzelne Entwicklungsschritte, sondern ganze Lebensübergänge ankündigen und begleiten, suchte ich später, nach jahrzehntelanger Erfahrung in eigener Traumarbeit, in einer Studie[265] nachzuspüren, die die wichtigsten Lebensstufen vom früheren bis zum mittleren und späteren Erwachsenenalter in den Blick nimmt. In Träumen spiegeln sich aber natürlich nicht nur die archetypischen Muster der Lebensübergänge wider, sondern die Entwicklungs- und Lebenserfahrungen des Menschen überhaupt, wie sie sich auch in den Mythen und Märchen niedergeschlagen haben, deren Spuren überraschend in den Träumen heutiger Menschen auftauchen können. Daran zeigt sich, dass durch die Traumbilder der individuelle Träumer heute mit der überindividuellen Menschheitsgeschichte überhaupt verbunden ist. So erfährt sich das Subjekt mit seiner subjektiven Erfahrung als eingebettet in eine überpersönliche Erfahrungsschicht der Psyche, deren Potential und Niederschlag Jung als das kollektive Unbewusste bezeichnet hat. Mit der tiefenpsychologisch vermittelbaren Interpretation solcher Symbole der Menschheit, die dem kollektiven Unbewussten entstammen und die bisher nur in der gebundenen Form von Mythos und Religion zugänglich waren, hat Jung eine ungeheure Erweiterung unseres Wissens um die Psyche ermöglicht und damit zugleich die Grundlegung einer psychologisch fundierten Kulturtheorie.

Nicht weniger bedeutsam als die tiefenpsychologische Arbeit mit Märchen und Träumen wurde für mich, die ich – in evangelischer Theologie ausgebildet – immer ein starkes Interesse an religiöser Überlieferung bewahrt hatte, dass man aus Jung'scher Perspektive auch an den alt- und neutestamentlichen Überlieferungen die symbolbildende, die transzendente Funktion der menschlichen Psyche am Werk sehen und die Bibeltexte entsprechend verstehen und interpretieren konnte. Hier kam mir zugute, dass in meiner Studiengeneration schon Exegeten wie Rudolf Bultmann und Ernst Käsemann mit dem hermeneutischen Programm einer »existentialen Interpretation« zur sogenannten »Entmythologisierung« neutestamentlicher Texte aufgerufen und angeleitet hatten, von deren mythologischer Prägung sie demnach wie selbstverständlich ausgegangen waren. Das Verständnis des Mythos bzw. der Mythologie war uns bereits im Studium der evangelischen Theologie als unabdingbar nahegebracht worden. Auch bei Paul Tillich[266], der um Jung wusste, hatte ich – wie später bei Jung – die Vorstellung gefunden, dass alle theologischen Lehraussagen als symbolische Aussagen zu verstehen seien. So gewann ich die Überzeugung und die entsprechende innere Freiheit, dass die biblischen Texte und Erzählungen als symbolische Aussagen, als seelische Erfahrung und damit wirkliche Erfahrung zu verstehen wären, die in keiner anderen als in symbolischer Sprache niedergelegt werden konnten. Insofern war es weder sinnvoll noch gar notwendig, sich davon zu distanzieren, wozu ich bei rein rationalem Zugang damals durchaus versucht gewesen wäre. Es galt vielmehr, sie als Erfahrungen der Seele wahrzunehmen und wahr sein zu lassen. So versuchte ich einen solchen neuen symbolischen Zugang zu starken biblischen Überlieferungen wie etwa zum Bericht von Jakobs Kampf mit dem Engel oder, unter feministischer Perspektive, zur Heilungsgeschichte der sogenannten »blutflüssigen Frau«, die Jesus unerlaubterweise am Gewand berührte, woraus ihr Heilung erwuchs – eine Begebenheit, an der Jesus selber umzudenken lernte, wie der biblische Bericht zeigt.[267]

Neben der biblischen Überlieferung bewegte mich die Symbolgeschichte des Christentums selbst, wie sich ihre Symbolbildung weiterentwickelt hatte. Als ich etwa im Fraumünster zu Zürich, an dem ich auf meinen Wegen vom Hauptbahnhof zum damaligen C. G. Jung-Institut in der Gemeindestrasse immer wieder vorbeikam, Marc Chagalls farbige Fenstergruppe entdeckte, wo er in einem von ihnen den auferstehenden Christus – wie niemand vor ihm – ganz in Grün gestaltet hatte, in der Farbe des natürlichen Wachstums, des sich erneuernden Lebens, der Hoffnung auf Erhaltung des Lebens auf dieser Erde, da inspirierte mich diese Darstellung zu Gedanken über eine neue christlich-symbolische Auffassung, die dieses Grün ins Zentrum der Symbolik rückte, zu Gedanken über eine neue Auffassung zur Erhaltung der Schöpfung. Zuerst entworfen durch den Ost-Juden Chagall, unter Anklängen an den in der Ostkirche verehrten »kosmischen Christus«, besagt dieses Grün, dass Christus in die lebendige Natur hinein auferstanden sei. Das Thema »Marc Chagalls Grüner Christus«[268] als Anfang einer neuen Theologie der Schöpfung wurde so zum Thema meiner Abschlussthesis am Ende der Ausbildung am C. G. Jung-Institut Zürich.

Das Grün als Farbe der Natur und der Schöpfung begegnete mir erneut als zentrale Symbolfarbe in Hildegard von Bingens visionärem Werk, in dem sie Grün sogar als »heilige Farbe« benennt und sie hymnisch besingt.[269] Das Besondere an Hildegard ist darüber hinaus, dass sie diese Erkenntnis als psychische Erfahrung, in ihrer Schau, in ihrer schöpferischen Imagination, gewinnt – in Bildern, die noch zu ihren Lebzeiten von der Schreib- und Malstube wohl ihres eigenen Klosters zur künstlerischen Ausgestaltung in ihre Hauptwerke »Scivias« und »Liber divinorum operum« eingebracht wurden.

In meinem Buch »Hildegard von Bingen – Prophetin der kosmischen Weisheit«[270] versuche ich, Hildegards schöpferische psychische Erfahrung unter Gesichtspunkten der Jung'schen Psychologie zu erschließen und sie von dortaus nachvollziehbar zu machen – als seelische Erfahrung, als prophetische Weisheit auch im Blick auf die mögliche Rettung unserer Erde vor der menschengemachten Zerstörung. Auch die psychischen Erfahrungen der Mystikerinnen suche ich unter Jung'schen Gesichtspunkten neu zu beleuchten,[271] wobei ich das Schlusskapitel dieser Veröffentlichung Dorothee Sölle widme, deren sprachmächtiger Vergegenwärtigung einer Mystik, die sich untrennbar mit Ethik verbindet, ich viel verdanke und der vor allem in ihren Gedichten Bildsymbole von großer Ausdruckskraft gelingen.

Mein eigenes Interesse gilt neben dem Gedicht als symbolischem bildnerischen Ausdruck dem gestalteten Bild. Mein Buch »Engel der Wandlung«[272] spricht etwa davon, wie Paul Klees Engelerfahrung mich anrührte, als symbolischer Ausdruck psychischer Engelerfahrung, des Engels in ihm also, und dies angesichts der

Diffamierung seiner Kunst im Dritten Reich als »entartet« und, mehr noch, angesichts des Erleidens einer unheilbaren Krankheit, der Progressiven Sklerodermie, an der Klee schließlich starb, in eben dem Jahr, in dem er die zahlreichsten Engelbilder überhaupt gestaltet hatte. Und so rührt mich auch die Ausdrucksweise Klees an, die oft der symbolischen Elementarität früher Felszeichnungen oder gar der Spontaneität früher Kinderzeichnungen nachempfunden zu sein scheint, die sich aber im Licht Jung'schen Symbolverständnisses als von besonders großer Symbolhaltigkeit erweisen.

Auf solcher ursprünglichen Gestaltungskraft und Gestaltungsformen, die in jedem Menschen angelegt sind, fußen auch die Ansätze zu einer Gestaltungstherapie, einer Maltherapie auf Basis der Jung'schen Psychologie. Sie geht von der Grundannahme aus, dass die symbolbildende Funktion der Psyche einsetzen kann, sobald in spontaner Imagination ein Einfall aus dem Unbewussten aufkommt und aufgenommen wird, aus dem dann bewusst gestaltend ein Bild entsteht. Im Gestaltungsprozess verbinden sich Bewusstes und Unbewusstes, symbolbildend und sinnschaffend. Wenn diese Bilder nun, intensiv betrachtet, als Symbolisierung von psychischen Inhalten verstanden werden, lassen sie sich auch interpretieren und auf die persönlichen Problemlagen der Menschen, die sie gestalten, anwenden – ganz in Analogie zu dem, wie wir auch mit Träumen umgehen würden. So entwickelt sich von Bild zu Bild immer erhellender der Prozess heilenden Gestaltens, in einer Therapie mittels des gemalten Bildes und seines Symbolgehalts. Die Entwicklung und Methodisierung einer solchen Maltherapie, die als Einzel- und auch als Gruppentherapie durchführbar ist – bei Gruppentherapie führt man Symbole ein, die die Gruppe gemeinsam inspirieren und untereinander verbinden –, hat bis heute einen großen Teil meines kreativen Interesses auf sich gezogen, erinnert es mich doch immer auch an die frühen Erfahrungen mit dem Gestalten der Städte und dem malenden Entwerfen von Menschen, wie ich sie als Kind unter Kindern in jener Lehmgrube erlebt hatte, als schöpferischen Weg, der die belastenden Erfahrungen des Krieges zu bewältigen half.

Zusammen mit der Jung'schen Kollegin und Lehranalytikerin Christa Henzler legte ich nun unsere Erfahrung in »Maltherapie«[273] und »Malen in der Gruppe«[274] nieder – grundlegende Studien und methodische Anleitungen zum Umgang mit dieser Therapieform. In der Jung'schen Maltherapie im Gruppensetting liegt zugleich auch ein überzeugendes Modell einer genuin Jungianischen Gruppentherapie vor, der ich eine noch breitere Erkundung und Praxis im Jung'schen Umfeld wünschte.[275]

Als Voraussetzung für das Verstehen von Bildern waren für mich eingehende Studien zur Symbolik der Farben und Formen unerlässlich, d. h. zu den grundlegenden Gestaltungselementen eines jeden Bildes, die man zum Verständnis seiner Gestalt und Symbolik bei der Besprechung und Interpretation benötigt. Im Rahmen meiner Vorlesungstätigkeit und meiner Seminare an den C. G. Jung-Instituten Stuttgart und Zürich – sowie zuvor an der Gesamthochschule Kassel und der Universität Frankfurt – baute ich mein Verständnis der Farben aus und es entstand eine Veröffentlichung dazu.[276] Nicht weniger zentral als die der Farben erscheint mir die Symbolik der Grundformen, aus denen ein jedes Bild besteht – also etwa Rechteck, Quadrat, Kreis, Dreieck, Spirale, aber auch das Kreuz –, wozu die Symbolik der Bildräume und der Bewegungsrichtungen im Bild hinzugehört, die erfahrungsgemäß an Bildern der Kunst wie auch den in der Maltherapie entstandenen Bildern abgelesen werden kann. Die Bücher über »Formen«[277] und über »Bilder«[278] geben hier meine Erfahrungen und Ergebnisse wieder. Die oft unterschätzte Therapieform des schöpferischen Malens und Gestaltens – mit physisch greifbarem, sinnenhaft fassbaren Material – räumt der Autonomie des Patienten von Anfang an einen hohen Stellenwert ein und ist deshalb manchen Formen von Therapie vorzuziehen, bei der die Autonomie des Patienten erst in einem schmerzhaften Ablösungsprozess vom Therapeuten wiedergewonnen werden muss. In einer Mal- bzw. Gestaltungstherapie ist der Patient von Anfang an nicht nur Leidender, sondern auch Schöpferischer, und die therapeutische Begegnung spielt sich als gemeinsame Begegnung mit den Bildern ab, weitgehend auf Augenhöhe.

Jung selbst empfiehlt den Einbezug des Malens und Gestaltens in die Therapie aus ureigener Erfahrung heraus, gab es ihm doch in eigenen krisenhaften Lebensübergängen entscheidende Anstöße zur Lösung der anstehenden Problematik und eben zur Selbstfindung.

Wie nichts anderes kann die Anregung zum Malen und Gestalten – gerade auch mit Lehm oder Holz oder auch mit Sand wie in der Sandspieltherapie nach Dora Kalff – einem jeden die Möglichkeit zum Ausdruck seiner selbst eröffnen. Wird dieser nun mit allen Sinnen eingebracht, mit dem Geschick und dem Tastsinn der Hände, dem Geruchssinn, dem Auge mit seinem Sensorium für all die energetische Schwingung, die Farben und Formen eigen ist, von Spannung und Balance im Bildraum, dann teilt sich der ganze Mensch mit, vertraut sich an, wenn er ein Bild, eine Figur gestaltet und sie schließlich, gemeinsam betrachtend, mit dem Therapeuten teilt. So wie eine suizidgefährdete Frau es versuchte, die zu Hause und im Wald, wo sie sich das Leben nehmen wollte, Bilder zu malen begann und die nach einigen Wochen, nur ab und zu ihrer Therapeutin einen Blick auf ihre Bilder gewährend, durch das Gestalten und Betrachten dieser Bilder wieder zu sich selbst zurückfand und von da an zu einem schöpferischen Leben.

Natürlich ist diese Methode nur dann fruchtbar, wenn der Therapeut von Bildern so viel versteht, dass er die Ausdrucksgehalte von Farben, Formen und Gestaltungen im Bildraum wahrnehmen und kommunizieren kann, wie es in der Ausbildung an den C. G. Jung-Instituten selbstverständlich ist und dort zum Prüfungsstoff gehört. Aber sie ist auch auf eine ganz besondere Weise geeignet, die psychische Situation und vor allem das schöpferische Entwicklungspotential, das in einem jeden Menschen steckt, zu vermitteln und das schöpferische Potential zwischen Patient und Therapeut wirklich zu teilen.

Vor allem wird sie den besonderen Voraussetzungen und Anforderungen an eine therapeutische Beziehung – wie schon reflektiert – in besonderer Weise gerecht: Die therapeutische Beziehung innerhalb einer solchen Mal- und Gestaltungstherapie im

Jung'schen Sinne ist in hohem Maße eine partnerschaftliche Begegnung, die zugleich den wohltuenden Abstand wahrt, wie er sich bei der Therapie mit gestalterischen Mitteln natürlicherweise konstelliert. Denn auch hier gilt es, wie in jeder therapeutischen Beziehung, auf der Hut zu sein, den sich Anvertrauenden nicht von sich abhängig zu machen bzw. eine sich aufbauende Anhänglichkeit auch wieder in die Selbstständigkeit zurückführen zu können.

Diese Therapieform mit gestaltenden Mitteln hat den einzigartigen Vorteil, dass sie auch bei längeren Pausen in der Terminfolge der Therapie – bedingt durch Krankheit, räumliche Entfernung oder auch Urlaube des Patienten oder des Therapeuten – vom Patienten selbstständig von zu Hause aus weitergeführt werden kann, beruht sie doch überhaupt auf dem selbstständigen Ausgestalten der jeweiligen inneren Situation durch den Patienten. Das Malen und Gestalten kann grundsätzlich auch zu Hause und im eigenen Umfeld durchgeführt werden und kann vor allem auch nach dem Abschluss einer Therapie von dem nun selbstständig gewordenen, ehemaligen Patienten fortgesetzt werden – ein Weg zu Introspektion und Individuation, zu Selbstentfaltung und Selbstfindung ein Leben lang.

Während der letzten Jahrzehnte umkreiste ich die Symbolik des Alters und die damit assoziierten Symbole wie die »weise Frau«, die »alte Weise« und die Frage nach der Weisheit überhaupt, ob Weisheit des Alters überhaupt möglich ist oder ob es sich bei dieser Vorstellung eher – mit Adolf Guggenbühl zu sprechen – um einen »besonders schädlichen Mythos«[279] handelt, weil er zu Selbstüberschätzung bis hin zur Inflation verführt, wofür die alten Könige, die nicht gehen können, ein aufschreckendes Beispiel sind. Dazu bemühe ich in der Neuausgabe meines Buches über »Die weise Frau« sogar die empirische Forschung des Max-Planck-Instituts Berlin, dessen Ergebnis es ist, dass eine auf breiter Lebenserfahrung beruhende Weisheit des Alters durchaus vorhanden sein könne, z. B. als eine besondere Fähigkeit zum Ausgleich von Gegensätzen, auch zur Bescheidung.[280] Weisheit des Alters gibt es also. Ein Ergebnis meiner persönlichen Auseinandersetzung mit dem Alter ist das Buch »Die innere Freiheit des Alterns«[281], das die Psychodynamik und Symbolik unter Jung'schen Gesichtspunkten darstellt. Vielleicht kann gerade die Akzeptanz der vielfältigen Einschränkungen, die das Alter zweifellos mit sich bringt, der Beginn von Altersweisheit sein.

Die mögliche gesellschaftliche Relevanz der Jung'schen Psychologie beschäftigt mich seit Jahrzehnten zunehmend: Archetypisch große Träume zum Umweltproblem, zum Klimaschutz, zum Abbau des Freund-Feind-Denkens gegenüber Flüchtlingen und Menschen aus anderen Kulturen und Religionen häufen sich. Wir sollten sie wahrnehmen und weitertragen. Das Umweltthema ist in der Wiederentdeckung des Grüns als kostbarer Farbe der Schöpfung schon enthalten. Eine umweltbewusste und kultursensible Psychologie bahnt sich an, die wir fördern sollten.

Seit dem Aufkommen eines ökologischen Bewusstseins sammle ich archetypische Träume wie etwa den von der »wilden Anna«[282], die sich gegen Vermüllung und Vergiftung der Meere erhebt und das Land durch Tsunamis verwüstet, die ungeheure Überschwemmungen auslösen, bis sich die Menschen, die in Panik flüchten, zu einem Ausdruck der Ehrfurcht wieder zusammenfinden: zu einer gewaltigen Prozession um eine weite Schale voll Wein in ihrer Mitte – ein Element des Abendmahls, Symbol auch des Grals. Dies geträumt von einer Küstenbewohnerin, zu der Zeit, als das große Robbensterben im ganzen Ostseeraum einsetzte. Tatsächlich bildete sich damals eine Menschenkette durch alle Ostseeländer hin, die den Schutz der Robben und der Ostsee selber einforderte. Solche Träume meinen nicht nur den Einzelnen, der sie träumt, sondern sie gehören der Öffentlichkeit.

Große Träume dieser Art greifen in den letzten Jahren auch das Flüchtlingsthema auf, das Thema, dass Flüchtlinge auch das Fremde in uns selbst ansprechen und aufwecken, den Archetyp des geheimnisvollen, des gefürchteten und zugleich faszinierenden Fremden. In einem dieser Träume, den ich oben schon genannt habe, sitzen Einheimische mit Geflüchteten zusammen auf dem gleichen Ackerland und reichen einander Samen zu und damit die Möglichkeit, künftig gemeinsames Brot zu gewinnen.

Ich sehe es als eine unserer zentralen Verantwortungen als Jungianerinnen und Jungianer, das Bewusstsein sowohl der Patienten als auch der Menschen allgemein für diese kultursensiblen und politischen Aspekte wieder zu wecken, sie dabei zu unterstützen, auch auf die Signale aus dem Unbewussten achten zu lernen. Es geht darum, die Botschaften aus dem Unbewussten auch an die Öffentlichkeit weiterzureichen. Dies versuche ich z. B. in einer meiner letzten Buchveröffentlichungen: »Die Welt im Spiegel der Seele«[283].

Therapie: vertrauende Begegnung und heilende Beziehung

Wenn ich mich rückblickend frage, was mir bis heute besonders wichtig geworden ist in den Jahrzehnten meiner beruflichen Arbeit als Jung'sche Psychoanalytikerin, als Supervisorin, als Lehranalytikerin, dann komme ich zu dem Schluss: Es war immer wieder die Begegnung mit Menschen, die sich anvertrauten, oft in sehr schweren Lebenssituationen, in einer lebensbedrohlichen Krankheit etwa, in einer kritischen Phase von Suizidalität, in der es schon schwierig genug war, überhaupt ein Gespräch mit den Betreffenden führen zu dürfen. Dass eine solche Begegnung dennoch möglich wurde, immer wieder zwischen uns Menschen, – zwischen den sich Anvertrauenden, zwischen einander Vertrauen Schenkenden –, eben dies erscheint mir als das Besondere, auch als das Beglückende an diesem Beruf: Er ist eine Berufung zur Begegnung. Der Kern des Therapeutenberufes ist die Bereitschaft und die Fähigkeit, aus der sich anvertrauenden Begegnung mit einem psychisch belasteten Menschen heraus eine tragfähige therapeutische Beziehung zu gestalten, worin dieser Mensch letztlich das Grundvertrauen zurückgewinnen kann, auf dem menschliches Leben beruht.

Eine therapeutische Beziehung verdient diesen Namen nur, wenn sie eine wirkliche Beziehung ist, mit Wärme und Offenheit im Kontakt, worin natürlich auch das Nachdenken des Therapeuten, der Therapeutin über den laufenden therapeutischen Prozess eingebracht werden darf. Doch auch hier hängt alles daran, dass ein respektvoller Abstand zwischen Therapeut und Klient gewahrt bleibt, so dass Raum bleibt für die sich entwickelnde Selbstständigkeit des Klienten, der Therapie sucht, so dass es *seine* Neuorientierung und Selbstfindung wird und nicht unbedingt eine Realisierung von Vorstellungen des Therapeuten, der Therapeutin.

In seinem Begegnungs- und Beziehungsaspekt ist dieser Therapeutenberuf auch gesellschaftlich relevant. Bei aller Suche nach Selbstverwirklichung, die heute im Fokus des Interesses liegt, bei aller Frage nach der Individualität, geht es darum – und heute mehr denn je –, auch einander wiederzufinden als einander Zugeordnete, als einander Begleitende. Letztlich geht es immer wieder um die Erfahrung respektvoller menschlicher Begegnung und Beziehung, die auf dem gemeinsamen Vertrauen auf ein sinnvolles Leben beruht, das es gemeinsam zu erkennen und zu gestalten gilt.

Dieser Beruf ist eine Berufung zur Begegnung: Der Kern des Therapeutenberufes ist die Bereitschaft und die Fähigkeit, aus der sich anvertrauenden Begegnung mit einem psychisch belasteten Menschen heraus, eine tragfähige therapeutische Beziehung zu gestalten, worin dieser Mensch letztlich das Grundvertrauen zurückgewinnen kann, auf dem menschliches Leben basiert. Dabei soll und wird dieser Mensch auch seine innere Welt, seine Sinn-Symbole und sein Selbst Schritt für Schritt entdecken.

Letztlich ging es mir in den Jahrzehnten meiner therapeutischen Arbeit um das Gewinnen eines Menschenbildes, das den schöpferischen, den selbstgestaltenden und selbstheilenden Aspekt des Menschseins ins Zentrum einer Therapie rückt: ein Menschenbild auf Basis der Tiefenpsychologie C. G. Jungs und des mit ihr verbundenen Entdeckens der inneren Welt. Das schließt den Dialog mit anderen Richtungen der Psychotherapie und der psychologischen Forschung nicht aus, sondern ein, wie sich an einigen wichtigen Fragestellungen, die ich hier aufzeigen konnte, erwiesen hat.

Anhang

Anmerkungen

1 Zur Einführung in die Jung'sche Tiefenpsychologie vgl. Kast, Verena: Die Tiefenpsychologie nach C. G. Jung. Eine praktische Orientierungshilfe. 7. Aufl. Patmos, Ostfildern 2022.

2 Vgl. Kast, Verena: Träume. Die geheimnisvolle Sprache des Unbewussten. 9. Aufl. Patmos, Ostfildern 2021; Jung, C. G.: Traumsymbole des Individuationsprozesses (1936). In: GW 12: Psychologie und Alchemie. Hg. von Lilly Jung-Merker / Elisabeth Rüf. 6. Aufl. Edition C. G. Jung im Patmos Verlag, Ostfildern 2021, §§ 44–331; ders.: Die Traumanalyse (1909). In: GW 4: Freud und die Psychoanalyse. Hg. von Franz Riklin / Lilly Jung-Merker / Elisabeth Rüf. 3. Aufl. Edition C. G. Jung im Patmos Verlag, Ostfildern 2011, §§ 64–94; ders.: Die praktische Verwendbarkeit der Traumanalyse (1934). In: GW 16: Praxis der Psychotherapie. Hg. von Marianne Niehus-Jung / Lena Hurwitz-Eisner / Franz Riklin et al. Sonderausgabe. 3. Aufl. Edition C. G. Jung im Patmos Verlag, Ostfildern 2011, §§ 294–352; ders.: Allgemeine Gesichtspunkte zur Psychologie des Traumes (1916). In: GW 8: Die Dynamik des Unbewußten. Hg. von Marianne Niehus-Jung / Lena Hurwitz-Eisner / Franz Riklin / Lilly Jung-Merker / Elisabeth Rüf. Sonderausgabe. 6. Aufl. Edition C. G. Jung im Patmos Verlag, Ostfildern 2021, §§ 443–529; ders.: Vom Wesen der Träume (1945). In: GW 8, §§ 530–569; ders.: Symbole und Traumdeutung (1961). In: GW 18/I: Das symbolische Leben. Verschiedene Schriften. Hg. von Lilly Jung-Merker / Elisabeth Rüf. Sonderausgabe. 5. Aufl. Edition C. G. Jung im Patmos Verlag, Ostfildern 2022, §§ 416–607; Riedel, Ingrid: Träume – Wegweiser in neue Lebensphasen. Neuausgabe. Patmos, Ostfildern 2019.

3 Jung, C. G.: Theoretische Überlegungen zum Wesen des Psychischen (1947). In: GW 8: Die Dynamik des Unbewußten. Hg. von Marianne Niehus-Jung / Lena Hurwitz-Eisner / Franz Riklin / Lilly Jung-Merker / Elisabeth Rüf. Sonderausgabe. 6. Aufl. Edition C. G. Jung im Patmos Verlag, Ostfildern 2021, § 404.

4 Ders.: Symbole und Traumdeutung (1961). In: GW 18/I: Das symbolische Leben. Verschiedene Schriften. Hg. von Lilly Jung-Merker / Elisabeth Rüf. Sonderausgabe. 5. Aufl. Edition C. G. Jung im Patmos Verlag, Ostfildern 2022, § 589 (Hervorhebung von C. G. Jung).

5 Kast, Verena: Träumend imaginieren. Einblicke in die Traumwerkstatt. Vandenhoeck & Ruprecht, Göttingen 2019. Hierin nimmt sie Bezug auf die

Forschungen der affektiven Neurowissenschaft zum Träumen als Gedankenwandern, beschrieben in: Fox, Kieran C. R. / Koroma, Matthieu: Wandering along the spectrum of spontaneous thinking. Dreaming, meditation, mind-wandering, and well-being. An interview with Kieran Fox. In: ALIUS Bulletin 2, 2018, S. 1–15; außerdem in: Fox, Kieran C. R. / Andrews-Hanna, Jessica R. / Mills, Caitlin, et al.: Affective neuroscience of self-generated thought. In: Annals of the New York Academy of Sciences, Mai 2018, S. 1–27.

6 Vgl. Verena Kast im Interview: Donzé, René / Pfister, Franziska: Alles nur geträumt? Interview mit der Psychologin Verena Kast. In: dies. (Hg.): Die Kraft der Sinne. Wie wir sehen, hören, tasten, riechen, schmecken. Verlag Neue Zürcher Zeitung, Zürich 2016, S. 163.

7 C. G. Jungs Methode der Aktiven Imaginations wird umfassend vorgestellt in: Dorst, Brigitte / Vogel, Ralf T. (Hg.): Aktive Imagination. Schöpferisch leben aus inneren Bildern. Kohlhammer, Stuttgart 2014.

8 Vgl. Anm. 2, dazu auch: Jung, C. G.: Allgemeines zur Komplextheorie (1934). In: GW 8: Die Dynamik des Unbewußten. Hg. von Marianne Niehus-Jung / Lena Hurwitz-Eisner / Franz Riklin / Lilly Jung-Merker / Elisabeth Rüf. Sonderausgabe. 6. Aufl. Edition C. G. Jung im Patmos Verlag, Ostfildern 2021, §§ 202f.

9 Althaus, Nicole: Ich fühle, also bin ich. Wie sich die menschlichen Sinne entwickeln. In: Donzé, René / Pfister, Franziska (Hg.): Die Kraft der Sinne. Wie wir sehen, hören, tasten, riechen, schmecken. Verlag Neue Zürcher Zeitung, Zürich 2016, S. 18.

10 Grunwald, Martin: Homo hapticus. Warum wir ohne Tastsinn nicht leben können. Droemer, München 2017.

11 Zum Hören vgl. Imhasly, Patrick / Bräm, Marina: Unsere fünf Sinne. Wie sie funktionieren. In: Donzé, René / Pfister, Franziska (Hg.): Die Kraft der Sinne. Wie wir sehen, hören, tasten, riechen, schmecken. Verlag Neue Zürcher Zeitung, Zürich 2016, S. 74.

12 Zum Sehen vgl. ebd., S. 71.

13 Zum Riechen vgl. ebd., S. 72.

14 Zum Schmecken vgl. ebd., S. 73.

15 Zum Tasten vgl. ebd., S. 75.

16 Frankl, Viktor E.: Über den Sinn des Lebens. Mit einem Vorwort von Joachim Bauer. Beltz, Weinheim/Basel 2019; ders.: Wer ein Warum zu leben hat. Lebenssinn und Resilienz. Beltz, Weinheim/ Basel 2017.

17 Jung, C. G.: Über die Beziehung der Psychotherapie zur Seelsorge (1932). In: GW 11: Zur Psychologie westlicher und östlicher Religion (1963). Hg. von Marianne Niehus-Jung / Lena Hurwitz-Eisner / Franz Riklin / Lilly Jung-Merker / Elisabeth Rüf / Leonie Zander. Sonderausgabe. 6. Aufl. Edition C. G. Jung im Patmos Verlag, Ostfildern 2019, § 497.

18 Osten, Manfred: 2 x 3 macht 4 – Warum wir eine neue Fehlerkultur brauchen. Manuskript einer Sendung in der SWR2 AULA vom 3.9.2006, S. 5.

19 Vgl. Althaus: Ich fühle, also bin ich, S. 20; 25–26.

20 Vgl. ebd., S. 18; 20. Bei Berührung oder Massage erfolgt die Ausschüttung von Oxytoxin, das zum Aufbau von Vertrauen und Bindung führt, bei Kleinkindern zu Wachstumsbeschleunigung. Gleichzeitig wird das Stresshormon Cortisol gehemmt.

21 Vgl. Riedel, Ingrid: Wenn Mütter und Töchter einander suchen. Demeters Trauer und Persephones Wiederkehr – ein lebendiger Mythos. Erweiterte, überarbeitete und neu gestaltete Ausgabe. Kreuz, Stuttgart, 2003, S. 22. (Der Text des Hymnus ist zitiert nach: Weiher, Anton (Hg.): Homerische Hymnen. Griechisch und deutsch. 5. Aufl. Artemis, München/Zürich 1986.)

22 Kohut, Heinz: Narzissmus. Eine Theorie der psychoanalytischen Behandlung narzisstischer Persönlichkeitsstörungen. Suhrkamp, Frankfurt am Main 1973, S. 141. Vgl. auch ders.: Introspektion, Empathie und Psychoanalyse. Aufsätze zur psychoanalytischen Theorie, zu Pädagogik und Forschung und zur Psychologie der Kunst. Suhrkamp, Frankfurt am Main 1977, S. 55ff.; Riedel: Wenn Mütter und Töchter einander suchen, S. 9–35.

23 Vgl. Cierpka, Manfred: Frühe Kindheit 0–3 Jahre. Beratung und Psychotherapie für Eltern mit Säuglingen und Kleinkindern. Mit 12 Tabellen. 2., korrigierte Aufl. Springer, Berlin u.a. 2014.

24 Mistral, Gabriela: Wenn du mich anblickst, werd' ich schön. Gedichte. Ausgewählt von Wolfgang Eitel. Mit einer Einführung von Jorge Edwards. Übertragen von Albert Theile. Piper, München/Zürich 1991, S. 31.

25 Zum Hören vgl. Imhasly/Bräm: Unsere fünf Sinne, S. 74.

26 Vgl. Levine, Peter A.: Sprache ohne Worte. Wie unser Körper Trauma verarbeitet und uns in die innere Balance zurückführt. Kösel, München 2011.

27 Drees, Alfred: Folter, Opfer, Täter, Therapeuten. Neue Konzepte in der psychotherapeutischen Behandlung von Gewaltopfern. Psychosozial-Verlag, Gießen 1996.

28 Vgl. Donzé/Pfister: Leben heisst spüren, S. 55–68.

29 Hinshaw, Robert / Fischli, Lea (Hg.): C.G. Jung im Gespräch. Interviews, Reden, Begegnungen. Daimon, Zürich 1986, S. 290f.

30 Zur Musiktherapie vgl.: Hinshaw/Fischli: C.G. Jung im Gespräch, S. 87–90.

31 Vgl. Kast, Verena: Freude, Inspiration, Hoffnung. Neuausgabe. Patmos, Ostfildern 2013, S. 55ff.

32 Proust, Marcel: Auf der Suche nach der verlorenen Zeit (1913–1927). 3 Bde. 5. Aufl. Suhrkamp, Frankfurt am Main 2000.

33 Vgl. Kast: Die Tiefenpsychologie nach C.G. Jung, S. 13ff.

34 Feldenkrais, Moshé: Bewußtheit durch Bewegung. Der aufrechte Gang. 20. Aufl. Suhrkamp, Frankfurt am Main 2020; vgl. ders.: Verkörperte Weisheit. Gesammelte Schriften. Huber, Bern 2013.

35 Vgl. Adam, Klaus-Uwe: Art. »Empfinden«. In: Müller, Anette / Müller, Lutz (Hg.): Wörterbuch der Analytischen Psychologie. Walter, Düsseldorf 2003, S. 101.

36 Ebd.

37 So wird etwa bei Monika Rafalski »Das unerbittliche Rad der vier Funktionen« (in: Analytische Psychologie 191.1, 2019, S. 138–157) bei aller Differenziertheit der übrigen Darstellungen die Empfindungsfunktion nicht einmal erwähnt. Demgegenüber schreibt Alessandra Lemma: »Ihr [der Empfindungsfunktion, I. R.] Beitrag zum Verständnis dieses fundamentalsten aller psychoanalytischen Belange – unsere Beziehung zu unseren Körpern – ist immens und nimmt weiter zu« (Lemma, Alessandra: Der Körper spricht immer. Körperlichkeit in analytischen Therapien und jenseits der Couch. Brandes & Apsel, Frankfurt am Main 2018.)

38 Adam: Art. »Empfinden«, S. 101.

39 Vgl. Riedel, Ingrid: Die Symbolik der Farben. Eine tiefenpsychologische Farbenlehre. Neuausgabe. Ostfildern, Patmos 2019 (1. Auflage Kreuz, Stuttgart 1983).

40 Riedel, Ingrid: Hildegard von Bingen. Prophetin der kosmischen Weisheit. Herder, Freiburg im Breisgau, S. 162.

41 Sensualismus: »Das auf Aristoteles zurückgehende erkenntnistheoretische Prinzip Thomas von Aquins: ›Was in unserem Geist ist, war zuvor in den Sinnen‹ (›quod est in intellectu nostro prius in sensu fuerit‹) wird in der Neuzeit zum sensualistischen Grundsatz ›nichts ist im Geist, was nicht vorher in den Sinnen gewesen ist‹ (›nihil est in intellectu, quod non ante fuerit in sensu‹) verabsolutiert.« (Vollmer, Matthias: »Sensualismus«. In: Ritter, Joachim / Gründer, Karlfried / Gabriel, Gottfried (Hg.): Historisches Wörterbuch der Philosophie. Onlineversion. Schwabe, Basel 1995. DOI: 10.24894/HWPh.3866.) Prominente Vertreter des Sensualismus sind Hobbes und Locke, gefolgt von den französischen Sensualisten. Bei Locke entspringt alle Erkenntnis den Sensationen, den äußeren Sinnen und deren Reflexion.

42 Bachmann, Ingeborg: An die Sonne. In: dies.: Gedichte, Erzählungen, Hörspiel, Essays. Piper, München 1974, S. 51.

43 Verena Kast im Interview: Donzé/Pfister: Alles nur geträumt?, S. 163.

44 Jung, C. G.: Über die Psychologie der Dementia Praecox: Ein Versuch. Kapitel 2: Der gefühlsbetonte Komplex und seine allgemeinen Wirkungen auf die Psyche. In: GW 3: Psychogenese der Geisteskrankheiten. Hg. von Franz Riklin / Lilly Jung-Merker / Elisabeth Rüf. Sonderausgabe. 3. Aufl. Edition C. G. Jung im Patmos Verlag, Ostfildern 2021, § 78.

45 Vgl. ebd.

46 Kast, Verena: Trauern. Phasen und Chancen des psychischen Prozesses. Herder, Freiburg im Breisgau 1982 (Erweiterte Neuausgabe. 5. Aufl. Kreuz, Freiburg im Breisgau 2020).

47 Vgl. auch dies.: Neid und Eifersucht. Die Herausforderung durch unangenehme Gefühle. Olten, Walter 1996, S. 188–190 (Über sich hinauswachsen. Neid und Eifersucht als Chancen für die persönliche Entwicklung. Aktualisierte Neuausgabe. 3. Aufl., Patmos, Ostfildern 2021, S. 152–169).

48 Die Phase des neuen Selbst- und Weltbezugs wird beschrieben in: dies.: Trauern, S. 71ff.

49 Dies.: Freude, Inspiration, Hoffnung. Walter, Olten 1991 (Neuausgabe. 6. Aufl. Patmos, Ostfildern 2013).

50 Vgl. ebd., S. 16–23.

51 Zur Freudenbiographie vgl. ebd., S. 55ff; 60ff.

52 Zur Vorfreude vgl. ebd., S. 72ff., sowie dies.: Nostalgie und Aufbruch. Von der Lust, die Welt zu gestalten. Herder, Freiburg im Breisgau 2019, S. 92–94.

53 Dies.: Das Assoziationsexperiment in der therapeutischen Praxis. Bonz, Fellbach-Oeffingen 1980. Vgl. dies.: Die Tiefenpsychologie nach C. G. Jung, S. 7–20.

54 Ebd., S. 14. Vgl. auch dies.: Komplextheorie gestern und heute. In: Analytische Psychologie 29, 1989, S. 296–316.

55 Jung, C. G.: Über die Archetypen des kollektiven Unbewußten (1934). In: GW 9/I: Die Archetypen und das kollektive Unbewußte. Hg. von Lilly Jung-Merker / Elisabeth Rüf. Sonderausgabe. 9. Aufl. Edition C. G. Jung im Patmos Verlag, §§ 1–86.

56 Vgl. Kast: Tiefenpsychologie, S. 23ff.

57 Vgl. dies.: Vom Interesse und dem Sinn der Langeweile. Walter, Düsseldorf/ Zürich 2001 (Neuausgabe unter dem Titel »Zugang zur Lebendigkeit. Interesse und Langeweile als schöpferische Kräfte«. Patmos, Ostfildern 2021).

58 Vgl. z.B. dies.: Über sich hinauswachesn, S. 41f.

59 Vgl. dies.: Wider Angst und Hass. Das Fremde als Herausforderung zur Entwicklung. Patmos, Ostfildern 2017, S. 111.

60 Dies.: Der Schatten in uns. Die subversive Lebenskraft. Walter, Zürich 1999 (4. Aufl. 2020 der Neuausgabe 2016. Patmos, Ostfildern).

61 Dies.: Wider Angst und Hass.

62 Ebd., S. 9.

63 Eine hohe sozialpsychologische Relevanz von Kasts Publikation »Immer wieder mit sich selber Einswerden. Identität und Selbstwert in einer komplexen Welt« (Patmos, Ostfildern 2018) wird in der Rezension von Ralf T. Vogel betont (in: Analytische Psychologie 191.1, 2019, S. 221/222).

64 Kast: Nostalgie und Aufbruch.

65 Dies.: Komplexe und ihre Kompensation. Anregungen aus der affektiven Neurowissenschaft. In: Analytische Psychologie 191.1, 2019, S. 14–33; vgl.

auch dies.: Nostalgie und Aufbruch, S. 86–90, wo sie von »Grundemotionssystemen« (S. 86) spricht.

66 Jung: Über die Psychologie der Dementia Praecox. Kap. 2: Der gefühlsbetonte Komplex. GW 3, § 78.

67 Panksepp, Jaak / Biven, Lucy: The Archaeology of Mind. Neuroevolutionary Origins of Human Emotions. Norton, New York 2012, S. 31 (Übersetzung, hier und bei allen nachfolgenden Zitaten aus diesem Werk: Verena Kast).

68 Damasio, Antonio R.: Selbst ist der Mensch. Körper, Geist und die Entstehung des menschlichen Bewusstseins. Siedler, München 2011; de Waal, Frans: Das Prinzip Empathie. Was wir von der Natur für eine bessere Gesellschaft lernen können. Hanser, München 2011.

69 Panksepp/Biven: The Archaeology of Mind, S. 9f.

70 Vgl. ebd., S. 457.

71 Vgl. ebd.

72 Ebd., S. 459.

73 Vgl. ebd.; vgl. auch Kast: Komplexe und deren Kompensation; dies.: Konflikte anders sehen. Die eigenen Lebensthemen entdecken. Neuausgabe. Patmos, Ostfildern 2020, S. 24ff.; 154.

74 Dies.: Freude, Inspiration, Hoffnung, S. 16ff.

75 Dies.: Tiefenpsychologie, S. 30.

76 Vgl. dies.: Nostalgie und Aufbruch, S. 27; vgl. Jung, C.G.: Die transzendente Funktion. In: GW 8: Die Dynamik des Unbewußten. Hg. von Marianne Niehus-Jung / Lena Hurwitz-Eisner / Franz Riklin / Lilly Jung-Merker / Elisabeth Rüf. Sonderausgabe. 6. Aufl. Edition C. G. Jung im Patmos Verlag, Ostfildern 2021, §§ 131–193.

77 Panksepp/Biven: The Archaeology of Mind, S. 377.

78 Kast: Tiefenpsychologie, S. 18.

79 Dies.: Komplexe und ihre Kompensation, S. 32; vgl. auch dies.: Vom Sinn der Angst. Wie Ängste sich festsetzen und wie sie sich verwandeln lassen. Herder, Freiburg im Breisgau 1996, S. 20; 27; 72ff.; 126; 207.

80 Vgl. Jung: Die transzendente Funktion. GW 8, §§ 131–193; vgl. dazu Kast: Die Tiefenpsychologie nach C.G. Jung, S. 18; dies.: Nostalgie und Aufbruch, S. 86–94.

81 Zitiert in: Kast: Komplexe und ihre Kompensation, S. 28f.

82 Panksepp/Biven: The Archaeology of Mind, S. 433–435; vgl. Kast: Nostalgie und Aufbruch, S. 31f.

83 Panksepp/Biven: The Archaeology of Mind, S. 435.

84 Vgl. Panksepp/Biven: The Archaeology of Mind, S. 377.

85 Jung, C.G.: Erinnerungen, Träume, Gedanken. Aufgezeichnet und herausgegeben von Aniela Jaffé. Sonderausgabe. 21. Aufl. Edition C.G. Jung im Patmos Verlag, Ostfildern 2020, S. 198.

86 Vgl. Riedel, Ingrid / Henzler, Christa: Maltherapie. Auf Basis der Analytischen Psychologie C. G. Jungs. Erweiterte Neuausgabe. Patmos, Ostfildern 2016.

87 Kast: Nostalgie und Aufbruch, S. 97.

88 Ebd., S. 16.

89 Schätzing, Frank: Der Schwarm. Kiepenheuer und Witsch, Köln 2004.

90 Meier, C. A. (Hg.): Wolfgang Pauli und C. G. Jung. Ein Briefwechsel. 1932–1958. Springer, Berlin u.a. 1992.

91 Vgl. Jung, C. G.: Synchronizität als ein Prinzip akausaler Zusammenhänge (1952). In: GW 8: Die Dynamik des Unbewußten. Hg. von Marianne Niehus-Jung / Lena Hurwitz-Eisner / Franz Riklin / Lilly Jung-Merker / Elisabeth Rüf. Sonderausgabe. 6. Aufl. Edition C. G. Jung im Patmos Verlag, Ostfildern 2021, § 917.

92 Ebd., § 843.

93 Jung, C. G.: Über Synchronizität (1952). In: GW 8: Die Dynamik des Unbewußten. Hg. von Marianne Niehus-Jung / Lena Hurwitz-Eisner / Franz Riklin / Lilly Jung-Merker / Elisabeth Rüf. Sonderausgabe. 6. Aufl. Edition C. G. Jung im Patmos Verlag, Ostfildern 2021, §§ 972.

94 Vgl. Seifert, Theodor / Seifert, Ang Lee: So ein Zufall! Synchronizität und der Sinn von Zufällen. opus magnum, Stuttgart 2011. https://opus-magnum.com/download/1813 [Zugriff: 21.12.2021]; vgl. auch: Bolen, Jean Shinoda: Tao der Psychologie. Sinnvolle Zufälle. Sphinx, Basel 1989; Peat, F. David: Synchronizität. Die verborgene Ordnung. Scherz, München 1989; Bloch, Walter: Geheimnisse von Raum und Zeit. Synchronizität und Nichtlokalität. Crotona, Amerang 2020.

95 Zum Mythos von Inanna vgl. Ferguson, Vera S.: Inannas Rückkehr. Die Götter der Plejaden in neuem Licht. Neue Erde, Saarbrücken 1997.

96 Jung an Pauli vom 24.10.1953, in: Meier: Wolfgang Pauli und C. G. Jung, S. 125–129.

97 Ebd.

98 Jung an Pauli vom 30.11.1950, in: ebd., S. 64.

99 Vgl. Jung an Pauli vom 24.10.1953, in: ebd., S. 125–129.

100 Vgl. Kast, Verena: Die Dynamik der Symbole. Grundlage der Jung'schen Psychotherapie. Neuausgabe. 3. Aufl. Patmos, Ostfildern 2020, S. 24ff.

101 Jung, C. G.: Zur Psychologie des Kindarchetypus (1940). In: GW 9/I: Die Archetypen und das kollektive Unbewußte. Hg. von Lilly Jung-Merker / Elisabeth Rüf. Sonderausgabe. 9. Aufl. Edition C. G. Jung im Patmos Verlag, Ostfildern 2021, § 291.

102 Rilke, Rainer Maria: Es winkt zu Fühlung fast aus allen Dingen. In: ders.: Werke. Bd. II: Gedichte 1906–1926. Insel, Frankfurt am Main 1966, S. 92; vgl. dazu auch: Brück, Michael von: Weltinnenraum. Rainer Maria Rilkes Duineser Elegien in Resonanz mit dem Buddha. Karl Alber, Freiburg im Breisgau / München 2020.

103 Jung: Zur Psychologie des Kindarchetypus. GW 9/I, § 291. Auch hierzu gibt es neuerdings Überlegungen aus dem Bereich der Neurowissenschaft.
104 Hüther, Gerald: Die Macht der inneren Bilder. Wie Visionen das Gehirn, den Menschen und die Welt verändern. 8. Aufl. Vandenhoeck & Ruprecht, Göttingen 2014, S. 24f.
105 Jung: Zur Psychologie des Kindarchetypus. GW 9/I, § 291.
106 Görnitz, Thomas / Görnitz, Brigitte: Der kreative Kosmos. Geist und Materie aus Quanteninformation. Elsevier, München / Spektrum Akademischer Verlag, Heidelberg 2007; Görnitz, Thomas: Quanten sind anders. Die verborgene Einheit der Welt. Elsevier, Heidelberg 2006.
107 Jung: Zur Psychologie des Kindarchetypus. GW 9/I, § 291.
108 Neumann, Erich: Die Psyche und die Wandlung der Wirklichkeitsebenen – ein meta-psychologischer Versuch. In: ders.: Die Psyche als Ort der Gestaltung. Eranos-Vorträge Band II. Hg. von Regula Bühlmann. Johanna Nordländer, Rütte 2007, S. 52–92.
109 Jung: Zur Psychologie des Kindarchetypus. GW 9/I, § 291.
110 Vgl. Riedel, Ingrid: Formen. Tiefenpsychologische Deutung von Kreis, Kreuz, Dreieck, Quadrat, Spirale und Mandala. Neuausgabe. Kreuz, Stuttgart 2002.
111 Jung: Zur Psychologie des Kindarchetypus. GW 9/I, § 291.
112 Jung, C.G.: The Black Books: 1913–1932. Notebooks of Transformation. 7 Bde. (Philemon Series). W. W. Norton, New York 2020.
113 Jung, C.G.: Das Rote Buch. Liber Novus. Hg. und eingeleitet von Sonu Shamdasani. (Philemon Series). 6. Auflage. Patmos, Ostfildern 2019; ders.: Das Rote Buch. Der Text. Hg. und eingeleitet von Sonu Shamdasani. (Philemon Series). 4. Aufl. Edition C.G. Jung im Patmos Verlag, Ostfildern 2021. Alle Literaturangaben aus dem Roten Buch beziehen sich im Folgenden auf die Textausgabe.
114 Ebd.: Das Rote Buch. Der Text, S. 79. C.G. Jung erwähnt hier, dass dieser Auftrag an ihn im Schwarzen Buch 7 – dort S. 92 – ergangen sei. Vgl. zu diesem religiösen Auftrag an Jung: ders.: Zur Psychologie westlicher und östlicher Religion. GW 11. Hg. von Marianne Niehus-Jung / Lena Hurwitz-Eisner / Franz Riklin / Lilly Jung-Merker / Elisabeth Rüf / Leonie Zander. Sonderausgabe. 6. Aufl. Edition C.G. Jung im Patmos Verlag, Ostfildern 2019.
115 Ders.: Das Rote Buch. Der Text, S. 79.
116 Ders.: Erinnerungen, Träume, Gedanken, S. 222.
117 Die 1. Auflage erschien 2009 auf Englisch und Deutsch.
118 Ders.: Das Rote Buch. Der Text, S. 79.
119 Ders.: Wandlungen und Symbole der Libido. Beiträge zur Entwicklungsgeschichte des Denkens. Deuticke, Leipzig 1912. Neubearbeitung: Symbole der Wandlung. Analyse des Vorspiels zu einer Schizophrenie (1952). GW 5.

Hg. von Lilly Jung-Merker / Elisabeth Rüf. Sonderausgabe. 6. Aufl. Edition C. G. Jung im Patmos Verlag, Ostfildern 2021.

120 Vgl. ders.: Analytische Psychologie. Nach Aufzeichnungen des Seminars 1925. Hg. von William McGuire. Walter, Düsseldorf/Solothurn 1995, S. 129–157.

121 Shamdasani, Sonu: Liber Novus. Das »Rote Buch« von C. G. Jung. In: Jung: Das Rote Buch. Der Text, S. 80.

122 Nietzsche, Friedrich: Sämtliche Werke. Kritische Studienausgabe. Bd. 4: Also sprach Zarathustra. de Gruyter, München / Berlin / New York 1999. Der Ausspruch, Gott sei tot, findet sich erstmals in »Die fröhliche Wissenschaft«, Aphorismus 125, in: ders: Sämtliche Werke. Kritische Studienausgabe. Bd. 3: Morgenröte / Idyllen aus Messina / Die fröhliche Wissenschaft. de Gruyter, München / Berlin / New York 1999, S. 480f. Nietzsche proklamiert hier eindrucksvoll den Tod Gottes und schafft im Zarathustra eine ebenso imponierende Gestalt, die die Nachricht vom Tode Gottes weiterverbreitet. Zu Jung und Nietzsche vgl.: Parkes, Graham: Nietzsche and Jung. Ambivalent Appreciation. In: Golomb, Jacob / Santaniello, Weaver / Lehrer, Ronald L. (Hg.): Nietzsche and Depth Psychology. State University of New York Press, Albany 1999, S. 205–228; Klein, Andreas: Der Tod Gottes und das Rote Buch Carl Gustav Jungs. In: Analytische Psychologie 195.1, 2021, S. 50–59; Arzt, Thomas (Hg.): Das Rote Buch. C. G. Jungs Reise zum »anderen Pol der Welt«. Königshausen & Neumann, Würzburg 2015; Bishop, Paul: The Dionysian Self. C. G. Jung's Reception of Friedrich Nietzsche. de Gruyter, Berlin / New York 1995; Jung, C. G.: Nietzsche's Zarathustra. Notes of the Seminar Given in 1934–1939. Hg. von James L. Jarrett. 2 Bde. (Bollingen Series XCIX). Princeton UP, Princeton 1988.

123 Zu Meister Eckhart vgl.: Niles, Bernd: Die Seelendeutung Meister Eckharts im Vergleich zu der C. G. Jungs. In: Wie sieht die Seele aus? Über Selbsterkenntnis und Gotteserkenntnis. (Herrenalber Texte). Ev. Akademie Baden, Karlsruhe 1987, S. 27–43.

124 Zur Gnosis vgl.: Jung, C. G.: Psychologie und Alchemie (1944). GW 12. Hg. von Lilly Jung-Merker / Elisabeth Rüf. Sonderausgabe. 6. Aufl. Edition C. G. Jung im Patmos Verlag, Ostfildern 2021.

125 Vgl. ders.: Psychologie und Religion (1940). In: GW 11: Zur Psychologie westlicher und östlicher Religion. Hg. von Marianne Niehus-Jung / Lena Hurwitz-Eisner / Franz Riklin / Lilly Jung-Merker / Elisabeth Rüf / Leonie Zander. Sonderausgabe. 6. Aufl. Edition C. G. Jung im Patmos Verlag, Ostfildern 2019, §§ 1–168, § 107.

126 Ders.: Das Rote Buch. Der Text, S. 289.

127 Ebd., S. 289f.

128 Vgl. ebd., S. 290.

129 Ebd., S. 291.

130 Ebd., S. 292.

131 Ebd.
132 Ebd., S. 294.
133 Ebd., S. 301f.
134 Ebd., S. 303.
135 Ebd., S. 303f.
136 Ebd., S. 304.
137 Ebd., S. 305
138 Ebd., S. 307.
139 Vgl. Protokolle der Gespräche von Aniela Jaffé mit Jung für »Erinnerungen, Träume, Gedanken«, Library of Congress, Washington, DC, S. 147f. (siehe Anm. 114 in: Jung, Das Rote Buch. Der Text, S. 306).
140 Ebd., S. 309.
141 Ebd.
142 Ebd., S. 316f.
143 Ebd., S. 317ff.
144 Ebd., S. 318.
145 Ebd., S. 319.
146 Ebd., S. 319f.
147 Vgl. Klein: Der Tod Gottes und das Rote Buch.
148 Ebd., S. 309.
149 Jung: Das Rote Buch. Der Text, Kap. XIV, S. 339ff.
150 Ebd.
151 Ebd., S. 340.
152 Ebd., S. 342.
153 Ebd., S. 343.
154 Ebd., Kap. XV, S. 344ff.
155 Ebd., S. 345.
156 Vg. ebd.
157 Ebd., S. 346.
158 Ebd., S. 347.
159 Ebd., S. 349.
160 Ebd., S. 350.
161 Jung: Analytische Psychologie. Nach Aufzeichnungen des Seminars 1925, S. 131f.
162 Ebd., S. 131.
163 Jung: Das Rote Buch. Der Text, S. 309.
164 Ebd., S. 379, Anm. 220.
165 Vgl. ebd., S. 384, Anm. 227.
166 Ebd., S. 383, Anm. 225.
167 Jung, C.G.: Antwort auf Hiob (1952): In: GW 11: Zur Psychologie westlicher und östlicher Religion. Hg. von Marianne Niehus-Jung / Lena Hurwitz-Eisner / Franz Riklin / Lilly Jung-Merker / Elisabeth Rüf / Leonie

Zander. Sonderausgabe. 6. Aufl. Edition C. G. Jung im Patmos Verlag, Ostfildern 2019, §§ 553–758.

168 Jung: Das Rote Buch. Der Text, S. 418.

169 Ebd.

170 Vgl. Kast, Verena: Imagination. Zugänge zu inneren Ressourcen finden. Völlig überarbeitete und erweiterte Neuausgabe. 2. Aufl. Patmos, Ostfildern 2016.

171 Tillich, Paul: Der Mut zum Sein. 5. Aufl. Steingrüben, Stuttgart 1964, S. 124: »Glaube ist ein Ergriffensein durch das, was uns unbedingt angeht, den Grund unseres Seins und Sinnes. Der Mut zum Sein ist ein Ausdruck des Glaubens.«

172 Jung, C. G.: Ein moderner Mythus: Von Dingen, die am Himmel gesehen werden (1958). In: GW 10: Zivilisation im Übergang. Hg. von Lilly Jung-Merker / Elisabeth Rüf. Sonderausgabe. 6. Aufl. Edition C. G. Jung im Patmos Verlag, Ostfildern 2021, § 655: »*Im religiösen Erlebnis begegnet der Mensch einem übermächtigen Anderen*«, und nur das Übermächtige, welchen Ausdruck es auch annimmt, fordert den Menschen »als Ganzheit zu reagieren« [Hervorhebung von C. G. Jung].

173 Vgl. ders.: Briefe. Zweiter Band: 1946–1955. Hg. von Aniela Jaffé in Zusammenarbeit mit Gerhard Adler. Sonderausgabe. Edition C. G. Jung im Patmos Verlag, Ostfildern 2012, S. 173.

174 Ders.: Psychologie und Religion (1940). In: GW 11: Zur Psychologie westlicher und östlicher Religion. Hg. von Marianne Niehus-Jung / Lena Hurwitz-Eisner / Franz Riklin / Lilly Jung-Merker / Elisabeth Rüf / Leonie Zander. Sonderausgabe. 6. Aufl. Edition C. G. Jung im Patmos Verlag, Ostfildern 2019, § 167.

175 Ders., in: Hinshaw/Fischli: C. G. Jung im Gespräch, S. 320.

176 Vgl. Fiske, Alan Page: Kama Muta. Discovering the Connecting Emotion. Routledge, London 2019; Fiske, Alan Page / Seibt, Beate / Schubert, Thomas: The sudden devotion emotion: Kama Muta and the cultural practices to evoke it. In: Emotion Review 11.1, 2019, S. 74–86. Kama muta gilt als das intensivste Gefühl vollkommener Zuneigung. Es wird in der persönlichen Begegnung mit anderen erlebt, wo es z.B. Tränen in die Augen treibt, ebenso in größerer Gemeinschaft, besonders bei Musik- oder Sportereignissen, aber auch bei politischen Demonstrationen, und lässt die Zusammengehörigkeit von Menschen mit Ergriffenheit erleben. »Kama muta« bedeutet »bewegt durch Liebe und Zärtlichkeit«, vgl. Zickfeld, Janis H. / Schubert, Thomas W. / Seibt, Beate / Blomster Lyshol, Johanna Katarina: Kama muta. Conceptualizing and measuring the experience of being moved across 19 nations and 15 languages. In: Emotion 19.3, 2019, S. 402–424.

177 Vgl. Keltner, Dacher / Haidt, Jonathan: Approaching awe, a moral, spiritual, and aesthetic emotion. In: Cognition and Emotion 17.2, 2003, S. 297–314.

178 Ders.: Theoretische Überlegungen zum Wesen des Psychischen. GW 8, § 405.

179 Otto, Rudolf: Das Heilige (1937): Über das Irrationale in der Idee des Göttlichen und sein Verhältnis zum Rationalen. Neuausgabe mit einem Nachwort von Hans Joas. C. H. Beck, München 2014.

180 Jung, C. G.: Psychologische Typen. Kap. XI: Definitionen (1921). In: GW 6: Psychologische Typen. Hg. von Marianne Niehus-Jung / Lena Hurwitz-Eisner / Franz Riklin / Leonie Zander. Sonderausgabe. 5. Aufl. Edition C. G. Jung im Patmos Verlag, Ostfildern 2021, § 824.

181 Kast: Die Tiefenpsychologie nach C. G. Jung, S. 49.

182 Jung, C. G.: Versuch einer psychologischen Deutung des Trinitätsdogmas (1942). In: GW 11. Zur Psychologie westlicher und östlicher Religion: Hg. von Marianne Niehus-Jung / Lena Hurwitz-Eisner / Franz Riklin / Lilly Jung-Merker / Elisabeth Rüf / Leonie Zander. Sonderausgabe. 6. Aufl. Edition C. G. Jung im Patmos Verlag, Ostfildern 2019, § 232.

183 Jung, C. G.: Christus, ein Symbol des Selbst (Kap. V). In: GW 9/II: Aion. Beiträge zur Symbolik des Selbst. Hg. von Lilly Jung-Merker / Elisabeth Rüf. Sonderausgabe. 5. Aufl. Edition C. G. Jung im Patmos Verlag, Ostfildern 2021, § 73.

184 Ders.: Die Schizophrenie. In: GW 3: Psychogenese der Geisteskrankheiten. Hg. von Franz Riklin / Lilly Jung-Merker / Elisabeth Rüf. Sonderausgabe. 3. Aufl. Edition C. G. Jung im Patmos Verlag, Ostfildern 2021, § 582. Vgl. auch: Alcaro, Antonio / Carta, Stefano / Panksepp, Jaak: The affective core of the Self. A neuro-archetypal perspective on the foundation of human (and animal) subjectivity. In: Frontiers in Psychology, 1.9.2017. https://doi.org/10.3389/fpsyg.2017.01424 [Zugriff: 22.12.2021].

185 Kast: Die Tiefenpsychologie nach C. G. Jung, S. 96.

186 Jung, C. G.: Über die Beziehungen der Analytischen Psychologie zum dichterischen Kunstwerk. In: GW 15: Über das Phänomen des Geistes in Kunst und Wissenschaft. Hg. von Lilly Jung-Merker / Elisabeth Rüf. Sonderausgabe. 3. Aufl. Edition C. G. Jung im Patmos Verlag, Ostfildern 2021, § 115.

187 Vgl. z.B. ebd., § 115.

188 Jung: Erinnerungen, Träume, Gedanken, S. 198.

189 Ders.: Ziele der Psychotherapie (1929). In: GW 16: Praxis der Psychotherapie. Hg. von Marianne Niehus-Jung / Lena Hurwitz-Eisner / Franz Riklin et al. Sonderausgabe. 3. Aufl. Edition C. G. Jung im Patmos Verlag, Ostfildern 2011, § 99.

190 Ders.: Brief vom 25.11.1932 an eine nicht genannte Adressatin. In: ders.: Briefe. Erster Band: 1906–1945. Hg. von Aniela Jaffé in Zusammenarbeit mit Gerhard Adler. Sonderausgabe. Edition C. G. Jung im Patmos Verlag, Ostfildern 2012, S. 146.

191 Zur Imagination vgl.: Kast: Träumend imaginieren. Vandenhoek & Ruprecht, Göttingen 2019; dies.: Imagination. Zugänge zu inneren Ressourcen

finden. Völlig überarbeitete und erweiterte Neuausgabe. 2. Aufl. Patmos, Ostfildern 2016; Franz, Marie-Louise von: Die aktive Imagination bei C. G. Jung (1957). In: Wilhelm Bitter (Hg.): Meditation in Religion und Psychotherapie. Ein Tagungsbericht. Klett, Stuttgart 1958, S. 124–133; Dorst, Brigitte / Vogel, Ralf T. (Hg.): Aktive Imagination. Schöpferisch leben aus inneren Bildern. Kohlhammer, Stuttgart 2014.

192 Jung, C. G.: Einige Aspekte der modernen Psychotherapie (1930). In: GW 16: Praxis der Psychotherapie. Hg. von Marianne Niehus-Jung / Lena Hurwitz-Eisner / Franz Riklin et al. Sonderausgabe. 3. Aufl. Edition C. G. Jung im Patmos Verlag, Ostfildern 2011, § 62.

193 Ders.: Symbole der Wandlung. GW 5, § 224.

194 Ders.: Theoretische Überlegungen zum Wesen des Psychischen. GW 8, § 404.

195 Ders.: Einige Aspekte der modernen Psychotherapie. GW 16, § 64.

196 Ebd., § 65.

197 Ders.: Die Psychologie der Übertragung (1946). In: GW 16: Praxis der Psychotherapie. Hg. von Marianne Niehus-Jung / Lena Hurwitz-Eisner / Franz Riklin / Leonie Zander. Sonderausgabe. 3. Aufl. Edition C. G. Jung im Patmos Verlag, Ostfildern 2011, § 416.

198 Ebd.: Die Psychotherapie der Gegenwart (1945). In: GW 16: Praxis der Psychotherapie. Hg. von Marianne Niehus-Jung / Lena Hurwitz-Eisner / Franz Riklin et al. Sonderausgabe. 3. Aufl. Edition C. G. Jung im Patmos Verlag, Ostfildern 2011, § 227.

199 Vgl. Riedel: Hildegard von Bingen, S. 159; Meister Eckhart: Mystische Schriften. Aus dem Mittelhochdeutschen übertragen und mit einem Nachwort versehen von Gustav Landauer. Insel, Frankfurt am Main 1991.

200 Vgl. Saur, Robert M.: Glühen ist mehr als Wissen. Bernhard von Clairvaux. Wissenschaftliche Buchgesellschaft, Darmstadt 1977.

201 Jung, C. G.: Psychologischer Kommentar zu: Das tibetische Buch der großen Befreiung (1939). In: GW 11: Zur Psychologie westlicher und östlicher Religion. Hg. von Marianne Niehus-Jung / Lena Hurwitz-Eisner / Franz Riklin / Lilly Jung-Merker / Elisabeth Rüf / Leonie Zander. Sonderausgabe. 6. Aufl. Edition C. G. Jung im Patmos Verlag, Ostfildern 2019, § 764.

202 Vgl. Kast: Tiefenpsychologie, Kap. »Die Komplexepisode«, S. 13ff.

203 Vgl. Richter, Horst-Eberhard: Der Gotteskomplex. Die Geburt und die Krise des Glaubens an die Allmacht des Menschen. 2. Aufl. der Neuausgabe 2005. Psychosozial-Verlag, Gießen 2012.

204 C. G. Jung in einem Brief an P. W. Martin vom 28.08.1945, in: ders.: Briefe I, S. 465.

205 Vgl. ders.: Über die Beziehung der Psychotherapie zur Seelsorge. GW 11, § 499; vgl. hierzu auch: Frankl: Über den Sinn des Lebens; ders: Wer ein Warum zu leben hat.

206 Ebd., § 500 [Hervorhebung von C. G. Jung].

207 Meister Eckhart: Deutsche Predigten und Traktate. Hg. und übersetzt von Josef Quint. 5. Aufl. Hanser, München 1979, S. 108.
208 Vgl. Fromm, Erich: Anatomie der menschlichen Destruktivität. In: Erich-Fromm-Gesamtausgabe (GA). Bd. 7: Agressionstheorie. Hg. von Rainer Funk. dtv, München 1989, S. 331–332.
209 Vgl. ebd., S. 332–334.
210 Schweitzer, Albert: Die Ehrfurcht vor dem Leben. Grundtexte aus fünf Jahrhunderten. 10. Aufl. C. H. Beck, München 2013.
211 Arendt, Hannah: Israel, Palästina und der Antisemitismus. Wagenbach, Berlin 1991, S. 68.
212 Bauer, Joachim: Das kooperative Gen. Abschied vom Darwinismus. Hoffmann & Campe, Hamburg 2008.
213 Vgl. Fromm: Anatomie der menschlichen Destruktivität, S. 75.
214 Berbner, Bastian: Wir Terrorhelfer. In: Die Zeit vom 24.08.2017.
215 Die Quelle dieser Charakterisierung, die Hildegard von Bingen zugeschrieben und auch in der heutigen Literatur immer wieder zitiert wird, ist nicht eindeutig zu klären, doch entspricht sie Hildegards Geist.
216 Bauer: Das kooperative Gen.
217 Neumann, Erich: Tiefenpsychologie und neue Ethik (1949). S. Fischer, Frankfurt am Main 1984.
218 Ebd., § 364.
219 Ebd., § 365.
220 Vgl. Jung, C. G.: Der Schatten (Kap. II). In: GW 9/II: Aion. Beiträge zur Symbolik des Selbst. Hg. von Lilly Jung-Merker / Elisabeth Rüf. Sonderausgabe. 5. Aufl. Edition C. G. Jung im Patmos Verlag, Ostfildern 2021, §§ 13–19.
221 Zitiert und diskutiert z.B. in: Gehring, Petra: Traum und Wirklichkeit. Zur Geschichte einer Unterscheidung. Campus, Frankfurt am Main 2008.
222 Jung, C. G.: Gut und Böse in der analytischen Psychologie (1959). In: GW 10: Zivilisation im Übergang. Hg. von Lilly Jung-Merker / Elisabeth Rüf. Sonderausgabe. 6. Aufl. Edition C. G. Jung im Patmos Verlag, Ostfildern 2021, §§ 858–886.
223 Ebd., § 858a; § 862.
224 Ebd., § 867.
225 Ebd., § 867.
226 Ebd.
227 Ebd., § 872 [Hervorhebung von C. G. Jung].
228 Ebd., § 873 [Hervorhebung von C. G. Jung].
229 Fromm, Erich: Wege aus einer kranken Gesellschaft. Eine sozialpsychologische Untersuchung. In: Erich-Fromm-Gesamtausgabe (GA). Bd. 4: Gesellschaftstheorie. Hg. von Rainer Funk. dtv, München 1989, S. 417.
230 Ebd.

231 Spinoza, B. de: Die Ethik. Schriften und Briefe. Bd. IV. Hg. von Friedrich Bülow. Krömer, Stuttgart 1966, 41. Lehrsatz.
232 Mayer, Karl Ulrich / Baltes, Paul B. (Hg.): Die Berliner Altersstudie. Ein Projekt der Berlin-Brandenburgischen Akademie der Wissenschaften. Akademie Verlag, Berlin 1996.
233 Fromm: Anatomie der menschlichen Destruktivität, S. 331.
234 Ders.: Die Seele des Menschen. Ihre Fähigkeit zum Guten und zum Bösen. In: Erich-Fromm-Gesamtausgabe (GA). Bd. 2: Analytische Charakterkunde. Hg. von Rainer Funk. dtv, München 1989, S. 185.
235 Vgl. Steindl-Rast, David: Einfach leben – dankbar leben. Herder, Freiburg im Breisgau 2016.
236 Vgl. Fromm: Anatomie der menschlichen Destruktivität, S. 331–332.
237 Vgl. ebd., S. 332–334; über Hitler: ebd., S. 355–395.
238 Fromm: Die Seele des Menschen, S. 188.
239 Vgl. ebd.
240 Ebd., S. 191.
241 Vgl. ebd., S. 190.
242 Ebd., S. 186.
243 Fromm: Anatomie der menschlichen Destruktivität, S. 398.
244 Ebd.
245 Ebd.
246 Küng, Hans: Projekt Weltethos. 10. Aufl. Piper, München 2010.
247 Dalai Lama XIV: Der Appell des Dalai Lama an die Welt: Ethik ist wichtiger als Religion. Mit Franz Alt. 16. Aufl. Benevento, Wals bei Salzburg 2016.
248 Goethe, Johann Wolfgang von: Der west-östliche Diwan. Mit einem Nachwort von Hellmuth Freiherr von Maltzahn. dtv-Gesamtausgabe Bd. 5. dtv, München 1961, S. 262.
249 Meister Eckhart: Deutsche Predigten und Traktate, S. 180.
250 Vgl. Küng, Hans: Manifest globales Wirtschaftsethos. dtv, München 2010; ders.: Projekt Weltethos; ders.: Handbuch Weltethos. Eine Vision und ihre Umsetzung. Piper, München 2012.
251 Dalai Lama XIV: Der Appell des Dalai Lama an die Welt, S. 5.
252 Ebd.
253 Ebd.
254 Fromm: Anatomie der menschlichen Destruktivität, S. 398.
255 Kierkegaard, Søren: Der Begriff Angst (1844). Hg. von Liselotte Reuter. Rowohlt, Reinbek bei Hamburg 1960, S. 174.
256 Riedel, Ingrid: Das worthaltige Bild. Hermeneutische Studien zu einem Typus der christlichen Kunst und zur Praxis der Bildinterpretation in der heutigen Gemeinde. Dissertation vom 20. Juli 1966 an der Theologischen Fakultät der Universität Erlangen-Nürnberg.

257 Fetscher, Iring: Wer hat Dornröschen wachgeküsst? Das Märchen-Verwirrbuch. Claasen, Hamburg/Düsseldorf 1972.

258 Jacoby, Mario / Kast, Verena / Riedel, Ingrid: Das Böse im Märchen. Bonz, Fellbach-Oeffingen 1978.

259 Franz, Marie-Louise von: Bei der schwarzen Frau (1955). In: Laiblin, Wilhelm (Hg.): Märchenforschung und Tiefenpsychologie. Wissenschaftliche Buchgesellschaft Darmstadt (WBG), Darmstadt 1972, S. 228–345.

260 Riedel, Ingrid: Tabu im Märchen. Die Rache der eingesperrten Natur. Walter, Olten 1985.

261 Dies.: Die weise Frau in uralt-neuen Erfahrungen. Der Archetyp der alten Weisen im Märchen und ihr religionsgeschichtlicher Hintergrund. Walter, Olten 1989. Neuausgabe: Die weise Frau. Der Archetyp der alten Weisen in Märchen, Traum und Religionsgeschichte. Patmos, Ostfildern 2016.

262 Ebd., S. 15ff.

263 Dies.: Demeters Suche. Mütter und Töchter. Kreuz, Zürich 1986. Erweiterte, überarbeitete und neu gestaltete Ausgabe: Wenn Mütter und Töchter einander suchen. Demeters Trauer und Persephones Wiederkehr. Kreuz, Stuttgart 2003.

264 Vgl. dies.: Beseelte Orte. Plätze der Natur – Stätten der Kultur – Räume der Spiritualität. Kreuz, Stuttgart 2001.

265 Riedel, Ingrid: Träume – Wegweiser in neue Lebensphasen. Kreuz, Stuttgart 1997. Neuausgabe: Patmos, Ostfildern 2019.

266 Tillich: Der Mut zum Sein. Vgl. Anm. 171.

267 Vgl. Riedel, Ingrid: Spiritualität aus der Bibel. Neuausgabe. Herder, Freiburg im Breisgau 2012.

268 Dies.: Marc Chagalls Grüner Christus. Walter, Olten 1985.

269 Vgl. dies.: Hildegard von Bingen.

270 Vgl. dies.: Mystik des Herzens. Meisterinnen innerer Freiheit. Kreuz, Freiburg im Breisgau 2010.

271 Young-Eisendraht, Polly / Muramoto, Shoji: Awaking and Insight. Zen Buddhismus and Psychotherapy. Routledge, East Sussex / Taylor and Francis, New York 2002.

272 Riedel, Ingrid: Engel der Wandlung. Die Engelbilder Paul Klees. Herder, Freiburg im Breisgau 2000. Neuauflage: Patmos, Ostfildern 2018.

273 Dies.: Maltherapie. Eine Einführung auf der Basis der Analytischen Psychologie von C. G. Jung. Mit Beiträgen von Christa Henzler. Kreuz, Stuttgart 1992. Erweiterte Neuausgabe: Riedel, Ingrid / Henzler, Christa: Maltherapie. Auf Basis der Analytischen Psychologie C. G. Jungs. Patmos, Ostfildern 2016.

274 Dies.: Malen in der Gruppe. Modelle für die therapeutische Arbeit mit Symbolen. Kreuz, Stuttgart 2008.

275 Wegweisend sind in diesem Zusammenhang die Arbeiten von Brigitte Dorst, vgl. Dorst, Brigitte: Symbole und Symbolarbeit in Gruppen. In:

dies.: Therapeutisches Arbeiten mit Symbolen. Wege in die innere Bilderwelt. 3., aktualisierte Aufl. Kohlhammer, Stuttgart 2022, S. 70–85; dies.: Der Archetyp der Gruppe. Gruppen als Erfahrungsräume der Individuation und Ko-Individuation. In: Analytische Psychologie 181.3, 2015, S. 336–361; dies.: Lauschen mit dem dritten Ohr. Träume als spirituelle Wegweiser. In: Kast, Verena (Hg.): Aus reichen Quellen schöpfen. Inspirationen aus Ingrid Riedels Lebenswerk. Patmos, Ostfildern 2015, S. 113–130 (darin der Abschnitt über spirituelle Traumarbeit in Gruppen).

276 Riedel, Ingrid: Farben. In Religion, Gesellschaft, Kunst und Psychotherapie. Kreuz, Stuttgart 1983. Neuausgabe: Die Symbolik der Farben. Eine tiefenpsychologische Farbenlehre. Patmos, Ostfildern 2019.

277 Dies.: Formen. Kreis, Kreuz, Dreieck, Quadrat, Spirale. Kreuz, Stuttgart 1985. Vollständig überarbeitete, neu gestaltete und erweiterte Ausgabe: Formen. Tiefenpsychologische Deutung von Kreis, Kreuz, Dreieck, Quadrat, Spirale und Mandala. Kreuz, Stuttgart 2002.

278 Dies.: Bilder. In Therapie, Kunst und Religion. Kreuz, Stuttgart 1988. Überarbeitete und neu gestaltete Ausgabe: Bilder. In Psychotherapie, Kunst und Religion. Ein Schlüssel zur Interpretation. Kreuz, Stuttgart 2005.

279 Guggenbühl-Craig, Adolf: Die närrischen Alten. Betrachtungen über moderne Mythen. Schweizer Spigel-Verlag, Zürich 1986, S. 87ff.

280 Vgl. das Kapitel »Psychologische Weisheitsforschung« in: Riedel: Die weise Frau, S. 158ff.

281 Dies.: Die innere Freiheit des Alterns. 6. Aufl. Patmos, Ostfildern 2021.

282 Vgl. dies.: Die Welt im Spiegel der Seele. Gelebte Spiritualität. Neuausgabe. Patmos, Osfildern 2017, S. 77ff.

283 Dies.: Die Welt von innen sehen. Gelebte Spiritualität. Walter, Düsseldorf 2005. Neuausgabe: Die Welt im Spiegel der Seele. Gelebte Spiritualität. Patmos, Ostfildern 2017.

Literatur

Adam, Klaus-Uwe: Art. »Empfinden«. In: Anette Müller / Lutz Müller (Hg.): Wörterbuch der Analytischen Psychologie. Walter, Düsseldorf 2003, S. 101.

Alcaro, Antonio / Carta, Stefano / Panksepp, Jaak: The affective core of the Self. A neuro-archetypal perspective on the foundation of human (and animal) subjectivira. In: Frontiers in Psychology, 1.9.2017. https://doi.org/10.3389/fpsyg.2017.01424 [Zugriff: 22.12.2021].

Althaus, Nicole: Ich fühle, also bin ich. Wie sich die menschlichen Sinne entwickeln. In: René Donzé / Franziska Pfister (Hg.): Die Kraft der Sinne. Wie wir sehen, hören, tasten, riechen, schmecken. Verlag Neue Zürcher Zeitung, Zürich 2016, S. 11–26.

Arendt, Hannah: Israel, Palästina und der Antisemitismus. Wagenbach, Berlin 1991.

Arzt, Thomas (Hg.): Das Rote Buch. C. G. Jungs Reise zum »anderen Pol der Welt«. Königshausen & Neumann, Würzburg 2015.

Bachmann, Ingeborg: An die Sonne. In: dies.: Gedichte, Erzählungen, Hörspiel, Essays. Piper, München 1974, S. 51.

Bauer, Joachim: Das kooperative Gen. Abschied vom Darwinismus. Hoffmann & Campe, Hamburg 2008.

Berbner, Bastian: Wir Terrorhelfer. In: Die Zeit vom 24.08.2017.

Bishop, Paul: The Dionysian Self. C. G. Jung's Reception of Friedrich Nietzsche. de Gruyter, Berlin / New York 1995.

Bloch, Walter: Geheimnisse von Raum und Zeit. Synchronizität und Nichtlokalität. Crotona, Amerang 2020.

Bolen, Jean Shinoda: Tao der Psychologie. Sinnvolle Zufälle. Sphinx, Basel 1989.

Brück, Michael von: Weltinnenraum. Rainer Maria Rilkes Duineser Elegien in Resonanz mit dem Buddha. Karl Alber, Freiburg im Breisgau / München 2020.

Cierpka, Manfred: Frühe Kindheit 0–3 Jahre. Beratung und Psychotherapie für Eltern mit Säuglingen und Kleinkindern. Mit 12 Tabellen. 2., korrigierte Aufl. Springer, Berlin u. a. 2014.

Dalai Lama XIV: Der Appell des Dalai Lama an die Welt: Ethik ist wichtiger als Religion. Mit Franz Alt. 16. Aufl. Benevento, Wals bei Salzburg 2016.

Damasio, Antonio R.: Selbst ist der Mensch. Körper, Geist und die Entstehung des menschlichen Bewusstseins. Siedler, München 2011.

de Waal, Frans: Das Prinzip Empathie. Was wir von der Natur für eine bessere Gesellschaft lernen können. Hanser, München 2011.

Donzé, René / Pfister, Franziska: Alles nur geträumt? Interview mit der Psychologin Verena Kast. In: dies. (Hg.): Die Kraft der Sinne. Wie wir sehen, hören, tasten, riechen, schmecken. Verlag Neue Zürcher Zeitung, Zürich 2016, S. 159–170.

Dorst, Brigitte: Der Archetyp der Gruppe. Gruppen als Erfahrungsräume der Individuation und Ko-Individuation. In: Analytische Psychologie 181.3, 2015, S. 336–361.

Dorst, Brigitte: Lauschen mit dem dritten Ohr. Träume als spirituelle Wegweiser. In: Kast, Verena (Hg.): Aus reichen Quellen schöpfen. Inspirationen aus Ingrid Riedels Lebenswerk. Patmos, Ostfildern 2015, S. 113–130.

Dorst, Brigitte: Symbole und Symbolarbeit in Gruppen. In: dies.: Therapeutisches Arbeiten mit Symbolen. Wege in die innere Bilderwelt. 3., aktualisierte Aufl. Kohlhammer, Stuttgart 2022, S. 70–85.

Dorst, Brigitte / Vogel, Ralf T. (Hg.): Aktive Imagination. Schöpferisch leben aus inneren Bildern. Kohlhammer, Stuttgart 2014.

Drees, Alfred: Folter, Opfer, Täter, Therapeuten. Neue Konzepte in der psychotherapeutischen Behandlung von Gewaltopfern. Psychosozial-Verlag, Gießen 1996.

Feldenkrais, Moshé: Bewußtheit durch Bewegung. Der aufrechte Gang. 20. Aufl. Suhrkamp, Frankfurt am Main 2020.

Feldenkrais, Moshé: Verkörperte Weisheit. Gesammelte Schriften. Huber, Bern 2013.

Ferguson, Vera S.: Inannas Rückkehr. Die Götter der Plejaden in neuem Licht. Neue Erde, Saarbrücken 1997.

Fetscher, Iring: Wer hat Dornröschen wachgeküsst? Das Märchen-Verwirrbuch. Claasen, Hamburg/Düsseldorf 1972.

Fiske, Alan Page: Kama Muta. Discovering the Connecting Emotion. Routledge, London 2019.

Fiske, Alan Page / Seibt, Beate / Schubert, Thomas: The sudden devotion emotion: Kama Muta and the cultural practices to evoke it. In: Emotion Review 11.1, 2019, S. 74–86.

Fox, Kieran C. R. / Koroma, Matthieu: Wandering along the spectrum of spontaneous thinking. Dreaming, meditation, mind-wandering, and well-being. An interview with Kieran Fox. In: ALIUS Bulletin 2, 2018, S. 1–15.

Fox, Kieran C. R. / Andrews-Hanna, Jessica R. / Mills, Caitlin, et al.: Affective neuroscience of self-generated thought. In: Annals of the New York Academy of Sciences, Mai 2018, S. 1–27.

Frankl, Viktor E.: Über den Sinn des Lebens. Mit einem Vorwort von Joachim Bauer. Beltz, Weinheim/Basel 2019.

Frankl, Viktor E.: Wer ein Warum zu leben hat. Lebenssinn und Resilienz. Beltz, Weinheim/ Basel 2017.

Franz, Marie-Louise von: Bei der schwarzen Frau (1955). In: Laiblin, Wilhelm (Hg.): Märchenforschung und Tiefenpsychologie. Wissenschaftliche Buchgesellschaft Darmstadt (WBG), Darmstadt 1972, S. 228–345.

Franz, Marie-Louise von: Die aktive Imagination bei C.G. Jung (1957). In: Bitter, Wilhelm (Hg.): Meditation in Religion und Psychotherapie. Ein Tagungsbericht. Klett, Stuttgart 1958.

Fromm, Erich: Anatomie der menschlichen Destruktivität. In: Erich-Fromm-Gesamtausgabe (GA). Bd. 7: Agressionstheorie. Hg. von Rainer Funk. dtv, München 1989.

Fromm, Erich: Die Seele des Menschen. Ihre Fähigkeit zum Guten und zum Bösen. In: Erich-Fromm-Gesamtausgabe (GA). Bd. 2: Analytische Charakterkunde. Hg. von Rainer Funk. dtv, München 1989.

Fromm, Erich: Wege aus einer kranken Gesellschaft. Eine sozialpsychologische Untersuchung. In: Erich-Fromm-Gesamtausgabe (GA). Bd. 4: Gesellschaftstheorie. Hg. von Rainer Funk. dtv, München 1989.

Gehring, Petra: Traum und Wirklichkeit. Zur Geschichte einer Unterscheidung. Campus, Frankfurt am Main 2008.

Görnitz, Thomas / Görnitz, Brigitte: Der kreative Kosmos. Geist und Materie aus Quanteninformation. Elsevier, München / Spektrum Akademischer Verlag, Heidelberg 2007.

Goethe, Johann Wolfgang von: Der west-östliche Diwan. Mit einem Nachwort von Hellmuth Freiherr von Maltzahn. dtv-Gesamtausgabe Bd. 5. dtv, München 1961.

Grunwald, Martin: Homo hapticus. Warum wir ohne Tastsinn nicht leben können. Droemer, München 2017.

Guggenbühl-Craig, Adolf: Die närrischen Alten. Betrachtungen über moderne Mythen. Schweizer Spigel-Verlag, Zürich 1986.

Hinshaw, Robert / Fischli, Lea (Hg.): C.G. Jung im Gespräch. Interviews, Reden, Begegnungen. Daimon, Zürich 1986.

Hüther, Gerald: Die Macht der inneren Bilder. Wie Visionen das Gehirn, den Menschen und die Welt verändern. 8. Aufl. Vandenhoeck & Ruprecht, Göttingen 2014.

Imhasly, Patrick / Bräm, Marina: Unsere fünf Sinne. Wie sie funktionieren. In: Donzé, René / Pfister, Franziska (Hg.): Die Kraft der Sinne. Wie wir sehen, hören, tasten, riechen, schmecken. Verlag Neue Zürcher Zeitung, Zürich 2016, S. 69–76.

Jacoby, Mario / Kast, Verena / Riedel, Ingrid: Das Böse im Märchen. Bonz, Fellbach-Oeffingen 1978.

Jung, C.G.: Allgemeine Gesichtspunkte zur Psychologie des Traumes (1916). In: GW 8: Die Dynamik des Unbewußten. Hg. von Marianne Niehus-Jung / Lena Hurwitz-Eisner / Franz Riklin / Lilly Jung-Merker / Elisabeth Rüf. Sonderausgabe. 6. Aufl. Edition C.G. Jung im Patmos Verlag, Ostfildern 2021, §§ 443–529.

Jung, C.G.: Allgemeines zur Komplextheorie (1934). In: GW 8: Die Dynamik des Unbewußten. Hg. von Marianne Niehus-Jung / Lena Hurwitz-Eisner /

Franz Riklin / Lilly Jung-Merker / Elisabeth Rüf. Sonderausgabe. 6. Aufl. Edition C. G. Jung im Patmos Verlag, Ostfildern 2021, §§ 194–219.

Jung, C. G.: Analytische Psychologie. Nach Aufzeichnungen des Seminars 1925. Hg. von William McGuire. Walter, Düsseldorf/Solothurn 1995.

Jung, C. G.: Antwort auf Hiob (1952): In: Zur Psychologie westlicher und östlicher Religion. GW 11. Hg. von Marianne Niehus-Jung / Lena Hurwitz-Eisner / Franz Riklin / Lilly Jung-Merker / Elisabeth Rüf / Leonie Zander. Sonderausgabe. 6. Aufl. Edition C. G. Jung im Patmos Verlag, Ostfildern 2019, §§ 553–758.

Jung, C. G.: The Black Books: 1913–1932. Notebooks of Transformation. 7 Bde. (Philemon Series). W. W. Norton, New York 2020.

Jung, C. G.: Briefe. Erster Band: 1906–1945. Hg. von Aniela Jaffé in Zusammenarbeit mit Gerhard Adler. Sonderausgabe. Edition C. G. Jung im Patmos Verlag, Ostfildern 2012.

Jung, C. G.: Briefe. Zweiter Band: 1946–1955. Hg. von Aniela Jaffé in Zusammenarbeit mit Gerhard Adler. Sonderausgabe. Edition C. G. Jung im Patmos Verlag, Ostfildern 2012.

Jung, C. G.: Christus, ein Symbol des Selbst (Kap. V). In: GW 9/II: Aion. Beiträge zur Symbolik des Selbst. Hg. von Lilly Jung-Merker / Elisabeth Rüf. Sonderausgabe. 5. Aufl. Edition C. G. Jung im Patmos Verlag, Ostfildern 2021, §§ 68–126.

Jung, C. G.: Einige Aspekte der modernen Psychotherapie (1930). In: GW 16: Praxis der Psychotherapie. Hg. von Marianne Niehus-Jung / Lena Hurwitz-Eisner / Franz Riklin et al. Sonderausgabe. 3. Aufl. Edition C. G. Jung im Patmos Verlag, Ostfildern 2011, §§ 46–65.

Jung, C. G.: Erinnerungen, Träume, Gedanken. Aufgezeichnet und herausgegeben von Aniela Jaffé. Sonderausgabe. 21. Aufl. Edition C. G. Jung im Patmos Verlag, Ostfildern 2020.

Jung, C. G.: Gut und Böse in der analytischen Psychologie (1959). In: GW 10: Zivilisation im Übergang. Hg. von Lilly Jung-Merker / Elisabeth Rüf. Sonderausgabe. 6. Aufl. Edition C. G. Jung im Patmos Verlag, Ostfildern 2021, §§ 858–886.

Jung, C. G.: Ein moderner Mythus: Von Dingen, die am Himmel gesehen werden (1958). In: GW 10: Zivilisation im Übergang. Hg. von Lilly Jung-Merker / Elisabeth Rüf. Sonderausgabe. 6. Aufl. Edition C. G. Jung im Patmos Verlag, Ostfildern 2021, §§ 589–824.

Jung, C. G.: Nietzsche's Zarathustra. Notes of the Seminar Given in 1934–1939. Hg. von James L. Jarrett. 2 Bde. (Bollingen Series XCIX). Princeton UP, Princeton 1988.

Jung, C. G.: Die praktische Verwendbarkeit der Traumanalyse (1934). In: GW 16: Praxis der Psychotherapie. Hg. von Marianne Niehus-Jung / Lena Hurwitz-Eisner / Franz Riklin et al. Sonderausgabe. 3. Aufl. Edition C. G. Jung im Patmos Verlag, Ostfildern 2011, §§ 294–352.

Jung, C. G.: Psychologie und Alchemie (1944). GW 12. Hg. von Lilly Jung-Merker / Elisabeth Rüf. Sonderausgabe. 6. Aufl. Edition C. G. Jung im Patmos Verlag, Ostfildern 2021.

Jung, C. G.: Psychologie und Religion (1940). In: Zur Psychologie westlicher und östlicher Religion (1963). GW 11. Hg. von Marianne Niehus-Jung / Lena Hurwitz-Eisner / Franz Riklin / Lilly Jung-Merker / Elisabeth Rüf / Leonie Zander. Sonderausgabe. 6. Aufl. Edition C. G. Jung im Patmos Verlag, Ostfildern 2019, §§ 1–168.

Jung, C. G.: Die Psychologie der Übertragung (1946). In: GW 16: Praxis der Psychotherapie. Hg. von Marianne Niehus-Jung / Lena Hurwitz-Eisner / Franz Riklin / Leonie Zander. Sonderausgabe. 3. Aufl. Edition C. G. Jung im Patmos Verlag, Ostfildern 2011, §§ 353–539.

Jung, C. G.: Psychologische Typen. Kap. XI: Definitionen (1921). In: GW 6: Psychologische Typen. Hg. von Marianne Niehus-Jung / Lena Hurwitz-Eisner / Franz Riklin / Leonie Zander. Sonderausgabe. 5. Aufl. Edition C. G. Jung im Patmos Verlag, Ostfildern 2021, §§ 672–844.

Jung, C. G.: Psychologischer Kommentar zu: Das tibetische Buch der großen Befreiung (1939). In: GW 11: Zur Psychologie westlicher und östlicher Religion. Hg. von Marianne Niehus-Jung / Lena Hurwitz-Eisner / Franz Riklin / Lilly Jung-Merker / Elisabeth Rüf / Leonie Zander. Sonderausgabe. 6. Aufl. Edition C. G. Jung im Patmos Verlag, Ostfildern 2019, §§ 759–830.

Jung, C. G.: Die Psychotherapie der Gegenwart (1945). In: GW 16: Praxis der Psychotherapie. Hg. von Marianne Niehus-Jung / Lena Hurwitz-Eisner / Franz Riklin et al. Sonderausgabe. 3. Aufl. Edition C. G. Jung im Patmos Verlag, Ostfildern 2011, §§ 212–229.

Jung, C. G.: Das Rote Buch. Liber Novus. Hg. und eingeleitet von Sonu Shamdasani. (Philemon Series). 6. Auflage. Patmos, Ostfildern 2019.

Jung, C. G.: Das Rote Buch. Der Text. Hg. und eingeleitet von Sonu Shamdasani. (Philemon Series). 4. Aufl. Edition C. G. Jung im Patmos Verlag, Ostfildern 2021.

Jung, C. G.: Der Schatten (Kap. II). In: GW 9/II: Aion. Beiträge zur Symbolik des Selbst. Hg. von Lilly Jung-Merker / Elisabeth Rüf. Sonderausgabe. 5. Aufl. Edition C. G. Jung im Patmos Verlag, Ostfildern 2021, §§ 13–19.

Jung, C. G.: Die Schizophrenie. In: GW 3: Psychogenese der Geisteskrankheiten. Hg. von Franz Riklin / Lilly Jung-Merker / Elisabeth Rüf. Sonderausgabe. 3. Aufl. Edition C. G. Jung im Patmos Verlag, Ostfildern 2021, §§ 553–584.

Jung, C. G.: Symbole der Wandlung. Analyse des Vorspiels zu einer Schizophrenie (1952). GW 5. Hg. von Lilly Jung-Merker / Elisabeth Rüf. Sonderausgabe. 6. Aufl. Edition C. G. Jung im Patmos Verlag, Ostfildern 2021.

Jung, C. G.: Symbole und Traumdeutung (1961). In: GW 18/I: Das symbolische Leben. Verschiedene Schriften. Hg. von Lilly Jung-Merker / Elisabeth Rüf.

Sonderausgabe. 5. Aufl. Edition C.G. Jung im Patmos Verlag, Ostfildern 2022, §§ 416–607.

Jung, C.G.: Synchronizität als ein Prinzip akausaler Zusammenhänge (1952). In: GW 8: Die Dynamik des Unbewußten. Hg. von Marianne Niehus-Jung / Lena Hurwitz-Eisner / Franz Riklin / Lilly Jung-Merker / Elisabeth Rüf. Sonderausgabe. 6. Aufl. Edition C.G. Jung im Patmos Verlag, Ostfildern 2021, §§ 816–958.

Jung, C.G.: Theoretische Überlegungen zum Wesen des Psychischen (1947). In: GW 8: Die Dynamik des Unbewußten. Hg. von Marianne Niehus-Jung / Lena Hurwitz-Eisner / Franz Riklin / Lilly Jung-Merker / Elisabeth Rüf. Sonderausgabe. 6. Aufl. Edition C.G. Jung im Patmos Verlag, Ostfildern 2021, §§ 343–442.

Jung, C.G.: Die transzendente Funktion. In: GW 8: Die Dynamik des Unbewußten. Hg. von Marianne Niehus-Jung / Lena Hurwitz-Eisner / Franz Riklin / Lilly Jung-Merker / Elisabeth Rüf. Sonderausgabe. 6. Aufl. Edition C.G. Jung im Patmos Verlag, Ostfildern 2021, §§ 131–193.

Jung, C.G.: Die Traumanalyse (1909). In: GW 4: Freud und die Psychoanalyse. Hg. von Franz Riklin / Lilly Jung-Merker / Elisabeth Rüf. 3. Aufl. Edition C.G. Jung im Patmos Verlag, Ostfildern 2011, §§ 64–94.

Jung, C.G.: Traumsymbole des Individuationsprozesses (1936). In: GW 12: Psychologie und Alchemie. Hg. von Lilly Jung-Merker / Elisabeth Rüf. 6. Aufl. Edition C.G. Jung im Patmos Verlag, Ostfildern 2021, §§ 44–331.

Jung, C.G.: Über die Archetypen des kollektiven Unbewußten (1934). In: GW 9/I: Die Archetypen und das kollektive Unbewußte. Hg. von Lilly Jung-Merker / Elisabeth Rüf. Sonderausgabe. 9. Aufl. Edition C.G. Jung im Patmos Verlag, Ostfildern 2021, §§ 1–86.

Jung, C.G.: Über die Beziehung der Psychotherapie zur Seelsorge (1932). In: GW 11: Zur Psychologie westlicher und östlicher Religion (1963). Hg. von Marianne Niehus-Jung / Lena Hurwitz-Eisner / Franz Riklin / Lilly Jung-Merker / Elisabeth Rüf / Leonie Zander. Sonderausgabe. 6. Aufl. Edition C.G. Jung im Patmos Verlag, Ostfildern 2019, §§ 488–538.

Jung, C.G.: Über die Beziehungen der Analytischen Psychologie zum dichterischen Kunstwerk. In: GW 15: Über das Phänomen des Geistes in Kunst und Wissenschaft. Hg. von Lilly Jung-Merker / Elisabeth Rüf. Sonderausgabe. 3. Aufl. Edition C.G. Jung im Patmos Verlag, Ostfildern 2021, §§ 97–132.

Jung, C.G.: Über die Psychologie der Dementia Praecox: Ein Versuch. Kapitel 2: Der gefühlsbetonte Komplex und seine allgemeinen Wirkungen auf die Psyche. In: GW 3: Psychogenese der Geisteskrankheiten. Hg. von Franz Riklin / Lilly Jung-Merker / Elisabeth Rüf. Sonderausgabe. 3. Aufl. Edition C.G. Jung im Patmos Verlag, Ostfildern 2021, §§ 77–106.

Jung, C.G.: Über Synchronizität (1952). In: GW 8: Die Dynamik des Unbewußten. Hg. von Marianne Niehus-Jung / Lena Hurwitz-Eisner / Franz Riklin / Lilly Jung-Merker / Elisabeth Rüf. Sonderausgabe. 6. Aufl. Edition C. G. Jung im Patmos Verlag, Ostfildern 2021, §§ 959–987.

Jung, C. G.: Versuch einer psychologischen Deutung des Trinitätsdogmas (1942). In: Zur Psychologie westlicher und östlicher Religion (1963). GW 11. Hg. von Marianne Niehus-Jung / Lena Hurwitz-Eisner / Franz Riklin / Lilly Jung-Merker / Elisabeth Rüf / Leonie Zander. Sonderausgabe. 6. Aufl. Edition C. G. Jung im Patmos Verlag, Ostfildern 2019, §§ 169–295.

Jung, C. G.: Vom Wesen der Träume (1945). In: GW 8, §§ 530–569; ders.: Symbole und Traumdeutung (1961). In: GW 18/I: Das symbolische Leben. Verschiedene Schriften. Hg. von Lilly Jung-Merker / Elisabeth Rüf. Sonderausgabe. 5. Aufl. Edition C. G. Jung im Patmos Verlag, Ostfildern 2022, §§ 416–607.

Jung, C. G.: Wandlungen und Symbole der Libido. Beiträge zur Entwicklungsgeschichte des Denkens. Deuticke, Leipzig 1912.

Jung, C. G.: Ziele der Psychotherapie (1929). In: GW 16: Praxis der Psychotherapie. Hg. von Marianne Niehus-Jung / Lena Hurwitz-Eisner / Franz Riklin et al. Sonderausgabe. 3. Aufl. Edition C. G. Jung im Patmos Verlag, Ostfildern 2011, §§ 66–113.

Jung, C. G.: Zur Psychologie des Kindarchetypus (1940). In: GW 9/I: Die Archetypen und das kollektive Unbewußte. Hg. von Lilly Jung-Merker / Elisabeth Rüf. Sonderausgabe. 9. Aufl. Edition C. G. Jung im Patmos Verlag, Ostfildern 2021, §§ 259–305.

Jung, C. G.: Zur Psychologie westlicher und östlicher Religion. GW 11. Hg. von Marianne Niehus-Jung / Lena Hurwitz-Eisner / Franz Riklin / Lilly Jung-Merker / Elisabeth Rüf / Leonie Zander. Sonderausgabe. 6. Aufl. Edition C. G. Jung im Patmos Verlag, Ostfildern 2019.

Kast, Verena: Das Assoziationsexperiment in der therapeutischen Praxis. Bonz, Fellbach-Oeffingen 1980.

Kast, Verena: Die Dynamik der Symbole. Grundlage der Jung'schen Psychotherapie. Neuausgabe. 3. Aufl. Patmos, Ostfildern 2020.

Kast, Verena: Freude, Inspiration, Hoffnung. Neuausgabe. Patmos, Ostfildern 2013.

Kast, Verena: Imagination. Zugänge zu inneren Ressourcen finden. Völlig überarbeitete und erweiterte Neuausgabe. 2. Aufl. Patmos, Ostfildern 2016.

Kast, Verena: Immer wieder mit sich selber Einswerden. Identität und Selbstwert in einer komplexen Welt. Patmos, Ostfildern 2018.

Kast, Verena: Komplexe und ihre Kompensation. Anregungen aus der affektiven Neurowissenschaft. In: Analytische Psychologie 191.1, 2019, S. 14–33.

Kast, Verena: Komplextheorie gestern und heute. In: Analytische Psychologie 29, 1989, S. 296–316.

Kast, Verena: Nostalgie und Aufbruch. Von der Lust, die Welt zu gestalten. Herder, Freiburg im Breisgau 2019.

Kast, Verena: Der Schatten in uns. Die subversive Lebenskraft. Neuausgabe. 4. Aufl. Patmos, Ostfildern 2020.

Kast, Verena: Konflikte anders sehen. Die eigenen Lebensthemen entdecken. Neuausgabe. Patmos, Ostfildern 2020.

Kast, Verena: Die Tiefenpsychologie nach C. G. Jung. Eine praktische Orientierungshilfe. 7. Aufl. Patmos, Ostfildern 2022.

Kast, Verena: Trauern. Phasen und Chancen des psychischen Prozesses. Erweiterte Neuausgabe. 5. Aufl. Kreuz, Freiburg im Breisgau 2020.

Kast, Verena: Träume. Die geheimnisvolle Sprache des Unbewussten. 9. Aufl. Patmos, Ostfildern 2021.

Kast, Verena: Träumend imaginieren. Einblicke in die Traumwerkstatt. Vandenhoeck & Ruprecht, Göttingen 2019.

Kast, Verena: Über sich hinauswachsen. Neid und Eifersucht als Chancen für die persönliche Entwicklung. Aktualisierte Neuausgabe. 3. Aufl., Patmos, Ostfildern 2021, S. 152–169 (1. Aufl. 1996).

Kast, Verena: Vom Sinn der Angst. Wie Ängste sich festsetzen und wie sie sich verwandeln lassen. Herder, Freiburg im Breisgau 1996.

Kast, Verena: Wider Angst und Hass. Das Fremde als Herausforderung zur Entwicklung. Patmos, Ostfildern 2017.

Kast, Verena: Zugang zur Lebendigkeit. Interesse und Langeweile als schöpferische Kräfte. Neuausgabe. Patmos, Ostfildern 2021.

Keltner, Dacher / Haidt, Jonathan: Approaching awe, a moral, spiritual, and aesthetic emotion. In: Cognition and Emotion 17.2, 2003, S. 297–314.

Kierkegaard, Søren: Der Begriff Angst (1844). Hg. von Liselotte Reuter. Rowohlt, Reinbek bei Hamburg 1960.

Klein, Andreas: Der Tod Gottes und das Rote Buch Carl Gustav Jungs. In: Analytische Psychologie 195.1, 2021, S. 50–59.

Kohut, Heinz: Introspektion, Empathie und Psychoanalyse. Aufsätze zur psychoanalytischen Theorie, zu Pädagogik und Forschung und zur Psychologie der Kunst. Suhrkamp, Frankfurt am Main 1977.

Kohut, Heinz: Narzissmus. Eine Theorie der psychoanalytischen Behandlung narzisstischer Persönlichkeitsstörungen. Suhrkamp, Frankfurt am Main 1973.

Küng, Hans: Handbuch Weltethos. Eine Vision und ihre Umsetzung. Piper, München 2012.

Küng, Hans: Manifest globales Wirtschaftsethos. dtv, München 2010.

Küng, Hans: Projekt Weltethos. 10. Aufl. Piper, München 2010.

Lemma, Alessandra: Der Körper spricht immer. Körperlichkeit in analytischen Therapien und jenseits der Couch. Brandes & Apsel, Frankfurt am Main 2018.

Levine, Peter A.: Sprache ohne Worte. Wie unser Körper Trauma verarbeitet und uns in die innere Balance zurückführt. Kösel, München 2011.

Mayer, Karl Ulrich / Baltes, Paul B. (Hg.): Die Berliner Altersstudie. Ein Projekt der Berlin-Brandenburgischen Akademie der Wissenschaften. Akademie Verlag, Berlin 1996. Neuausgabe nach kontinuierlich fortgesetzten Studien: Lindenberger, Ulman / Smith, Jacqui / Mayer, Karl Ulrich / Baltes, Paul B.: Die Berliner Altersstudie. 3., erweiterte Aufl. Akademie Verlag, Berlin 2010.

Meier, C. A. (Hg.): Wolfgang Pauli und C. G. Jung. Ein Briefwechsel. 1932–1958. Springer, Berlin u. a. 1992.

Meister Eckhart: Deutsche Predigten und Traktate. Hg. und übersetzt von Josef Quint. 5. Aufl. Hanser, München 1979.

Meister Eckhart: Mystische Schriften. Aus dem Mittelhochdeutschen übertragen und mit einem Nachwort versehen von Gustav Landauer. Insel, Frankfurt am Main 1991.

Mistral, Gabriela: Wenn du mich anblickst, werd' ich schön. Gedichte. Ausgewählt von Wolfgang Eitel. Mit einer Einführung von Jorge Edwards. Übertragen von Albert Theile. Piper, München/Zürich 1991.

Neumann, Erich: Die Psyche und die Wandlung der Wirklichkeitsebenen – ein meta-psychologischer Versuch. In: ders.: Die Psyche als Ort der Gestaltung. Eranos-Vorträge Band II. Hg. von Regula Bühlmann. Johanna Nordländer, Rütte 2007, S. 52–92.

Neumann, Erich: Tiefenpsychologie und neue Ethik (1949). S. Fischer, Frankfurt am Main 1984.

Nietzsche, Friedrich: Sämtliche Werke. Kritische Studienausgabe. Bd. 4: Also sprach Zarathustra. de Gruyter, München / Berlin / New York 1999.

Niles, Bernd: Die Seelendeutung Meister Eckharts im Vergleich zu der C. G. Jungs. In: Wie sieht die Seele aus? Über Selbsterkenntnis und Gotteserkenntnis. (Herrenalber Texte). Ev. Akademie Baden, Karlsruhe 1987, S. 27–43.

Osten, Manfred: 2 x 3 macht 4 – Warum wir eine neue Fehlerkultur brauchen. Manuskript einer Sendung in der SWR2 AULA vom 3.9.2006.

Otto, Rudolf: Das Heilige (1937): Über das Irrationale in der Idee des Göttlichen und sein Verhältnis zum Rationalen. Neuausgabe mit einem Nachwort von Hans Joas. C. H. Beck, München 2014.

Panksepp, Jaak / Biven, Lucy: The Archaeology of Mind. Neuroevolutionary Origins of Human Emotions. Norton, New York 2012.

Parkes, Graham: Nietzsche and Jung. Ambivalent Appreciation. In: Jacob Golomb / Weaver Santaniello / Ronald L. Lehrer (Hg.): Nietzsche and Depth Psychology. State University of New York Press, Albany 1999, S. 205–228.

Peat, F. David: Synchronizität. Die verborgene Ordnung. Scherz, München 1989.

Proust, Marcel: Auf der Suche nach der verlorenen Zeit (1913–1927). 3 Bde. 5. Aufl. Suhrkamp, Frankfurt am Main 2000.

Rafalski, Monika: Das unerbittliche Rad der vier Funktionen. In: Analytische Psychologie 191.1, 2019, S. 138–157.

Richter, Horst-Eberhard: Der Gotteskomplex. Die Geburt und die Krise des Glaubens an die Allmacht des Menschen. 2. Aufl. der Neuausgabe 2005. Psychosozial-Verlag, Gießen 2012.

Riedel, Ingrid: Beseelte Orte. Plätze der Natur – Stätten der Kultur – Räume der Spiritualität. Kreuz, Stuttgart 2001.

Riedel, Ingrid: Bilder. In Psychotherapie, Kunst und Religion. Ein Schlüssel zur Interpretation. Überarbeitete und neu gestaltete Ausgabe. Kreuz, Stuttgart 2005.

Riedel, Ingrid: Engel der Wandlung. Die Engelbilder von Paul Klee. Neuausgabe. Patmos, Ostfildern 2018.

Riedel, Ingrid: Formen. Tiefenpsychologische Deutung von Kreis, Kreuz, Dreieck, Quadrat, Spirale und Mandala. Vollständig überarbeitete, neu gestaltete und erweiterte Ausgabe. Kreuz, Stuttgart 2002.

Riedel, Ingrid: Hildegard von Bingen. Prophetin der kosmischen Weisheit. Herder, Freiburg im Breisgau.

Riedel, Ingrid: Die innere Freiheit des Alterns. 6. Aufl. Patmos, Ostfildern 2021.

Riedel, Ingrid: Marc Chagalls Grüner Christus. Walter, Olten 1985.

Riedel, Ingrid: Mystik des Herzens. Meisterinnen innerer Freiheit. Kreuz, Freiburg im Breisgau 2010.

Riedel, Ingrid: Spiritualität aus der Bibel. Neuausgabe. Herder, Freiburg im Breisgau 2012.

Riedel, Ingrid: Die Symbolik der Farben. Eine tiefenpsychologische Farbenlehre. Neuausgabe. Ostfildern, Patmos 2019.

Riedel, Ingrid: Tabu im Märchen. Die Rache der eingesperrten Natur. Walter, Olten 1985.

Riedel, Ingrid: Träume – Wegweiser in neue Lebensphasen. Neuausgabe. Patmos, Ostfildern 2019.

Riedel, Ingrid: Die weise Frau. Der Archetyp der alten Weisen in Märchen, Traum und Religionsgeschichte. Patmos, Ostfildern 2016.

Riedel, Ingrid: Die Welt im Spiegel der Seele. Gelebte Spiritualität. Neuausgabe. Patmos, Ostfildern 2017.

Riedel, Ingrid: Wenn Mütter und Töchter einander suchen. Demeters Trauer und Persephones Wiederkehr. Erweiterte, überarbeitete und neu gestaltete Ausgabe. Kreuz, Stuttgart 2003.

Riedel, Ingrid: Das worthaltige Bild. Hermeneutische Studien zu einem Typus der christlichen Kunst und zur Praxis der Bildinterpretation in der heutigen Gemeinde. Dissertation vom 20. Juli 1966 an der Theologischen Fakultät der Universität Erlangen-Nürnberg.

Riedel, Ingrid / Henzler, Christa: Malen in der Gruppe. Modelle für die therapeutische Arbeit mit Symbolen. Kreuz, Stuttgart 2008.

Riedel, Ingrid / Henzler, Christa: Maltherapie. Auf Basis der Analytischen Psychologie C.G. Jungs. Erweiterte Neuausgabe. Patmos, Ostfildern 2016.

Rilke, Rainer Maria: Es winkt zu Fühlung fast aus allen Dingen. In: ders.: Werke. Bd. II: Gedichte 1906–1926. Insel, Frankfurt am Main 1966.

Saur, Robert M.: Glühen ist mehr als wissen. Bernhard von Clairvaux. Wissenschaftliche Buchgesellschaft, Darmstadt 1977.

Schätzing, Frank: Der Schwarm. Kiepenheuer und Witsch, Köln 2004.

Schweitzer, Albert: Die Ehrfurcht vor dem Leben. Grundtexte aus fünf Jahrhunderten. 10. Aufl. C. H. Beck, München 2013.

Seifert, Theodor / Seifert, Ang Lee: So ein Zufall! Synchronizität und der Sinn von Zufällen. opus magnum, Stuttgart 2011. https://opus-magnum.com/download/1813 [Zugriff: 21.12.2021].

Shamdasani, Sonu: Liber Novus. Das »Rote Buch« von C. G. Jung. In: Jung, C. G. : Das Rote Buch. Der Text. Hg. und eingeleitet von Sonu Shamdasani. 4. Aufl. Edition C. G. Jung im Patmos Verlag, Ostfildern 2021, S. 19–113.

Spinoza, B. de: Die Ethik. Schriften und Briefe. Bd. IV. Hg. von Friedrich Bülow. Krömer, Stuttgart 1966.

Steindl-Rast, David: Einfach leben – dankbar leben. Herder, Freiburg im Breisgau 2016.

Tillich, Paul: Der Mut zum Sein. 5. Aufl. Steingrüben, Stuttgart 1964.

Vogel, Ralf T.: Rezension zu Kast: Immer wieder mit sich selber Einswerden. Identität und Selbstwert in einer komplexen Welt. In: Analytische Psychologie 191.1, 2019, S. 221f.

Vollmer, Matthias: »Sensualismus«. In: Ritter, Joachim / Gründer, Karlfried / Gabriel, Gottfried (Hg.): Historisches Wörterbuch der Philosophie. Onlineversion. Schwabe, Basel 1995. DOI: 10.24894/HWPh.3866.

Weiher, Anton (Hg.): Homerische Hymnen. Griechisch und deutsch. 5. Aufl. Artemis, München/Zürich 1986.

Young-Eisendraht, Polly / Muramoto, Shoji: Awaking and Insight. Zen Buddhismus and Psychotherapy. Routledge, East Sussex / Taylor and Francis, New York 2002.

Zickfeld, Janis H. / Schubert, Thomas W. / Seibt, Beate / Blomster Lyshol, Johanna Katarina: Kama muta. Conceptualizing and measuring the experience of being moved across 19 nations and 15 languages. In: Emotion 19.3, 2019, S. 402–424.

Quellenverzeichnis

Kap. 2: Von den Sinnen zum Sinn

Dieses Kapitel enthält überarbeitete Passagen aus: Riedel, Ingrid: Das Leben schmecken. In: Neuen, Christiane / Riedel, Ingrid / Wiedemann, Hans-Georg (Hg.): Sinne, Sinnlichkeit, Sinn. Zur therapeutischen Relevanz der Sinne. Patmos, Düsseldorf 2007, S. 10–12.

Kap. 5: Das Gottesbild als innere Erfahrung

Dieses Kapitel enthält überarbeitete Passagen aus: Riedel, Ingrid: Wandlungen des Gottesbildes im Roten Buch von C. G. Jung. In: Analytische Psychologie 169.3, 2012, S. 305–324.

Kap. 6: Tiefenpsychologie und neue Ethik

Dieses Kapitel enthält überarbeitete Passagen aus: Riedel, Ingrid: Der Mensch zwischen Gut und Böse. Vom Umgang mit Urfragen. In: Dorst, Brigitte / Neuen, Christiane / Teichert, Wolfgang (Hg.): Zwischen Böse und Gut. Vom Umgang mit Urkräften. Patmos, Ostfildern 2018, S. 9–37

Kap. 7: Mein Ort im Raum der Tiefenpsychologie

Dieses Kapitel enthält überarbeitete Passagen aus: Riedel, Ingrid: Mein Ort im Raum der Jung'schen Psychologie. In: Analytische Psychologie 192.2, 2019, S. 421–432, sowie aus: Riedel, Ingrid: Therapie des Gestaltens – ein Arbeits-Lebensrückblick. In: Psychotherapeutische Persönlichkeiten. Hg. von Serge K. D. Sulz. In: Psychotherapie 27.1, 2022.